本书为国家社科基金一般项目
《农村集体资产股份化法律问题研究》的主要研究成果

（项目批准号：15BFX117）

Research on Legal Issues of Rural
Collective Property Right Reform

农村集体产权改革
法律问题研究

陈晓军　著

中国社会科学出版社

图书在版编目（CIP）数据

农村集体产权改革法律问题研究／陈晓军著 . —北京：中国社会科学出版社，2021.8

ISBN 978 – 7 – 5203 – 8069 – 0

Ⅰ. ①农… Ⅱ. ①陈… Ⅲ. ①农村—集体财产—产权制度改革—法律—研究—中国 Ⅳ. ①D922.44

中国版本图书馆 CIP 数据核字（2021）第 041815 号

出 版 人	赵剑英	
责任编辑	许 琳	
责任校对	张爱华	
责任印制	张雪娇	

出 版	中国社会科学出版社	
社 址	北京鼓楼西大街甲 158 号	
邮 编	100720	
网 址	http://www.csspw.cn	
发 行 部	010 – 84083685	
门 市 部	010 – 84029450	
经 销	新华书店及其他书店	

印 刷	北京君升印刷有限公司	
装 订	廊坊市广阳区广增装订厂	
版 次	2021 年 8 月第 1 版	
印 次	2021 年 8 月第 1 次印刷	

开 本	710 × 1000 1/16	
印 张	14.5	
插 页	2	
字 数	234 千字	
定 价	89.00 元	

序　言

2015 年中央一号文件《关于加大改革创新力度加快农业现代化建设的若干意见》发布，要求探索农村集体所有制有效实现形式，对经营性资产，重点是明晰产权归属，将资产折股量化到本集体经济组织成员，发展多种形式的股份合作。2015 年中央一号文件的出台标志着我国农村集体资产改革的大幕正式拉开。党的十九大以来，连续两年中央一号文件专门对乡村振兴和农业与农村优先作出部署，"三农问题"重要性愈发彰显，而全国范围内开展的集体经济组织的主体性改革和集体产权股份化改革逐渐成为学术界关注的热点问题之一。

众所周知，乡村振兴的基础是产业和经济组织的振兴，而要实现产业和经济组织的振兴离不开产权制度的改革，通过改革赋予农村集体经济组织以更加清晰的产权制度安排、更加灵活的运行机制和更加科学的管理体系。近年来，国家针对农村经济与社会发展的实际需要，推出了一系列重大改革举措。十八届三中全会发布的《中共中央关于全面深化改革若干重大问题的决定》明确要求：建立城乡统一的建设用地市场，在符合规划和用途管制前提下，允许农村集体经营性建设用地出让、租赁、入股，实行与国有土地同等入市、同权同价。为贯彻落实十八届三中全会的决定精神，尽快实现集体建设用地使用权与国有土地的"同权同价"，于 2015 年 3 月至 2019 年底在全国 33 个试点县（市、区）开展了农村土地征收、集体经营性建设用地入市、宅基地制度改革试点，标志着我国新一轮的农村土地制度改革进入启动阶段。按照中央全面深化改革领导小组第 7 次会议的要求，"坚持土地公有制性质不改变、耕地红线不突破、农民利益不受损三条底线"是本轮农村土地制度试点改革的前提，也是立法改革的前提。正是在"三条底线"和试点的基础上，才实现了《中华人民共和国土地管理法》和《中华人民共和国土地承包法》这两部重要的农村土地立法的修改,为贯彻落实党的十九大以来的乡村振兴和农业农村优先发展的理念提供了立法支持。

近年来,我国围绕着农村土地制度的一系列改革措施,主要从公平性的角度出发,通过农地和宅基地的三权分置逐步实现农民土地权利的流转,从而增加农民的财产性权利。农地三权分置的改革成果被2020年通过的《中华人民共和国民法典》(以下简称《民法典》)所确立,同时《民法典》对农村集体经济组织的法人地位进行了确认,使我国广大农村地区的集体经济组织获得了法人制度的保护,这无疑具有划时代的历史意义。但是也要看到:将宪法规定的我国两种土地所有权之一定位于法人的权利与现行的物权法条文并不相吻合,现行的物权法条文没有丝毫法人所有的痕迹。因此,把集体所有权归入法人的权利有可能扩大了法人权利的范围;另外,编纂后的《民法典》已将"集体企业"和"集体土地"均视为法人所有,而这两种法人所有均不能离开它的成员。我们摒弃了"社团法人"的传统理论,因此总则中缺少传统成员权的概念和论述。但成员权仍然存在。而我国《民法典》对于集体组织成员权缺乏总体表述。类似问题的解决都有赖于正在进行的农村集体经济组织法的立法制度设计。

集体作为公有制的一个类型,在我国社会主义基本制度之下,具有不容置疑的合法存在。以往我国主要采纳了一种虚化集体的主体性、做实农民土地承包经营权等个体性权利的路径,而在《民法典》时代,按照法人治理结构建立起来的农村集体经济组织已经不能简单地用从前的集体和农户的关系以及"分散经营和统一经营"的功能价值进行解释,农民的家庭承包经营权也将伴随农村集体经济组织法人的设立而融入成员权,并成为农民深度参与集体经济组织法人治理结构的基础性权利。这是一个集体和个体、法人与成员相互关系重新解构重组的过程,这一过程与中央对集体产权改革提出的"农村资源变资产、资金变股金、农民变股东"的三个转变的要求是相一致的(《国家乡村振兴战略规划(2018—2022)》)。我国农村集体经济组织法人立法完成之后,如何使这一特别法人既能体现现代法人制度的治理效能和原则,又能与我国固有的公有制理论相衔接和融合,将是一个具有较大挑战性的理论问题。从这个意义上讲,陈晓军的这本专著做出了有益的探索和思考。作为一项国家社科基金项目的主要研究成果，本书能够把民商法学关于法人制度理论和财产权理论运用于农村集体产权的改革问题，以集体产权的股份化中的法律问题为中心，围绕着农民向股东的转型以及传统集体经济组织向现代经营主体的转型这"两个转型"的逻辑结构进行了较为深入地探讨，分析了未来农村集体经济发展的轮廓和改革路线，对我国正在进行的乡村振兴事业具有较好的促进作用。

　　是为序。

2020 年 8 月

目　录

第一章 集体所有权的法典化及其
中国实践[*]

我国的集体所有权制度源于 1949 年之后为建立公有制、消灭私有制而进行的社会主义改造，在 1975 年修改的宪法中得到立法确认。在改革开放之后，集体所有权制度在《中华人民共和国宪法》（以下简称《宪法》）《中华人民共和国土地管理法》（以下简称《土地管理法》）《中华人民共和国土地承包经营法》（以下简称《土地承包经营法》）《中华人民共和国物权法》（以下简称《物权法》）等立法中进一步得到确立。由于这一权利形态在立法上受到较多的限制，从而产生诸多现实困境。一定意义上讲，集体所有权是一种在夹缝中求生存的权利，这种公有制财产权面临着现实中各种利益集团的侵蚀，成为几十年来我国农村社会变迁过程中保护较弱的环节。随着我国城镇化步伐不断加快，在理论上对集体所有权制度进行重新梳理，在立法上进行必要的改革和完善，对于我国农村社会、经济的健康发展有着十分紧迫的现实意义。

一 国有化抑或私有化：集体所有权的产权改革困境

1949 年以来我国的社会主义制度，以追求经济制度的公有制为特征，国有和集体两种所有制始终是我国经济制度的主体。然而随着我国工业化和城镇化步伐的加快，国有和集体两种公有制的形式开始面临完全不同的历史命运。尽管一部分规模较小的国有企业经由股份制改造已经变成了私有或者混合所有制的形态，但是由于国有资产监管机制的建立，伴随城市国有土地的快速增值，尤其是大量的农村集体土地经由征收、征用程序变

---

[*] 本章主要内容发表于《北方法学》2017 年第 6 期。

为国有土地，近年来国有资产的规模和价值始终处于迅猛增长的状态。而传统的集体所有制企业则在现代企业制度的发展进程中逐渐消逝，农村集体土地更是由于城镇化的发展面临不断被蚕食、缩小的境地。同样，集体所有权无论是在理论上还是现实中均遭受前所未有挑战，其焦点集中在农村集体土地问题上。

从 20 世纪 90 年代开始，一部分经济学人开始从产权效率和激励机制出发研究集体所有权问题，针对集体所有权本身存在的缺陷和问题，集体土地私有化的主张在学术界甚嚣尘上。有学者认为：土地所有权的私有化对中国大陆未来的改革与发展意义重大。土地私有化只会去掉村干部定期按人口变化调整土地分配的特权，因而减少此特权引起的贫富分化。[1] 周其仁认为：由于国家的强力主导和农民自愿地丧失，使得合作化的过程成为一种运动化的治理，它所造成的强大压力，将农民裹挟进集体组织中，从而建立起一种在实质上并非合作，而是受国家控制的统制经济。这种国家统制经济因为既缺乏对于生产者的激励，又缺乏对于监管者的激励而必然导致低效率。[2] 上述学者的观点带有普遍性，一度对集体所有制和集体所有权造成严峻的挑战。

几乎与此同时，土地国有化的改革思路也被部分学界提出，这一思路大多主张处置权和宏观配置权归国家，农地的微观使用决策权、收益权及一般转让权划归农民。有学者认为：复合产权具有和私有产权一样的最大限度调动农民生产积极性和保护生态环境的作用，另外，由于国家拥有最终的控制权，能有效地克服私有产权的弊病。[3] 有学者认为土地国有化对农村社会保障的意义与价值是多方面的，土地国家所有有利于防止农民随意转让土地后导致失地影响农村社会稳定的弊端，有利于国家建立科学的社会保障制度，有利于积聚社会保障所需的庞大社会资本。[4] 但是，集体

---

[1]　《中国改革面临的深层问题——杨小凯、江濡山谈话录》，《战略与管理》2002 年第 5 期。

[2]　周其仁：《中国农村改革：国家与土地所有权关系的变化——一个经济制度变迁史的回顾》，《中国社会科学季刊》1995 年第 6 期。

[3]　曲福川、黄贤金、司顺等：《中国土地制度研究：土地制度改革的产权经济分析》，中国矿业大学出版社 1997 年版，第 80—141 页；钱忠好：《中国农村土地制度变迁和创新研究（续）》，社会科学文献出版社 2005 年版，第 239—254 页。

[4]　叶明：《农村土地国有化——解决农民土地保障的唯一出路》，《西南民族大学学报》（人文社会科学版）2013 年第 5 期。

土地国有化的观点在法学界并不多见。在多年来有关农村土地制度的讨论中，农民权利保障的考量无疑始终处于法学界首要的价值目标，相较于私有化的观点，国有化显然离这一首要的目标相去更远。孙宪忠认为：（集体土地的国有化）违背了将土地权利交给农民的"还权于民"的基本设想，再一次违背农民的意愿，剥夺农民的基本权利，丧失了法律制度设计的伦理价值。[①]

集体所有权，尤其是农村集体土地所有权所受到的挑战不仅仅停留在理论层面，在实践中更是处于两面夹击的窘境。一方面，国家土地所有权依靠法律制度赋予的垄断性开发权，不断侵蚀农村集体所有权；另一方面，农民个体、农户所享有的承包经营权经由物权化制度设计，通过用益物权具体权能的不断充实，正在向着"自物权"性质的所有权靠拢的进程中。于是，农地集体所有权在实践中逐渐沦为一种被漠视的权利。

二　民法法典化与集体所有权的立法取舍

从人类财产所有权的历史流变来看，集体所有权并非是我国所独有的财产权制度，然而，通过考察大陆法系国家集体所有权的沿革，我们发现民法法典化这一立法事件对于大陆法系集体所有权的存废产生了决定性的影响。

（一）法典化前的集体所有权

集体所有权在大陆法系各国经历了十分曲折的发展历程。学者的研究表明，在罗马城邦建立之前的漫长历史时期，土地都属于氏族集体所有，由氏族首领代表氏族统一进行经营管理，即使是在氏族通过联盟建立城邦，部分土地成为罗马城邦的公有土地之后，也仍是大部分土地保留在氏族内部，由氏族成员共同享有和利用。[②] 而在欧洲封建制形成时期兴起的

[①]　孙宪忠：《争议与思考——物权立法笔记》，中国人民大学出版社 2006 年版，第 507 页。

[②]　Cfr. F. Serrao, Diritto privato, economia a society nella scoria di ltoma, 1, Napoli, 2006, p. 285, p. 273, 转引自陈晓敏：《论大陆法上的集体所有权——以欧洲近代私法学说为中心的考察》，《法商研究》2014 年第 1 期。

日耳曼法体系中，形成了另外一种典型的集体所有权形式："马尔克公社所有权"，马尔克是日耳曼人氏族制度解体后，各部族按地域关系形成的农村公社组织。在这种制度下，耕地属于公社集体所有，分配给社员家庭使用；森林、河流、牧场等也属于公社集体所有，由全体社员共同使用，社员家庭对集体土地享有占有、使用和收益的权利，公社对土地的管理和处分应当在民众大会上得到全体社员的同意。①

（二）法典化之后的集体所有权

学者的研究表明：中世纪之后在日耳曼法系中集体所有权的存在还很普遍，但是到了 19 世纪至 20 世纪法、德两国陆续推出民法典的时候，集体所有权却被大陆法系民法体系所摒弃。在欧陆国家民法典出现之前的漫长历史时期中，集体所有权、国家所有权和私人所有权是并存的状态。而最终资产阶级革命胜利之后，私人财产权逐渐确立了其神圣不可侵犯的地位。私人财产权作为一种核心价值理念成为欧洲大陆各国民法典的财产权制度之后，集体所有权便受到了极大的挤压，从而逐渐淡出了社会生活和人们的研究视野。之所以如此，是因为集体和私人之间的伦理基础和价值诉求迥然相异，很难在同一部民法典中和谐相处。近代大陆法系民法典确立私人财产的神圣性的同时把集体所有权就排除在法典之外，这不仅是个人主义人文理念的影响，而且是立法技术的统一性使然。意大利当代罗马法学家诺曼罗认为：大陆法系民法典在构建起物权法的财产权利体系时，以私人对物的排他性、支配性占有为基本的特征，并不涉及人和人之间的关系。而集体所有权涉及的则是物与所有者群体之间的关系，其中很大的一部分内容则是群体内部权利人之间的关系，这显然超出了以私人所有权为核心建立的财产权利体系。② 近代以来，欧洲大陆民法典构建以个人为核心的所有权体系时，很难同时承认集体所有权结构的合法性。因为个人和集体是完全不同的两套话语体系。有学者指出："尽管今天我们在法律适用上对集体所有权的调整可以在某些方面参照适用大陆法系民

---

① 参见由嵘《日耳曼法简介》，法律出版社 1987 年版，第 50 页。

② Cfr. P. Grossi, La proprietà e le proprietà nell′ officina dello storico, in Quaderni fiorentini, Giuffrè, 1988, pp. 411, 38 – 39。

法中的所有权制度规范，但必须明确的是，二者并非一般规范与特别规范的关系。要对集体所有权进行调整，首先需要抛开传统民法理论关于所有权的一般描述，重新考察集体所有权形式本身，解决集体所有权是什么的问题。"①

其实，我们今天所要面对的就是要回答集体所有权是什么的问题。要回答这个问题，显然不能依靠传统民法典的话语体系内完成，如前所述，集体所有权的内在逻辑结构和理念与传统的民法典体系是不相容的。因为欧洲大陆各国的民法典进程是伴随资产阶级革命的胜利，巩固革命成果的需要而展开的，这一过程最为紧要的任务就是对私有财产的保护。而我国1949 年之后的社会经济发展则是以公有制和计划经济为根本特征的社会主义建设，这是在一个在马克思主义理论的指导下，废除私有制，"建立一个集体的、以生产资料公有为基础的社会"的探索。因此，集体所有权成为我们在制定民法典的时候必须认真对待的一项财产权。在这个过程中，欧陆民法典的经验无法给予我们指导，相反，如果把我国农村社会的诸多问题归之于所有权的结构，则有可能成为否认我国集体所有权合理合法性的依据。从以往我国有关农村土地的学术史研究看，我国的集体所有权体系始终面临被重新解构可能。

孟德斯鸠指出：法律应该同已建立或将要建立的政体的性质和原则有关系。② 但是，大陆法系民法体系法典化以来，各国财产权利体系却出现了趋同现象，即使是本土性特征最为明显的土地制度，也开始按照古罗马法上所确立的排他性、支配性原则重新审视本国的制度，于是原本有着民族个性的日耳曼法上的集体所有权也在这股法典化浪潮中被摒弃。集体所有权在民法法典化的大陆法系各国，在个人主义私有财产权神圣理念的影响下，渐次退出立法话语体系之外，充分反映了资产阶级兴起的价值追求。然而，民法的法典化虽然在制度上把集体所有权排除在立法体系之外，但并不意味着集体所有权在现实世界的绝迹，作为一种古老的所有权形态不会因为制度的取舍而丧失其存在的理由。因此晚近以来的欧洲学术

---

① 陈晓敏：《论大陆法上的集体所有权——以欧洲近代私法学说为中心的考察》，《法商研究》2014 年第 1 期。

② ［法］孟德斯鸠：《论法的精神》（上），张雁深译，商务印书馆 2005 年版，第 8 页。

界，随着社会结构形态的日益复杂化以及新的财产形式的大量涌现，学者也开始反思私人所有权模式的不足，欧洲社会对于集体所有权的态度，无论是在法律理论上还是在实践中都从最初的完全排斥开始转向重新评价这一模式。

（三）集体所有权的制度生命

集体所有权固然在权利的构建和行使等方面存在着诸多问题，但是我们今天对于集体所有权的理解是在罗马法绝对的、自由的所有权观念影响下，"单个人独自占有现象的必然结果，体现的是个人意志与实体物的完满结合"①。用这种仅是体现个人与物的所有权概念去审视集体所有权，怎么看也不会顺眼。集体所有权在我国的立法确认，恰恰是追求国家振兴和社会平等的结果，在对几千年周期律的反思中对于农村土地结构的一次全新的建构。今天看来，广大农民对于"集体"的认知并不是像个人和家庭一样的泾渭分明，在立法上进行清晰的权利界定或许并不是农民所关注的。正如德国法学家所指出的："集体所有权并没有直接赋予其归属任何权能内容，而主要是一种功能性概念。"② 韩松教授认为，农民集体土地所有权是成员的集体共有，成员并不具有具体的应有份额，或者说其应有份额是抽象的、潜在的。③ 这样一种功能性的、抽象的所有权，不仅仅体现了集体财产的归属，同时体现了集体成员之间紧密关系的认同感。是否能够对集体财产主张权利，取决于是否属于集体成员。以大陆法系民法典话语体系建立起来的私人权利秩序，在集体所有权问题上也很难从容应对，因为"集体"本身不再属于私的范畴，集体所有权的排他性只有在面临集体以外的主体时才显现出来，在集体内部主要体现的是成员群体的互益性和公益性，这样一种权利形态在罗马法"人对物"的所有权思维模式下很难理解。

---

① 梅夏英：《当代财产的发展及财产权利体系的重塑》，载王利明《民商法前沿论坛》，人民法院出版社 2004 年版，第 80 页。

② Cfr. S. Romano, Sulla nozione di proprietà, in Istituto di diritto agrario internazionale e comparato, Milano, 1962, voll. 11, p. 641.

③ 韩松：《坚持农村土地集体所有权》，《法学家》2014 年第 2 期。

三　集体所有权的中国实践与未来走向

尽管对于集体所有制和所有权的质疑不断，但是能够看到在我国集体经济的地位从未动摇。1992 年，邓小平强调农村经济的发展最终还是要靠农村集体化和集约化；2008 年颁布的《中共中央关于推进农村改革发展若干重大问题的决定》指出："不得改变土地集体所有性质，不得改变土地用途，不得损害农民土地承包权益"。2016 年，习近平总书记在安徽凤阳县小岗村主持召开农村改革座谈会时强调，不管怎么改，都不能把农村土地集体所有制改垮了。我国经济社会的高速发展是建立在农村土地的集体所有基础上的，如果人们忽视这一前提条件，把农村社会的许多症结都归结于集体所有权的问题，就会使理论研究与现实脱节进而对社会实践提供错误的指导。笔者认为，集体所有权在我国的存在并非是一个短期的、过渡性的现象，不管在理论上这一财产权是否与大陆法系的财产权制度相协调，集体所有权的立法地位已经为我国现行立法所确认。这种状况下，就绝不可能像欧洲大陆各国当年制定民法典的时候为了符合罗马法的所有权传统而舍弃集体所有权。但是，集体所有权毕竟与私人所有权及国家、公司等法人所有权不同，它会随着农村村落与村民的变迁、城乡结构的变化而变化，从而在不同时代表现出新的特点。具体而言，可以对集体所有权进行以下几个方面的前瞻性。

（一）农民利益分化导致集体所有权的价值多元

在处于城镇化加速期的当今社会，传统的以户籍为标准统摄农民身份的做法显然已经不合时宜。从大的方面进行划分，中国农民作为一个总的利益群体其边界已经十分模糊，代之以许多不同的更小的群体，其中城市郊区的农民、纯农业地区的农民、农民工是三个有着更为清晰边界和共同利益的群体。对这三个群体而言，农地的集体所有权有着完全不同的意义。城郊地区因为经济发展迅速，城市的扩张、工商业的发展都亟须大量的建设用地，因此处于城市化进程中的集体所有权资本的特性不断凸显，农民最关心的是集体所有权的交换价值，但远郊和中西部地区发展相对缓慢，农民的生活和生产方式仍然是以务农为主，农地集体所有权及农民土地承包经营权作为我国农村、农业经营体系中的核心权利，也是这部分农民最为关注的权利。显然对于以农为业的广大农民而言，农地集体所有权的价值更多地体现为一种农地的使用价值，而不是其交换价值。农民工的情况则更加复杂，由于已经不再以务农为业，他们对于本集体的依赖性下降，但是由于无法融入城市，集体所有权和集体成员的身份仍然具有一定意义。集体所有权是他们贫困生活最后的保障，也是寄托着他们身份的归属，尽管许多人因此很少再回到农村，但是也很少有人主动放弃远在乡村的农地权利。对他们而言，集体所有权的价值固然代表着一定的财产利益，更多的是精神性的、心理的慰藉。城市化进程导致的农民利益的分化在我国还要经过一个较长的时期，农村的格局、农民的权利诉求始终处于变动不居的状态，因此，试图把农民作为一个整体进行统一的立法制度设计将很难实现理想的结果。

集体所有权在广大农村地区主要的价值还是农地的使用价值，因而土地承包权等集体成员所享有的用益物权更加受到关注和保护，而对于正处于城市化进程或即将进入城市规划的农民而言，集体所有权的使用价值已没有意义，农民的集体成员权将通过股份化的方式变为一种新型的集体和个人的关系。对于那些已经在城市就业和生活，但是仍然保留了集体土地和宅基地等权利的农民工阶层，可以视为处于城市化边缘的群体，在社会福利、劳动保障、教育等方面进行统一的考量，总体上与农业的关系已经疏远。

因此，我国对于农业和农村的立法应该主要针对纯农业地区的务农的农民，农地的集体所有权仍然是我国集体所有权的常态，立法上应在维持集体所有权的前提下，更好地调动集体成员的生产积极性，同时积极探索农地的所有权、承包权和经营权"三权分置"的具体实施路径，更好地实现农业经营的规模化和集约化。

（二）集体经济组织的形态和内部结构的变化

目前，在东部经济较为发达的地区和城市郊区的农村地区，农村集体经济组织大多已经完成集体资产的股份化。这部分区域的共同特点是农业已经不是主业，集体经济组织成员大多从事工商业或服务业活动，其农民的主体性身份已经非常模糊。随着城镇化步伐的加快，村集体通过工业、商业和住房的开发建设，形成了以出租物业为主要经营活动的经济实体，村集体对村民的分配主要依赖于出租房屋和年底分红。农村集体经济组织也相应地进行了产权制度改革，并逐步过渡为具有法人资格的股份制公司。这一类型的集体经济组织虽然在名称上已经采取了公司制，但是由于其成员的身份性和股权的封闭性（不能对外转让），与一般的按照公司法所设立的股份有限公司存在显著的差异，其仍然属于集体经济组织的范畴，因而应当在农村集体经济组织的立法中作为一个特殊的类型予以规范，名称可以采取"集体所有制股份有限公司"，以区别于公司法上的股份有限公司。

在广大的农村区域，党的十八大以来，农村集体经济组织开始推广股份合作制的改革，目前这一改革的进程又分为社区型股份合作和农地股份合作两种形式。社区型股份合作是伴随城镇化和村改居的社区化改造同步进行的，这部分相关的村落虽然名称上改称社区，但是与城市社区不同，实际上仍然属于农村的建制，农民仍然保留了农业户籍，尽管行政村的建制发生了改变，但是社区化后从前的土地集体所有性质并未发生改变，这种形态的股份合作可以称为农村地区的社区股份合作。社区型股份合作在部分经济较为发达的地区成为主要的改革方向。这类社区型股份合作大多发生在几个旧村改造为新的农村社区的过程中，原有的集体经济经过重新组合无论是范围还是规模都发生较大变化，伴随着这种变化新的社区往往不再继续对集体土地进行承包，而是由新设立的社区集体统一支配和使用集体土地，原来的村民也主要关注集体组织的分配而并不坚持对社区土地的再次承包。2016 年 12 月 29 日发布的《中共中央国务院关于稳步推进农村集体产权制度改革的意见》要求：有序推进农村集体经营性资产股份合作制改革，将农村集体经营性资产以股份或者份额形式量化到本集体成员，作为其参加集体收益分配的基本依据。根据意见，改革主要在有经营性资产的村镇，特别是城中村、城郊村和经济发达村开展。该意见强调，农村集体经营性资产的股份合作制改革，不同于工商企业的股份制改造，要体现成员集体所有和特有的社区性，只能在农村集体经济组织内部进行。这是一项旨在让集体经济组织成员实现"家家有股份，人人是股东"的集体产权制度改革，其所要建立的社区股份合作组织具有鲜明的个性特征，应该在立法上专门进行规范。

在许多仍然以农业为主要生产方式的传统村落，集体经济非常薄弱，村集体除了土地基本没有多少财产，同时村庄的格局由于地理、经营方式和内容等因素也没有出现大规模的合并村庄运动。对于这类传统的村集体经济组织，改革的方向则是以土地承包经营权的入股、出租等流转方式形成农地股份合作组织，这是目前我国积极推进农村集体土地的所有权、承包权和经营权三权分置的主要适用区域。农地股份合作组织面临着集体组织成员的承包权如何入股、集体经济组织的土地所有权如何体现等问题，同时由于受到基本农田保护和土地规划等法律制度的限制，农地股份合作组织的经营范围和方式必须坚持农业用途，因而与上述两种集体经济组织形成较大的差异性。不可否认的是：尽管股份合作是我国农村集体产权改革的方向，但是实践中并不是所有的村集体都必须采纳股份合作制。在一些传统的农业地区尤其是山区、湖区等农地不适合规模化利用的乡村，集体经济并没有多少积累，股份化对于农民没有多大意义。对于这一类的村集体经济组织就应当坚持在明晰产权的基础上，建立规范的能够限购与独立财产、并能独立承担责任的合作社组织，立法上主要规定其集体经济组织的财产范围和属性等，而农户的承包权和经营权则由于属于私有财产，不必进行规范。我国农村集体经济组织立法整体上缺失，因而在立法上不仅要着眼于正在积极推进的股份合作组织，更要把长期存在的集体经济组织纳入立法规范的范围。

（三）农村集体所有权分割所有的状况日益明显

改革开放以来，我国农村集体经济组织实行家庭分散经营和集体统一经营相结合的双层经营体制，这是我国宪法确立的农村集体经济组织的经营体制。但是进入新世纪以来，由于集体经济的薄弱、集体领导力的降低，双层经营体制中"统"的色彩下降，无论是立法上还是政策层面，都主要强化农民个人的土地权利，从而使得土地承包经营权无限地接近于所有权，集体经济组织对于集体土地的所有权进行了越来越多的限制，集体所有权和经营权分割的状况开始出现。在20世纪80年代两权分离的基础上，进一步形成了所谓的"三权分置"，即所有权、承包权和经营权的分离。2016年10月，中共中央办公厅、国务院办公厅印发了《关于完善农村土地所有权承包权、经营权分置办法的意见》，在全国范围开始实行农村土地的三权分置改革。三权分置大的背景是城镇化农村人口结构的迁徙使得农地的流转需求提高，又与农村土地规模效应的要求相适应，因此近年来承包权和经营权分离成为农地改革方向的一个共识。于是在农村集体土地所有权之上，除从前的承包权人之外，又逐渐衍生出经营大户、家庭农场、农地股份合作、龙头企业等新型经营主体。这些新型经营主体的出现虽然并没有改变农村土地集体所有权的性质，但是却通过合同、章程等形式对集体所有权施加了诸多限制，形成了事实上对集体土地的分割所有。在现行立法体系下，随着所有权、承包权和经营权的分离，所有权人已经很难仅仅依靠名义上的所有权对承包权人和经营权人的利益任意干涉。农地三权分置改革将进一步明晰农地各利益主体的权利边界，无疑对于维护集体经济组织及其成员利益将起到积极作用。随着土地承包权和经营权的分离，将进一步加速集体土地使用权的流转，从而逐渐实现农村土地的规模化利用。

（四）集体所有权的资本化或将不可避免

随着股份合作制度的推行，如今对于土地承包经营权的股份化已经普遍接受，然而集体土地所有权的股份化问题还鲜有论述。其中的原因不言而喻：集体所有权如果可以通过股份化而实现交易，则会损及集体所有权的性质，如果股份化的结果不能实现交易则又失去了股份化的意义。然而，同样的问题也可以这样提出：如果土地所有权如此重要的财产形态都不能作为一种资产进行交易，那么这样的一种权利还能称其为所有权吗？我们在现行立法框架下对集体所有权的审视，是否过多地考虑了静态的集体归属问题，而完全忽略了一种所有权应该具有的财产属性呢？

在我国当前国情下，影响集体所有权资本化的因素主要有两个：土地的公有制意识形态和土地的农业用途管制。前一个原因实际上存在着一个假设，即集体所有权的资本化与农民利益是相悖的，所有权的资本化必然会损及农民作为集体成员的土地权益。笔者自 2015 年下半年开展的一项关于农村集体资产的调研显示，实践中许多村庄的村民其实并不关心承包经营权的确权问题，有不少村甚至从来就没有把承包经营合同或者经营权证发给村民，而村民真正关心的是村集体每年是否能够给予他们认可的利益，因为承包土地每年的收益是基本固定的，所以只要村集体给予其分配大于务农的收益，并没有哪个承包经营户提出村集体侵害其权利的主张。事实上，很多村落对外出租土地都是以集体的名义统一出租经营的，并不是每户农民与经营者签订合同。因此，以侵害农民利益从而损害了公有制为理由反对集体所有权的资本化显然与实际情况不符。而农地的农业用途管制问题则是与所有权无关的，不能说土地私有化了就要取消土地的用途管制。由于农地的用途管制事关粮食安全，因而在我国这样一个人多地少的国家将会长期存在。在这一前提下，农地集体所有权的资本化并不能与一般的财产一样实现完全自由的市场流动。集体所有权资本化的意义在于：通过农地资本的合法化，使得在全国范围内能够催生出农地所有权的价格体系，能够产生一个合理的市场价格，又由于集体经济组织的讨价还价能力优于分散的农户，因而能够较好地实现集体成员的利益。另外，如果某块土地存在非农化的市场需求，而这样的需求又是在农地总量控制范围内可以调整的，那么资本化了的集体所有权能够更好地实现其市场价值，而不是像过去那样通过征地制度土地的增值部分完全被政府攫取，而农地所有权人的利益则完全被忽略。

国外经验来看，农村金融是各国政府都十分关注的问题，大多数国家和地区都组建了专门的农村土地金融机构，例如专门的农业合作信用社、土地基金管理中心等，以此为主导机构推进农村土地的证券化。由于土地为私人所有，加上政府的积极支持，因此农民的资产能够方便地获得金融支持。而我国由于集体所有权的资本化受到严格的限制，使得农村金融资产匮乏，仅仅依靠激活土地承包经营权的资本要素来获得农业发展的资金，难以为集体经济组织的壮大、农村的水利建设、土地资源的整合等提供金融资金支持。因而，积极推进我国农地所有权的资本化有着十分重要的现实意义。集体所有权的资本化运作能够进一步推进农村的政社分离，促进农村集体经济组织的独立。

四　结语

集体所有权形成之初以农民私人财产权的让与为基础，寄托了较多的社会发展目标，因而带有极强的理想主义色彩。在过去的半个多世纪时间里，集体所有权对于保障我国农民基本生活、提供农村公共服务方面发挥了重要作用。尽管学术界对于集体所有权提出了挑战和质疑，但是要从根本上否定集体所有权存在合理性和合法性，且不说制度变革的高昂的社会成本能否承受，仅从土地资源在我国的稀缺性程度看，要大规模地改变农村土地所有权的归属其操作性也很难实行。当今之计，应将农民利益类型化，在此基础上推进农民权益股份合作与集体所有权资本化立法，改变集体所有权的流通只能依赖国家征收一条途径的现状，使集体所有权的权能更加完整、充实，真正造福于集体经济组织成员。

第二章　集体所有权资本化法律问题研究[*]

　　随着城镇化的不断发展和生产方式的日益社会化，中国农村集体经济的地域封闭性正在被打破，集体所有权的资本化已经成为社会发展的必然要求。集体所有权的资本化作为集体所有权的一种实现方式，有利于优化集体经济组织治理机制和集体资产的保值增值。2015 年 2 月，中共中央、国务院印发《关于加大改革创新力度加快农业现代化建设的若干意见》，要求探索农村集体所有制有效实现形式，对经营性资产，重点是明晰产权归属，将资产折股量化到本集体经济组织成员，发展多种形式的股份合作。这一文件的出台，标志着我国农村集体资产改革的大幕正式拉开。随着股份合作制度的推行，如今对于土地承包经营权的资本化已经普遍接受，然而集体土地所有权的资本化问题还鲜有论述。其中的原因不言而喻：集体所有权如果可以通过资本化而实现交易，则会损及集体所有权的性质，如果资本化的结果不能实现交易则又失去了资本化的意义。然而，同样的问题也可以这样提出：如果土地所有权如此重要的财产形态都不能作为一种资产进行交易，那么这样的一种权利还能称其为所有权吗？我们在现行立法框架下对集体所有权的审视，是否过多地考虑了静态的集体归属问题，而完全忽略了一种所有权应该具有的财产属性呢？

一　集体所有权资本化理论的文献综述

　　农村集体产权制度在学界历来备受争议。从 20 世纪 90 年代开始，一部分经济学人开始从产权的效率和激励机制出发研究集体所有权问

---

　　* 本章主要内容发表于《江西财经大学学报》2017 年第 6 期。

题，针对集体所有权本身存在缺陷和问题，集体土地私有化的主张在学术界甚嚣尘上。有学者认为：土地所有权的私有化对国内未来的改革与发展意义重大。土地私有化只会去掉村干部定期按人口变化调整土地分配的特权，因而减少此特权引起的贫富分化。① 周其仁认为：由于国家的强力主导和农民自愿地丧失，使得合作化的过程成为一种运动化的治理……这种国家统制经济因为既缺乏对于生产者的激励，又缺乏对于监管者的激励而必然导致低效率。② 而美国学者也认为：土地的私有化是提高农业的生产效率的必然选择。③ 近年来随着股份合作制的不断深入推广，集体所有权能否资本化的问题逐渐进入人们的视野，其中一个重要的表现就是关于集体股的存废之争。主张废除的理由主要是，集体股的设置事实上为政府干预企业经营决策留下了制度性通道，同时弱化了社员对集体的关切程度。随着时间的推移，所设置的集体股的收益又形成了新的不清晰集体产权，又将面临集体产权的再次改革问题。④ 相似的观点认为：股份合作制产权创新的意义就在于明晰模糊的集体产权关系，而保留一块集体股是与改革的初衷相违背的，是改革不彻底的表现。⑤ 张安毅则认为：集体所有权的初衷是维护每个集体成员的利益，因此要虚化集体在权利主体中的地位，将集体财产所有权中更多的权能直接赋予农民。⑥ 这一观点在近年来的集体产权改革中带有比较大的普遍性。

支持对集体资产以集体股的方式进行保护的观点大多是从农民社会保障供给的角度提出的，如有观点主张：在无经营性净资产或集体收入不能维持社区行政管理费用和公益性开支的村组，则实行先固化但暂不量化，先进行股东资格界定，只设置集体股，待集体经济状况改善后再划分个人

---

① 《中国改革面临的深层问题——杨小凯、江濡山谈话录》，《战略与管理》2002 年第 5 期。

② 周其仁：《中国农村改革：国家与土地所有权关系的变化——一个经济制度变迁史的回顾》，《中国社会科学季刊》1995 年第 6 期。

③ ［美］西奥多·威廉·舒尔茨：《改造传统农业》，商务印书馆 1999 年版（2006 重排），第 102—104 页。

④ 本刊编辑部：《农村社区股份合作制改革面临的法律问题——访市人大农村委员会委员、中国政法大学教授王玉梅》，《北京人大》2013 年第 5 期。

⑤ 傅晨：《股份合作企业不应再设置集体股》，《农村经济》1995 年 1 月。

⑥ 张安毅：《户籍改革背景下农民集体所有权与收益分配权制度改造研究》，《江西财经大学学报》2015 年第 2 期。

股并明确股值。① 陈天宝认为：在社区股份合作制设立时，初期可保留集体股，但规定集体股享受优先股的权益……当社区管理逐渐与城市接轨，可以逐步减少集体股所占的比例；当社区集体的公共事业建设的职能减弱时，就可以取消集体股。② 而法学界的观点总体上偏向于在现行集体所有制的立法背景下，应该加强对集体资产的保护，如韩松主张：在农村产权制度的改革中，要加强集体资产管理、防止集体资产流失。③ 秦小红认为：中国的改革是从农村土地改革起步的，其成功的关键是实现了农村土地集体所有权和农民家庭经营承包权的分离，其实质是通过增加家庭承包经营权的制度弹性降低了集体所有权实施的成本。④

　　一个难以回避的问题在于：如果集体所有权不能通过集体股的形式在股份合作制或者股份制组织中得以体现，则所谓公有制的实现方式问题就无从谈起。集体股退出之后，集体资产将全部量化到个人，则集体产权就失去了寄居之所，农村土地集体所有制也就面临名存实亡的危险。日本学者冈本信广认为：（中国）与日本最大的不同之处是集体资产的分配，村里的集体企业和村集体的土地创造的利润如何分配是制度改革的难题。⑤ 集体所有权作为立法确认的一种公有产权的形态，不能因为效率低而被漠视。无论是股份合作制还是股份制，都应该建立在集体所有权的资本化和集体股的设置基础上，否则就会违反现行的农村集体所有权法律制度，也很难收到预想的结果。

二　集体所有权资本化是城镇化发展的必然要求

　　从终极意义上来讲，所有权的核心在于处分权，处分权决定了财产的归属。而我国集体所有权的所有权人对于集体土地的处分权，则被限制在

---

① 农村集体产权制度改革和政策问题课题组：《农村集体产权制度改革中的股权设置与管理分析》，《农业经济问题》2014 年第 8 期。

② 陈天宝：《北京郊区农村集体产权制度调查》，《北京农业职业学院学报》2005 年第 3 期。

③ 韩松：《农民集体所有权和集体成员权益的侵权责任法适用》，《国家检察官学院学报》2011 年 4 月。

④ 秦小红：《西方财产权理论的谱系及其对中国农村产权制度改革的启示》，《江西财经大学学报》2014 年第 2 期。

⑤ 冈本信广：《城乡一体化的艰难前行》，《浙江工商大学学报》2015 年第 5 期。

了一个很小的范围内，事实上它已经很难被理解为一种所有权意义上的处分权了。我国集体土地所有权人对于土地的处分显然是不自由的，因为从我国土地制度的大背景看，除很小的一部分建设用地可以使用集体土地以外，绝大部分的建设用地只能依法申请使用国有土地。面对巨大的土地需求，集体土地却因为这一制度性障碍，被排除在合法的转让主体之外——这是目前我国对于集体土地权利人的处分权做出的影响深远的限制，正是由于这样的限制集体土地所有权人基本被剥夺了自由处分土地的权利。

我国现行的集体所有权制度产生于 20 世纪 50 年代的社会主义改造运动，集体所有权从产生之初即受到了明显歧视。尽管存在保护耕地、保障农民基本生存条件等理由，但是农村集体土地的使用、收益和处分之所以受到严格限制，与整个国家以农业支持工业、农村支持城市的发展模式是密切相关的。进入新世纪以来，我国城镇化步伐加快，2016 年我国的城镇化率已经达到 57.35%，农村人口仍然处于加速城镇化的进程中，在这种情况下，一部分集体土地通过征收、征用变为国有，而更多的集体土地则虽然有流转的需求，但是却因为立法上的诸多限制而难以实现。目前的做法是进一步把农村集体土地实行三权分置，即所有权、承包权和经营权的分离，孙宪忠认为："（三权分置）的含义包括坚持集体所有权，稳定农民承包权，搞活经营权三个方面。如果农民的土地承包经营权不稳定，那就违背了政策的初衷。因此在新政策和新法律方案中，一定不要改变土地承包经营权这个概念，以免出现政策性的混乱。"① 可以说，三权分置的提出一定程度上是由于集体所有权是宪法所规定的一种公有制形态，这一公有的观念导致了集体所有权流转的禁忌。然而，在实践中，很多地方尤其是城市近郊的农村地区，为更好地实现集体土地的价值，从第二轮土地承包开始村集体就没有把土地进行承包，而是由村集体统一经营，也就是所有权和经营权是一体的、而不是分离的。这种情况被一些学者认为是村集体侵害了村民的承包经营权，事实上村民对于这样的做法并不反对，原因在于村集体的统一经营能够给村集体成员带来更好的收益。有学者指出：现实生活中集体土地通过土地承包经营权等方式在市场上流转，集体土地所有权已不似先前那样只是具有宪法意义和政治意义。因此，说集体

----

① 孙宪忠：《推进农地三权分置经营模式的立法研究》，《中国社会科学》2016 年第 7 期。

土地所有权是纯粹的公法意义的所有权也难谓妥当。集体土地所有权的法律性质并非如传统法律意义上的所有权那样，表现出非公即私的清晰界限，无论是法律文本还是现实状况，集体土地所有权皆呈现亦公亦私的二元特性。①

　　长期以来因为受制于集体土地的公有制观念束缚，已经使得国内农村土地制度和产权安排落后于现实的发展和需求。因为城镇化的加速推进，今天的农村社会的集体组织和村落格局都发生了翻天覆地的变化，一味地追求农民土地权利的平等、土地权利静态的归属已经与日益多元化的农民利益需求不相适应。有学者认为：我国的集体化是在地域性村庄和经济型组织统一的基础上产生的，集体所有权及其相应的集体经济具有相对封闭性。应该看到，随着生产方式的日益社会化，集体经济的地域封闭性也会打破，并呈开放状态。原属于本集体成员共有的集体资产有可能融合在更大的经济体内，成为混合经济体中的一部分。② 今天我们在讨论中国农村问题时，城镇化成为一个必须时刻面对的变量因素，在既有自然村落格局即将结束，未来的集体组织的架构和集体经济的内容与边界都已经打破的状况之下，一味强调集体所有权的公有制属性而使其局限于实物形态，拒绝集体所有权的资本化，其结果反而使集体所有权的市场价值被严重扭曲。

　　实际上，我国国有资产的资本化探索早在 20 世纪末就已经开始，今天包括中、农、工、建四大国有银行在内的国有企业也已经成为上市公司，从前认为与国民经济和人民生活有着密切联系的纯国有企业都已经引入社会资本从而成为混合所有制企业。对此，学术界并没有认为是损害了公有制，而是认为极大地提高了国有经济在国民经济中的主导作用。有学者指出：公有产权的价值化运营比实物形式的运营，具有更高的效率，但其运营的基本方向必须是资本化。国家或集体手中的产权，无论是价值化的还是实物化的，首先都表现为社会财富，但并不必然就是资本。根据马克思的定义，资本是能够带来剩余价值的价值，只有在生产经营过程中实

----

① 戴炜：《三权分置视阈下集体土地所有权的二元构造》，《南京农业大学学报》（社会科学版）2016 年第 6 期。

② 徐勇、赵德健：《创新集体对集体经济有效实现形式的探索》，《华中师范大学学报》（人文社会科学版）2015 年第 1 期。

现价值增值的才是资本。在这一点上，公有资本与一般的资本并无差别。[①]

进入新世纪之后的城镇化大潮完全动摇了从前的城乡二元化体制，而这一变化是 1949 年以来我们从未遇到的情况。在城乡二元化体制下，农民家庭或者个人也只能参加集体的生产劳动才能够获得分配，因此他们作为集体成员以及他们对于土地的权利都不会引发争议。这也就是说，那时集体与成员之间就地权而生的法律关系，虽然不是由法律确切规定的，但是也是明确肯定的。[②] 城镇化大潮来临之后，随着农村人口大量离开所属的集体组织，长期形成的自然村落也在乡镇政府所主导的村庄规划中开始发生激烈的合并重组。据国家统计数据显示，2000 年时中国有 360 万个自然村，到 2010 年，自然村减少到 270 万个，10 年里有 90 万个村子消失，平均每天有将近 250 个自然村落消失。[③] 在乡村剧烈的变迁过程中，地方政府始终掌握主导权，而集体经济组织和成员利益往往得不到有效的保障，这与集体所有权无法通过资本化引入现代企业的经营机制不无关系。同时，由于集体所有权的资本化受到严格的限制，使得我国农村金融资产匮乏，仅仅依靠激活土地承包经营权的资本要素来获得农业发展的资金，难以为集体经济组织的壮大、农村的水利建设、土地资源的整合等提供金融资金支持。因而，积极推进我国农地所有权的资本化有着十分重要的现实意义。集体所有权的资本化运作能够进一步推进农村的政社分离，促进农村集体经济组织的独立。

三 集体所有权资本化与集体经济运行机制的优化

集体所有权的资本化，意味着集体产权由从前的政社不分向确定比例股权权益的转变，这一转变必然要求集体所有权的表达与实现方式都要相应的改变，从而带来整个集体经济运行机制的创新。

[①] 周冰、宋智勇：《国有产权资本化与现代市场体系的构建》，《天津社会科学》2009 年第 5 期。

[②] 孙宪忠：《推进农村土地"三权分置"需要解决的法律问题认识问题》，《行政管理改革》2016 年第 2 期。

[③] 汤一亮、陈泰龙：《调查显示我国 10 年 90 万个自然村消失》，人民网 2013 年 8 月 9 日，http：//finance. people. com. cn/money/n/2013/0809/c218900 - 22502724. html。

　　自 20 世纪 90 年代以来，公有制的实现形式问题就一直是我国理论界关注的一个热点问题，但是很长一段时间里主要是围绕着搞活国有企业问题而展开，较少涉及集体产权。2003 年，党的十六届三中全会提出：积极推行公有制的多种有效实现形式，加快调整国有经济布局和结构。要适应经济市场化不断发展的趋势，进一步增强公有制经济活力，大力发展国有资本、集体资本和非公有资本等参股的混合所有制经济，实现投资主体多元化，使股份制成为公有制的主要实现形式。农村集体产权制度的改革自党的十八大以来成为一个热点问题，随着股份合作制的不断深入推广，集体所有权能否资本化的问题逐渐进入人们的视野。2016 年 12 月，中共中央、国务院发布《关于稳步推进农村集体产权制度改革的意见》要求：适应健全社会主义市场经济体制新要求，不断深化农村集体产权制度改革，探索农村集体所有制有效实现形式，盘活农村集体资产，构建集体经济治理体系，形成既体现集体优越性又调动个人积极性的农村集体经济运行新机制。当前，各地农村开展的股份合作制探索，大部分保留了集体股，这是在现行法律制度框架内较为稳妥的选择。而不设置集体股的地区，主要是苏州、绍兴、上海等经济发达、已经完成城镇化的区域。为了规避集体股股东凭借其占有优势地位的集体股形成"内部人控制"，实践中的一些股份合作社的集体股不享有表决权，甚至未保留集体股股东对重大事项的表决权。[1] 这样的做法显然使集体股在新的集体经济组织中完全丧失了发言权，恐怕也很难能够作为公有制实现形式的一条有效途径。尽管集体股的设置仍然存在产权不清晰的问题，但是通过股份合作或者股份制的改革，很重要的一个目的就是通过各种不同的股权主体来相互的约束、逐步形成类似于现代企业的运行机制。就农民个体而言，从前模糊的社员权也具体化为股权，有利于其权益的保护与实现。同时，各种利益量化为股权之后，也有利于吸引外来的资本投入集体经济组织，进一步促进集体公有制的高效运营。一项关于农村集体资产股份化的调研统计显示：在 434 名受访者当中，仍有 70% 的受访者当地设置了集体股，集体股比例在 10%—20% 区间占比最高，仍存在占比 50% 以上集体股。相较村民

---

[1]　高海、杨永磊：《社区股份合作社集体股改造：存废二元路径》，《南京农业大学学报》（社会科学版）第 16 卷第 1 期。

个人，集体股本身占据了较大的股权份额，且集体股的管理一般委托社区居委会或村民委员会。①

集体股的存在必然引出集体股如何行使的问题，如果集体股与一般的股权一样拥有表决权，在集体股占较大比例的情况下必将主导新的集体经济组织，小股东即普通集体成员利益仍然不能得到有效的保证。实践中，集体股究竟应当占多大的比重、集体成员的个人股如何量化以及是否允许对集体经济发展有较大贡献的外来人员享有股权等问题，都是需要村集体通过民主表决程序决定的重大事项，同时工商企业以向集体经济组织投资的方式获得股权也是盘活农村集体资产的重要途径，因而随着股份合作制和股份制的推广，集体股、成员股和公司法人股的共生并存将成为集体经济发展的一个普遍现象。为调动个人和企业参与集体经济的积极性，形成与现代企业运行机制相适应的治理结构，就需要对集体股的股权内容进行全新的设计。这方面，笔者认为可以借鉴国内外国有企业改革中所采取的金股制度。金股（golden share）起源于为 20 世纪 80 年代初英国政府进行的国有企业改革。1982 年，为防止政府对改革后的企业失去控制，英国政府在一些关系国家安全和重要行业的企业中设立金股。撒切尔政府最早在大英石油公司章程中引进金股概念，规定政府作为金股持有人，拥有否决其他股东决议的权力。② 金股制度的核心是国有股东在涉及公司解散、重整、公司章程的修改、合并、分立以及公司重大财产的处置等重大事项上拥有一票否决权，金股持有者对于公司日常经营无权干预，一般也不参与利润分配，而只享有事后否决权，所以就减少了政府对改制企业日常决策与经营管理的事前干预，赋予企业最大限度的决策自主权。

我国在国有金融机构的市场化改革中借鉴了英国的金股设计。就我国集体经济组织的改革而言，由于集体股的设置还需要为集体成员的公共福利提供财力支持，因而需要保留利润分配请求权，因此，在我国集体股的股权设计中应当采纳"优先权 + 金股"的股权结构，即集体股的行使主体以放弃对股份合作公司日常事务决策、表决权为代价获得对营利分配的

---

① "农村集体资产股份化法律问题研究"课题组在 2016 年上半年所做"关于农村集体资产股份化问题的调查问卷"，涉及 11 个省市，发放调查问卷 500 份，收回 434 份。

② 郭武平：《"金股"：国有银行吸引战略投资者的有效途径——兼论国有银行股权设计》，《金融研究》2004 年第 8 期。

优先权，以保障村庄建设、村级组织运转、村域社区公共服务的供给；与此同时，保留在重大决策问题上的发言权，防止集体经济资产的流失。

集体股的行使主体问题近年来也存在较多争论。有学者总结各地的实践，认为集体股股东主要有村民委员会（村民小组）、集体资产管理委员会和社区股份合作社等三种情形。① 笔者通过调研发现：目前绝大部分地区在集体产权的股份合作制改革中，集体股仍然由村民委员会行使，后两种主体主要存在于沿海发达地区和城乡接合部已经完成城镇化的区域。对于广大的仍以农业为主要产业的农村地区而言，在组建新的股份合作组织中，应当以村民会议而不是村民委员会作为行使集体股的主体，对于完善股份合作组织治理机制有着更为积极的意义。按照《村委会组织法》第21条的规定：村民会议由村委会召集十分之一以上的村民或者三分之一以上的村民代表有提请召集村民会议的权力。由此，在涉及农村集体资产经营和管理中的重大事项需要村民会议讨论决定的，村委会应按照及时、必要、便民的原则召集村民会议。作为非常设机构，村民会议行使集体股股东的职权，既不会对股份合作社的经营管理施加过多的干预，又能够保证在重大问题上的发言权，真正发挥集体股的公有产权作用。另外，有学者建议，在村民会议之下设立专门的集体资产运营监督小组，对村委会执行村民会议决议的监督、对集体资产对外运营情况的监督，负责管理集体资产运营中的财务往来和收支情况。② 由于集体股在日常经营中的行使主体由村民委员会代理行使，为防止村民委员会成员的代理成本、确保其行为符合村民会议的利益和要求，设立这样的监督小组也是非常必要的。

四　集体所有权资本化后的股权流转问题

当今中国仍处于城市化的加速阶段，农村村落格局处于合并重组之中，村改居的规模和范围不断扩大，集体所有权也会随着农村村落与村民的变迁、城乡结构的变化而变化，而现行立法制度尤其是关于农村土地制

---

① 高海、杨永磊：《社区股份合作社集体股改造：存废二元路径》，《南京农业大学学报》（社会科学版）第16卷第1期。

② 曹昌伟：《农村集体资产运营中的治理架构问题探讨》，《现代经济探讨》2012年第6期。

度的，则较多的关注集体所有权的归属问题，集体所有权难以通过流转实现自身价值。2016 年 10 月，中共中央办公厅、国务院办公厅印发了《关于完善农村土地所有权承包权、经营权分置办法的意见》，在全国范围开始实行农村土地的三权分置改革。三权分置的大背景是城镇化农村人口结构的迁徙使得农地的流转需求提高，又与农村土地规模效应的要求相适应，因此近年来承包权和经营权分离成为农地改革方向的一个共识。三权分置并没有改变农村土地集体所有权的性质，但是通过合同、章程等形式对集体所有权施加了诸多限制，形成了事实上对集体土地的分割所有。农地三权分置改革将进一步明晰农地各利益主体的权利边界，无疑对于维护集体经济组织及其成员利益将起到积极作用。

　　但是三权分置改革所形成的对集体土地的分割所有主要对于以农业为主的区域，对于城乡接合部以及部分经济强村的作用和价值较小。笔者自 2015 年下半年开展的一项关于农村集体资产的调研显示，实践中许多村庄的村民其实并不关心承包经营权的确权问题，有不少村甚至从来就没有把承包经营合同或者经营权证发给村民，而村民真正关心的是村集体每年是否能够给予他们认可的利益，因为承包土地每年的收益是基本固定的，因此只要村集体给予其分配大于务农的收益，并没有哪个承包经营户提出村集体侵害其权利的主张。事实上，很多村落对外出租土地都是以集体的名义统一出租经营的，并不是每户农民与经营者签订合同。对于这部分村集体而言，将来的任务恐怕应该是通过把集体所有权的股份化，实现村企产权关系的清晰化和治理结构的法人化，而不是推行三权分置改革。

　　集体所有权股权化之后，一个非常重要的问题就是集体股能否流转的问题。从现有立法体系看，似乎要维护土地的公有制性质自然是不能对集体股进行转让的。但是，这里其实也存在一个认识上的误区：集体所有权的资本化必须以维持现有土地的集体所有为前提。这种观点又回到了集体所有权是应当保持静态的归属还是强调其动态的开发利用。集体所有权资本化的意义在于通过农地资本的合法化，使得在全国范围内能够催生出农地所有权的价格体系，能够产生一个合理的市场价格，又由于集体经济组织的讨价还价能力优于分散的农户，因而能够较好地实现集体成员的利益。另外，如果某块土地存在非农化的市场需求，又是在农地总量控制范围内可以调整的，那么资本化的集体所有权能够更好地实现其市场价值，而不是像过去那样通过征地制度土地的增值部分完全被政府攫取，但农地所有权人的利益则完全被忽略。因此，集体股的流转是集体所有权资本化后必然的要求，否则集体所有权的资本化就失去了应有的价值。

但是，集体股的流转的确可能引起工商资本进入农业领域，从而导致农地的非农化。笔者认为对于这一问题并不需要过多地担忧，因为工商资本进入集体经济组织恰恰是形成多元治理结构的一个契机，而农地的非农化并不会因为工商资本的"下乡"而加剧。从世界各国的立法看，都有关于农地的农业用途管制制度，农地的用途管制事关粮食安全，因而在我国这样一个人多地少的国家将会长期存在。尤其是在我国十分严格的18亿亩耕地保护红线的约束下，工商资本下乡必须以农业为主要产业，这实际上给想要受让集体股的工商企业设定了一个较高的门槛，只有熟悉农业、拥有较为先进的农业管理经验和生产技术的企业，才有可能通过集体股的流转而实现盈利。因此，农地集体所有权的资本化并不能与一般的财产一样实现完全自由的市场流动。同时，由于在新的股份合作组织中，持有个人股的"原始股股东"仍然带有非常强的身份性，非集体经济组织成员不能享有个人股，其股权实行静态管理，不转让、不继承、不能退股提现，因此单纯的集体股的流转并不能使工商资本"喧宾夺主"，使得集体经济成员丧失话语权。另外，对于地理位置较为偏僻又被划入农业保护区的广大农村地区而言，由于工商资本获得投资回报的难度较大，因而对于集体股流转后导致普遍的集体性质"变异"的担心基本缺乏事实依据。

集体所有权在广大农村地区主要的价值还是农地的使用价值，因而土地承包权等集体成员所享有的用益物权更加受到关注和保护，而对于正处于城市化进程或即将进入城市规划的农民而言，集体所有权的使用价值已没有意义，农民的集体成员权将通过股份化的方式变为一种新型的集体和个人的关系。随着部分地区城镇化和村改居的快速推进，农地的集体所有权逐渐转变为对城市商业用房的所有权，这一普遍的财产转换途径反映了集体所有权由实物形态的农地向价值形态的财产的转变。而这一财产形态的转变从逻辑上是支持集体股的流转的，因为一种财产只有能够流转才能更好地实现自身价值。如果说城镇化的初期还需要集体股的存在以提供集体成员丧失土地后的社会保障，那么随着时间的推移和政府社会保障能力的提高，集体股逐渐通过流转方式退出就成为农民市民化过程中一个非常自然的过程。当然，集体股是否流转、流转的具体方式和价格等问题均需要由集体经济成员民主表决决定，如果成员做出禁止流转的决定则任何组织和个人都无权对此进行干预。

为了更好地实现集体所有权为集体成员利益造福的目的，我们应当在集体所有权资本化的基础上推进农地集体所有权的信托制度。这一制度设计的基本原理是：集体经济组织将集体所有股权委托给受托人，受托人以其名义取得信托财产所有权后，在该信托财产之上设定农用地使用权或建设用地使用权，并且聘请专业的组织对该农用地或建设用地使用权进行管理。在取得相应的收益之后，受托人将收益按照信托合同的约定分配给委托人制定的受益人，即集体经济组织的成员。农地集体股的信托由于会改变土地的集体所有性质，因此在推行中应该规定受托人为国家，为此应当建立相关的机构，代表国家统一接受集体经济组织的委托。这样的一种制度设计，既防止信托财产——农村土地的私有化，又符合当前立法制度下建设用地必须国有的要求。而国家作为名义上的所有权人仍然要受到集体经济组织意志的限制，其对受托土地的运作和处置必须为了受益人的利益，从而在所有权"国有化"之后，仍然能够实现该财产为集体成员谋取利益的集体属性。对于农民而言，其原来对集体土地的相关权益就转化为信托受益权，这一权利是一种证券化权利，但是由于建立在成员权的基础之上，因而一般不发生转让和继承，除非信托协议对此有专门的约定。农地所有权集体股的信托客观上发生集体股的流转，但是由于采取了坚持公有制前提下的信托设计，因而不会发生土地私有的结果。这对于广大的以农业生产为主的传统村落而言，是一种既稳妥又具有创新精神的制度设计。集体土地所有权的信托制度设计，能够解决当前困扰农业发展规模化的问题，更好地促进所有权、经营权和收益权的分离，真正实现物尽其用、地尽其利的市场化资源配置的结果。目前，我国一些地方正在探索推行农地承包经营权的信托制度，而集体土地所有权的信托还仍然处于空白状态，未来这一制度的推行还有赖学术界进一步深入探讨。

五　结语

当前我国股份合作制的实践可以分为集体企业改制的股份合作组织、

农地股份合作组织和社区型股份合作组织等三种类别，每种股份合作组织在形成和运营中都面临着集体股是否设置、具体比例以及如何行使等问题，由于对这些问题的认识始终存在较大分歧，致使各地的股份合作制实践一直缺乏统一的立法指导，这在一定程度上造成了我国农村集体资产自我管理和运营的乱象，而又进一步成为各地乡镇地方政府对村级集体资产和财务进行干预的理由。因此，集体所有权的资本化问题不仅关系着集体资产的运行效率，而且与整个农村经济社会的治理方式和机制的改革息息相关。当今之计，应当积极推进农民权益股份合作与集体所有权资本化立法，改变集体所有权的流转只能依赖国家征收一条途径的现状，使集体所有权的权能更加完整、充实，通过股权化的设计实现其真正的市场价值。从学术界的研究状况看，对于集体所有权资本化的认识仍存在着一些模糊之处，对于集体股的法律地位、基本属性和特征的研究还都有待于进一步的探讨，我们期待着关心农村集体经济的学人对集体资产资本化问题的深入展开。

第三章　集体财产的宪法意蕴与民法典时代的规则表达[*]

　　农村集体建设用地和宅基地不能入市交易的问题，长期以来困扰着我国农村社会的发展，成为维持我国城乡二元经济社会结构一大制度性瓶颈。党的十八大以来，随着乡村振兴战略的实施，城乡二元土地制度对乡村发展的制约作用越来越明显，改革的呼声也日益高涨。党的十八届三中全会作出的《中共中央关于全面深化改革若干重大问题的决定》明确要求：建立城乡统一的建设用地市场，在符合规划和用途管制前提下，允许农村集体经营性建设用地出让、租赁、入股，实行与国有土地同等入市、同权同价。

　　为实现党的十八届三中全会的决定精神，尽快实现集体建设用地使用权与国有土地的"同权同价"，2015年1月，中共中央办公厅和国务院办公厅联合印发了《关于农村土地征收、集体经营性建设用地入市、宅基地制度改革试点工作的意见》，标志着我国新一轮的农村集体土地使用权流转制度改革进入启动阶段。在《土地管理法》修改的过程中，删除了第43条规定："任何单位和个人进行建设，需要使用土地的，必须依法申请使用国有土地"的规定，从而在制度上结束了原土地管理法所规定的建设用地的国家垄断，使得集体建设用地使用权的流转获得立法的认可。但从《中华人民共和国民法典》（以下简称《民法典》）物权编的规定来看，物权法用益物权所规定的建设用地使用权实际上就是国有土地使用权，其中并未包含集体土地的建设使用权，所以《民法典》第344条名不副实，这是一条名为建设用地使用权实际为国有土地使用权的规范。^① 有

---

　　* 本章主要内容发表于《东方论坛》2021年第3期。

　　① 《民法典》第344条规定：建设用地使用权是指"建设用地使用权人依法对国家所有的土地享有占有、使用和收益的权利，有权利用该土地建造建筑物、构筑物及其附属设施"。

学者认为，《物权法》中"建设用地使用权"的前身，是我国《中华人民共和国城市房地产管理法》（以下简称《城市房地产管理法》）中的"国有土地使用权"。"国有土地使用权"是在国家土地所有权基础上，利用国家土地所有权中的使用权能而派生出来的一项独立权利。将国有土地上的建设用地使用权上升为民法上的用益物权，而对集体土地上的非农建设用地使用权未加以规定，导致该项权利性质不明，也就直接造成农村集体土地制度改革中涉及的集体土地使用权流转受限问题。[①] 表面上看，我国民法典物权编以农村土地承包经营权、宅基地使用权等次级概念取代了集体土地使用权，而无论是农村的经营性建设用地使用权还是城镇集体土地使用权，都难以受到民法典的调整。而之所以造成这样的局面，一方面是与我国长期以来地方政府所倚重的土地财政相适应；另一方面则是与长期以来已经形成的集体土地作为"公共财产"的公有制定性，并在此基础上所形成的国有土地和集体土地的优劣观念有着非常大的关联。

一　民法典物权编未涉及农村集体建设用地的宪法根源

我国今天城乡二元的经济社会格局之所以难以突破，很大程度上源于原《土地管理法》的第 43 条所规定的建设用地的国家垄断，这条规定直接导引出了进入 21 世纪以来，我国各地地方政府依靠对集体土地的征收制度而建立起的土地财政，深刻地影响了我国近二十年来的城乡社会。原《土地管理法》第 43 条客观上引发了因征地而积累的巨大社会矛盾，进一步加剧了城乡的差距和农民的弱势地位。农村集体建设用地不能与国有建设用地同等入市、同权同价，使得国有和集体两种公有制之间产生了巨大的不公平，加之宅基地取得、使用和退出制度不完整，使农民的住房价值难以体现，在面对城镇化大潮时无法获得有效的财产性保障。对此，李克强总理多次强调，要坚持从实际出发，因地制宜，深化农村土地制度改革试点，赋予农民更多财产权利，更好保护农民合法权益。从《土地管理法》的修改来看，对土地征收规定了较为严格的公共利益界定标准，采取列举方式明确：因军事和外交、政府组织实施的基础设施、公共事

---

① 魏秀玲：《我国土地权利法律体系改革的路径思考》，《政法学刊》2019 年第 8 期。

业、扶贫搬迁和保障性安居工程建设需要以及成片开发建设等 6 种情形，确需征收的，可以依法实施征收。在政府征收严格限制的基础上，《土地管理法》第 63 条有增加了新的规定："土地利用总体规划、城乡规划确定为工业、商业等经营性用途，并经依法登记的集体经营性建设用地，土地所有权人可以通过出让、出租等方式交由单位或者个人使用"。《土地管理法》第 63 条也就是人们给予厚望的集体经营性建设用地的入市合法性条文设计，但是这一赋予集体建设用地流转功能的制度并未明确规定在新颁布的《民法典》中，而是在第 361 条规定："集体所有的土地作为建设用地的，应当依照土地管理的法律规定办理。"显然，在我国新颁布的《民法典》中，集体建设用地并未获得与国有建设用地使用权相同的立法地位，单纯从立法的层级来看，集体建设用地使用权依据的是位阶较低的土地管理法而不是具有民事基本法地位的民法典。

本来，决策当局启动农村集体土地使用权流转制度改革的目的就是赋予集体建设用地与国有土地同等入市、同权同价的资格，但于 2020 年 5 月颁布的民法典却未能充分体现这一改革成果。造成这一状况除了农村经营性建设用地的改革对于现实的影响仍具有不确定性之外，很重要的原因是在我国宪法上集体土地作为公共财产的定性使其难以体现集体成员的利益，进而有效地指导相关的民事规则设计。宪法作为母法，确定并规范一个国家最为基本的政治和经济制度，也对公民的基本财产权和人身权进行规范。而《物权法》《土地管理法》《土地承包经营法》等涉及集体土地的立法都必须在宪法的框架内。因此，研究我国的农村集体土地问题就应当对宪法的规范有较为深入的了解。《中华人民共和国宪法》第 6 条和第 8 条都不是直接针对土地问题，而是笼统的规定了我国的公有制的基本经济制度。第 6 条规定："中华人民共和国的社会主义经济制度的基础是生产资料的社会主义公有制，即全民所有制和劳动群众集体所有制。社会主义公有制消灭人剥削人的制度，实行各尽所能、按劳分配的原则。国家在社会主义初级阶段，坚持公有制为主体、多种所有制经济共同发展的基本经济制度，坚持按劳分配为主体、多种分配方式并存的分配制度"。第 8 条规定："农村集体经济组织实行家庭承包经营为基础、统分结合的双层经营体制。农村中的生产、供销、信用、消费等各种形式的合作经济，是社会主义劳动群众集体所有制经济。参加农村集体经济组织的劳动者，有权在法律规定的范围内经营自留地、自留山、家庭副业和饲养自留畜。城镇中的手工业、工业、建筑业、运输业、商业、服务业等行业的各种形式的合作经济，都是社会主义劳动群众集体所有制经济。国家保护城乡集体经济组织的合法的权利和利益，鼓励、指导和帮助集体经济的发展"。《宪法》第 10 条则是专门规定的土地的公有制两种类型："城市的土地属于国家所有。农村和城市郊区的土地，除由法律规定属于国家所有的以外，属于集体所有；宅基地和自留地、自留山，也属于集体所有。国家为了公共利益的需要，可以依照法律规定对土地实行征收或者征用并给予补偿。任何组织或者个人不得侵占、买卖或者以其他形式非法转让土地。土地的使用权可以依照法律的规定转让。一切使用土地的组织和个人必须合理地利用土地"。

　　显然，我国宪法上对于土地问题的规定，主要是出于对公有制的历史和现实的确认性表达（程雪阳语），而不是从所有权意义上出发对集体所有权的创设性立法。也就是说，我国现行宪法对集体所有权的规范，主要关注其意识形态上的公有制问题，而并不关注集体内部成员是否能够平等享受权利以及农民个体土地权利的保障问题。因此，宪法对集体土地的规范角度与物权法是存在较大的差异。换言之，我国宪法上对农村土地的集体所有主要是一种政治经济学思维，而不是法学的对这一权利类型的具体制度设计。正如有学者指出的："本质上说，集体土地所有权制度体系承载了太多的政治功能，这导致了集体土地所有权制度在现实经济生活中被形骸化的结果，实际上除了概念的政治隐喻以外，并不能发挥对社会关系的调整功能。"① 鉴于宪法的根本大法的基础性地位，物权法在建构集体土地所有权的时候，必须在宪法所规定的对以往历史和政治正确的基础之上，土地的公有制为农村集体土地制度改革划定了合法性边界，从而使私法话语体系下的财产权利不能实现自我的逻辑自洽。尽管从宪法条文上，我们不能直接得出国有财产优于集体财产的结论，但是宪法条文的表述方式加之长期以来的国情实践，使人们自然认为当集体利益与国家利益发生冲突时，集体利益应让位于国家利益，而这一观念投射到同为公共财产的国有土地和集体土地问题上，则对集体建设用地的流转限制就变成了天经

____

① 刘道远：《集体地权流转法律创新研究》，北京大学出版社 2011 年版，第 13 页。

地义。按照我国《宪法》第12条的规定："社会主义的公共财产神圣不可侵犯。国家保护社会主义的公共财产。禁止任何组织或者个人用任何手段侵占或者破坏国家的和集体的财产",而《宪法》第13条则规定"公民的合法的私有财产不受侵犯",这里人们不难得出国有、集体、私有财产按照其公共性的纯粹性所作出的排序,并以此作为指导民事立法规则的基本原则。当然,对宪法关于国有、集体和私有财产的排序和解读,并不能由宪法条文直接得出,而是借助于长期以来我们对公有制传统观念的理解而做出的,其中是否符合宪法规则在当代的内涵和精神要求,则值得更进一步的分析和探究。

二　宪法的功能变迁与公共财产的三重维度

作为根本大法的宪法也不是一成不变的,在1954年以来的岁月中,党和国家先后五次根据经济与社会发展的现实对宪法的制度条文进行了修改,其中1988年、1993年和1999年的三次《宪法修正案》均涉及了农村土地和集体所有制的内容。有学者认为,随着宪法变迁,公共财产也实现了功能上的变迁,时至今日,围绕宪法中的公共财产形成了私法权利、公法规制和宪法价值辐射(公共性)这三重维度,每一个维度都紧紧围绕宪法中"合理利用"的宪法要求展开。从"合理利用"的宪法内涵出发即可透视出我国在公共财产的立法形成方面存在的不足,以及实践中在公共财产的经营和公共义务的施加(国家保障义务)方面所存在的问题,并通过合宪性审查和合宪性解释等方式对之加以反思和重建。[①] 而围绕着农村集体土地问题,私法权利、公法规制和宪法价值辐射(公共性)这三重维度在不同的时代背景下,则有着不同的侧重,从而对于集体所有权的内涵和外延均产生相当重要的影响。

1988年的《宪法修正案》将"任何组织或者个人不得侵占、买卖、出租或者以其他形式非法转让土地"修改为"任何组织或个人不得侵占、买卖或者以其他形式非法转让土地,土地的使用权可以依照法律的规定转

---

① 李忠夏:《"社会主义公共财产"的宪法定位:"合理利用"的规范内涵》,《中国法学》2020年第1期。

让"。1993 年的宪法修改中进一步确认了家庭联产承包责任制和农民对于
土地的经营自主权,规定"农村中的家庭联产承包为主的责任制和生产、
供销、信用、消费等各种形式的合作经济,是社会主义劳动群众集体所有
制经济。参加农村集体经济组织的劳动者,有权在法律规定的范围内经营
自留地、自留山、家庭副业和饲养自留畜"。1999 年的宪法修改则确认了
农村集体经济组织的双层经营体制,规定:"农村集体经济组织实行家庭
承包经营为基础、统分结合的双层经营体制。农村中的生产、供销、信
用、消费等各种形式的合作经济,是社会主义劳动群众集体所有制经济。
参加农村集体经济组织的劳动者,有权在法律规定的范围内经营自留地、
自留山、家庭副业和饲养自留畜"。就此,有学者认为:"改革开放以后,
国家公权力逐步从农村土地上退出,集体土地所有权逐步还原为不受国家
公权力过度束缚的真正民法意义上的土地所有权。随着土地承包经营制度
的推行与土地承包经营权的最终建立,集体土地所有权逐步演变为一种普
遍受到农村土地承包经营权限制的所有权形态"。[①] 该学者对土地承包经
营权作用的评价似有过高估计的倾向,因为土地承包经营权主要发生于耕
地,而在农村宅基地和建设用地领域不发生影响。而即使在耕地和林地等
广泛设置了土地承包经营权的范围内,随着撤村并居、社区化等"新农
村"事业的展开,土地承包经营权始终难以变为一种"不受国家公权力
过度束缚的真正民法意义上的土地所有权"。进而言之,即使是集体土地
所有权本身,在现行宪法所规定的公有制的秩序下,也很难实现其在私法
规则体系中的权利自足。

　　进入新世纪,我国的经济和社会经历了一个重大的发展时期,已跻身
世界强国行列。然而客观来说,我国的城乡二元结构在这个过程中不仅没
有及时解决,反而有不断扩大的趋势,城乡的差距被进一步拉大。对此有
学者认为:"由于过于强调社会主义公有制的意识形态背景,忽视了集体
土地所有权作为法律制度的规范特性,致使集体土地所有权主体具有较为
突出的公法性,行政权力也随之侵入集体土地所有权主体行使权利的民事
活动之中。"[②] 这位学者指出了我国宪法上对于集体土地所产生的深刻影

---

① 袁震:《论集体土地所有权的政治伦理属性与法律属性》,《私法》2017 年卷。
② 高飞:《集体土地所有权主体制度研究》,法律出版社 2012 年版,第 134 页。

响,由于宪法对于集体土地的规范具有相当强的政治意义,因而《物权法》和《土地管理法》等专门立法试图所进行的任何突破都将面临一定的政治阻力与政治风险。"集体土地所有权负载的这种意识形态意义,一方面使其容易获得法律的认可与保护,另一方面妨碍其在民法科学中获得科学的定位与建构。在土地承包经营权与宅基地使用权等物权建立起来以后,集体土地所有权也成为兑现中国共产党与农民群体在新民主主义革命中缔结的政治契约的重要环节"①。

时代的发展必然改变着每个人的观念,尽管《宪法》第 10 条第 2 款所规定的"土地属于集体所有"一直没有更改,但是这句话已不再被当做拒绝承认"私权利"的戒条,而逐渐演变为面对政府的强拆时保护成员权利的圭臬。正如刘连泰教授在对"土地属于集体所有"的规范属性做出历史解释的基础上认为,通过分析建立在集体土地上的各项权利,可以发现,土地集体所有不仅不再是与集体经济组织成员权利对峙的概念,在集体与国家的关系维度上,土地集体所有正在体现其"私"的一面。土地集体所有不再纯粹是一个服务于共同体目标的范畴。正在变成防御国家权力的基本权利。② 近年来,随着我国广大农村城镇化步伐的不断加快,农村农业用地三权分置改革和建设用地流转制度改革的深入开展,以"家庭承包经营为基础、统分结合的双层经营体制"也在发生深刻的变革。2020 年 3 月底,中共中央、国务院发布《关于构建更加完善的要素市场化配置体制机制的意见》(一号文件),要求完善要素市场化配置,建设统一开放、竞争有序市场体系,建立健全城乡统一的建设用地市场,深化产业用地市场化配置改革,鼓励盘活存量建设用地,为乡村振兴和城乡融合发展提供土地要素保障。显然,中央层面对于农民农村集体土地权利的保障问题越来越重视,如果说农村集体土地作为公共财产的属性并未发生变化,宪法规则的私法权利、公法规制和宪法价值辐射(公共性)这三重维度仍然存在,那么党的十八大以来,中央更加重视农村集体土地的私法权利这一维度。然而,这一变化并没有及时体现在具体的宪法条文中,我国宪法关于农村集体土地的规则自 1999 年以来未曾修改,二十多

---

① 袁震:《论集体土地所有权的政治伦理属性与法律属性》,《私法》2017 年卷。
② 刘连泰:《"土地属于集体所有"的规范属性》,《中国法学》2016 年第 3 期。

年来，我国农村经济和社会却已经发生了翻天覆地的变化。鉴于宪法修改程序的复杂性和严肃性，宪法关于农村土地制度改革的反映必然是滞后的，宪法规范出于对公有制的历史和现实的确认性表达也是很难与时代同步的。因此，当土地管理法、土地承包法等具体的低位阶立法已经随着现实需求进行了较大的修改，包括物权法在内的民事基本法也开始适应这样的变化时，宪法的三重维度却仍然处于公法规制至上、私法权利受到挤压的意识形态控制之下，从而使得宪法价值辐射（公共性）功能始终难以向私权利的保障靠近，继续为公权力在民商事领域的强力存在提供难以撼动的理由。而关于这一点，无论是在《物权法》制定过程中巩献田教授提出的物权法违宪，还是在《民法典》制定过程中，王利明教授和梁慧星教授之间的论证都是把民事权利问题上升到了宪法问题来讨论。[①] 而这个过程中，提出物权法违宪的学者竟然都是来自民法学者而不是宪法学者，可见宪法关于财产权的公法规制的规则是多么的根深蒂固。

三　集体所有的不同表现形式

如果一味强调农村集体土地的公法规制，强调"集体所有"的公有制内涵，则无法解释新世纪以来党和国家在农村集体经济领域的改革目的，更无法说明党的十八大以来在农村三块地领域的改革试点（农村集体建设用地直接入市、耕地的三权分置、农村宅基地的三权分置）及相应的立法修改实践。事实上，关于究竟什么是集体所有、集体所有应该采取什么样的实现形式，无论是在法学界还是在其他领域均存在激烈的争论。"土地属于集体所有"究竟应该坚持其意识形态的正确性，强调其公

---

① 王利明教授在《民法典》颁布之后专门撰写文章，对物权法制定过程中的论证进行了回顾："根据王（家福）老师的指示，民法学会开始组织一系列物权法讨论会，就平等保护的问题进行深入讨论，反驳那些认为平等保护就是搞私有化的观点。所有会议的观点也都经过细致整理后，通过相应的途径上报给中央。这些活动都是在王家福老师的领导下，而我作为民法学会的会长具体负责实施的。在许多学术会议上，我都要强调物权法必须坚持平等保护原则。今天，梁慧星教授非要说我反对平等保护，确实与事实不符。"参见王利明《民法典编纂中的若干争论问题——对梁慧星教授若干意见的几点回应》，《上海政法学院学报》2020 年第 4 期。

法的约束，还是把集体与国家这两类公有制类型进行区分，进而还原集体的私法秩序的色彩？这已经成为任何一个土地法研究的学者都绕不过去的一道关隘，而宪法学者对于这一问题的思考，似乎显得更为有力。

宪法学者韩秀义教授认为，"土地属于集体所有"的权利定位，但在微观、动态层面，更倾向于将其解释为"宪法制度空间"。其基本内涵包括：首先，"土地属于集体所有"是一条宪法规范；其次，这一宪法规范是立法者和农民展开行动的依据和空间；最后，这一空间在根本上是属于农民的，或者说，农民才是这一制度空间的"主人"与"行动者"。若以"分配"与"保障"来解释社会主义的内涵，那么，就能够将"集体"解释为农民自己的选择，权力也必然从"集体"中退出，这样，"集体"就是私法性质的构造物，若将"公有制"理解为"国家所有"，将"集体所有制"理解为基于社区的共有制和基于市场的"私有制"，那么，"集体"就将不再担负外部性的社会保障功能，因此，其原有的"公法功能"将由国有产权替代，这样，"集体"的私法属性及功能就会更加纯粹。①该学者对于宪法中集体概念的阐释具有极大的启发性：把集体土地解释为根本上属于农民自己的权利，从而更好地发挥对农民的分配和保障价值，似乎更加符合社会主义的内涵，而仅仅关注于集体土地的公有制属性，而疏于集体土地权利与农民个体之间关系的立法构建，则必然导致公权力对农民权利的侵害，也必然导致宪法规则与民法原则的隔膜和分裂。

刘竞元认为，宪法上的土地所有权（国家土地所有和集体土地所有）是社会主义公有制的体现。集体所有体现宪法上的福利保障，但这种宪法上的保障性规定如何落实到民法中，并实现民法的权利转变，就需要分阶段讨论。在改革开放前期，土地主要为农民提供衣食保障，注重使用价值；在现阶段，土地主要为农民提供财产性收入，更注重交换价值。②如果说，改革开放之前注重农村土地的使用价值必然倾向于公法规制，则近

① 韩秀义：《"集体"之宪法意涵的开掘与阐释——以土地属于集体所有为中心》，《法治现代化研究》2019 年第 3 期。

② 中国土地法制与乡村振兴战略会议联盟第五届学术研讨会暨农村集体产权制度改革的法治保障学术研讨会会议综述，中国土地法制研究网，https://illss.gdufs.edu.cn/info/1099/10528.htm。

年来随着城镇化的加快，越来越多的农民开始进入城镇，如果农民对于集体土地和房屋的权利不能通过转让实现其市场价值，则城镇化的过程就成了对农民权利的侵害和掠夺，这显然并不符合宪法规定农村土地集体所有的社会主义公有制的本意。

无论是学术界还是实务管理部门，长期以来对于宪法上所规定的"土地属于集体所有"过于片面地强调其公法规制的功能，从而使得"集体"成为意识形态化的概念进而对农民个体权利造成极大的限制。出于对集体土地私法权利化政治风险的担忧，大多数学者偏向于对现有宪法秩序的公共性解读。如贺雪峰把"中国土地制度的宪法秩序"总结为"土地公有，地利共享，消灭土地食利者的规范和实践"，并认为支撑这个宪法秩序的具体制度包括：（1）农地集体所有，农户只拥有承包经营权；（2）城市建设用地国有，农地已经征收为城市建设用地的，土地性质即由集体所有变为国有；（3）最严格的耕地保护政策，非经国家批准，地方政府不得随意占用耕地；（4）管制，无论是城市商业用地和工业用地，还是农村建设用地、基础设施建设用地，都不得随意改变用途。[①] 显然，法学界以外的社科学者往往关注于现行宪法制度对当代土地权利秩序所产生重大影响的解释和说明，而没有涉及农村集体土地权利的微观结构以及农户在集体土地的权利行使问题。换言之，"集体土地的社会主义公有制属性"在许多学者那里只是判断一项具体的改革措施是否具有合宪性的标准，而并不去关心这一意识形态化的概念能否与具体的民事立法相衔接并最终落实到每个活生生的农民个体和农户家庭。这样的学术研究格局一旦形成，宪法规范就会成为制约经济和社会发展的桎梏，宪法对集体土地的公有制定位就不仅不能实现保护农民利益的立法目的，而是走向了立法初衷的反面。这种学术研究的理路所带来的负面影响必须引起高度的关注。

高富平教授认为，宪法学者应注意农民集体所有的私法性特征。国家所有是由政府代表全体人民行使，不需要登记，这也意味着国有土地很难满足民法对客体特定化的要求，国有土地的特定化通过建设用地使用权实

---

① 贺雪峰：《地权的逻辑：地权变革的真相与谬误》，东方出版社 2013 年版，第 36—37 页。

现。农民集体所有权有所不同，集体资产可以登记。集体所有是一个社区性的集体所有或者团体所有，满足私法性质，由集体成员决定其命运。[①]笔者注意到，近年来从事三农问题研究的一线学者开始较多地使用"共有"而不是"公有"来对农村土地的集体所有进行解读。如黄祖辉教授认为，我国的农村集体经济组织的产权式共有而不是公有，一字之差，差别却很大。这意味着，我国农民对农村集体资产不仅拥有使用权或者经营权，而且拥有一定的所有权。[②] 徐勇教授则认为，集体经济并不直接等同于集体共有经济，它还包括集体所有权基础上的集体成员的个体经济。集体共有经济是集体所有权基础上集体共同享有的经济，而由集体所有权派生和延伸出来的承包经营权所产生的个体经济也属于集体经济的范畴。[③] 显然，这些对于我国农村问题的决策起到相当大影响作用的学者已经不再把"集体"与宪法条文中的公有制直接挂钩，而是认为所谓集体所有是农民的共有状态，并非只能是一成不变的意识形态化的公有制。

四　集体土地的宪法制度空间究竟如何转变为具体的实践

仔细分析我国宪法对于农村土地的规定，主要是从政治经济学的概念出发进行的界定，而公有制抑或私有制并非法学上的概念，尤其是在民事主体的分类上，并不按照所有制的不同进行分类界定。这样，宪法上的劳动群众集体所有制在转变为民法上的集体所有权的时候，并不是一个简单的话语过渡问题。当集体以政治词汇呈现出来的时候，其所代表的更多的是"集体经济"或"社会主义集体"的内涵，其所代表的内容是以生产队、自然村、行政村或乡镇为集体的全部成员；而集体以法律词汇的姿态

---

① 中国土地法制与乡村振兴战略会议联盟第五届学术研讨会暨农村集体产权制度改革的法治保障学术研讨会会议综述，中国土地法制研究网，https：//illss. gdufs. edu. cn/info/1099/10528. htm。

② 黄祖辉：《中国农村集体经济的有效实现形式》，载《土地股份合作与集体经济有效实现形式高端论坛论文集》2014 年 9 月。

③ 徐勇：《创新集体：〈对集体经济有效实现形式的探索〉》，载《土地股份合作与集体经济有效实现形式高端论坛论文集》2014 年 9 月。

出现的时候,其所代表的是"虚化的集体",我国的法律中曾经出现过"农业集体组织""农民集体组织"和"农村集体组织"三个概念①(《中华人民共和国民法通则》(以下简称《民法通则》)74 条出现集体经济组织概念;1999 年《宪法》使用了集体经济组织概念,《民法典》中亦采用了农村集体经济组织法人的概念)。但是,由于实践中各地农村的情况存在很大的差别,有相当比例的村庄集体经济是空白,因此立法上并没有规定农村集体经济组织的普遍当然的法人主体地位,而是在《民法典》第 99 条规定:"农村集体经济组织依法(而不是当然)取得法人资格。"同时《民法典》第 101 条规定:"居民委员会、村民委员会具有基层群众性自治组织法人资格,可以从事为履行职能所需要的民事活动。未设立村集体经济组织的,村民委员会可以依法代行村集体经济组织的职能。"

从《宪法》第 8 条的规定来看,所谓集体土地的宪法制度空间是一种以农村集体经济组织为主体表征,而在主体内部又是以家庭承包经营为基础的层级结构。而民法典所规定的作为特别法人的农村集体经济组织法人则与土地的集体所有产生了一定嫌隙,因为集体土地一旦为一个法人所有,就很难在法律上再设定为一种共有关系。有学者针对集体经济组织的改革提出了质疑,主张农村集体产权制度改革应坚守"物权法底线":产权乃"财产权"之简称,物权法上规定的物权乃重要的财产权类型,改革中凡是涉及农村集体物权的,就应当遵循物权法上有关物权种类和内容的相关规定。在物权法上,集体与集体经济组织是两个不同的主体性范畴。现有的改革政策,有用"集体经济组织"替代"集体"的倾向,这一改革倾向已经突破了"物权法底线"。集体经济组织与村民委员会是不同的职能主体,前者承担的是"经营职能",后者承担的是"公共职能",在集体经济组织建立起来后,物权法中规定的一些由村民委员会代行的经营职能应交由集体经济组织行使,在股份合作制改革的背景下,集体经济组织的"股份"与一般工商企业的"股份"不同,这体现了集体资产股份权能与物权法上所有权"出资权能"的不同。②该学者提出的"集体"与"集体经济组织"的区分固然有其合理性,但是该学者提出的"物权法底线"的真正

----

① 李永安:《农村集体经济组织的历史变迁和立法前瞻》,《公民与法》2009 年第 7 期。
② 王洪平:《农村集体产权制度改革的物权法底线》,《苏州大学学报》2019 年 1 月。

依据仍然是宪法上集体所有的意识形态。因为该学者明确指出：国家所有与集体所有是我国公有制的两驾马车，《宪法》第 6 条规定：中华人民共和国的社会主义经济制度的基础是生产资料的社会主义公有制，即全民所有制和劳动群众集体所有制。既然"公有制"是社会主义制度在经济领域的最高意识形态，那么我们就必须坚持国家所有和集体所有不动摇。显然，这位民法学者与巩献田教授一样也陷入了民事权利的意识形态化，进而得出集体所有权主要应受制于公法规则而不属于私法权利的结论。

从我国《宪法》规范综合分析，我国宪法的确试图对集体所有权建立一种与国家所有权相一致的规则体系，如在《宪法》第 12 条规定：社会主义的公共财产神圣不可侵犯。国家保护社会主义的公共财产。禁止任何组织或者个人用任何手段侵占或者破坏国家的和集体的财产。而在《宪法》第 13 条则规定：公民的合法的私有财产不受侵犯。国家依照法律规定保护公民的私有财产权和继承权。国家为了公共利益的需要，可以依照法律规定对公民的私有财产实行征收或者征用并给予补偿。从条文表述来看，第 13 条对于公民的合法私有财产并未使用像公共财产那样"神圣不可侵犯"这样的语汇，而只是规定"不受侵犯"。但是，能否就此认为公民的私有财产在保护手段和力度上劣后于国家和集体财产，长期以来在学界多有争论。而随着民法典的出台，这一问题得到了明确无误的答案。根据民法典物权编 207 条规定：国家、集体、私人的物权和其他权利人的物权受法律平等保护，任何组织或者个人不得侵犯。因此，在民法典通过之后，如果仍然停留在我国宪法上对"公共财产神圣不可侵犯"的规定，而认为我国宪法对国家、集体、私人的物权和其他权利人的物权不是平等的保护，无意于在坚持物权法违宪的观点，这种治学的态度有百害而无一利。认为"公有制"是社会主义制度在经济领域的最高意识形态，因此必须坚持国家所有和集体所有不动摇，这种所谓的"物权法底线"思维实际上也是执拗于宪法规范的字面理解，不能对宪法上的集体的"公有制"进行深层次理解和应用的结果。

事实上，我国宪法上尽管把集体与国有并列，似乎把集体规定了与国有完全相同的规则体系。但是，事实上这样的理解并不符合宪法的条文规范。按照我国《宪法》第 8 条明确规定农村集体经济组织实行家庭承包经营为基础、统分结合的双层经营体制，也就是说农村集体经济组织存在的基础是家庭，同时该条规定还特别指出了农村集体经济组织中的个人对于集体土地的权利。另外，根据《宪法》第 17 条的规定：集体经济组织在遵守有关法律的前提下，有独立进行经济活动的自主权。集体经济组织实行民主管理，依照法律规定选举和罢免管理人员，决定经营管理的重大问题。而在《宪法》第 16 条对国有企业的规范中，虽然也规定了"在法律规定的范围内有权自主经营"，但并未赋予其"独立进行经济活动的自主权"。因此，我们可以说《宪法》第 12 条所规定的"社会主义的公共财产神圣不可侵犯"，是从公有制财产意义上强调的与私人财产之间"公共性"的差异。但是，由于集体作为土地的主体是一个"虚化"概念，它必须以另外一个能够明确产权和执行的主体为代表，而这一主体理想的代表应该就是集体经济组织。否则，宪法上只需界定好集体土地的公有制问题，并不需要费经周折去规范集体经济组织问题。而事实上，所谓集体所有制宪法制度空间的实践，就是集体所有制如何转化为集体所有权的问题，而这一问题能否顺利的实现转化，则是取决于集体所有权的主体构造问题，这一问题很大程度上就是如何构建集体经济组织的主体法律地位问题。

五　"集体"的法人化是实现宪法规则转变为民事规范的关键

集体所有权如何建构才能既符合物权法和民事权利的一般原理，又不违反我国宪法关于集体公共财产的基本精神？这一问题可以说困扰了我国法学界和三农问题研究很多年。从立法上看，我国从《中华人民共和国民法总则》（以下简称《民法总则》）立法开始，明确的采用了将"集体"这一意识形态化的概念法人化的立法改革思路。根据《民法典》第 96 条规定："机关法人、农村集体经济组织法人、城镇农村的合作经济组织法人、基层群众性自治组织法人，为特别法人"。第 99 条规定："农村集体经济组织依法取得法人资格。法律、行政法规对农村集体经济组织有规定的，依照其规定"；第 101 条规定："居民委员会、村民委员会具有基层群众性自治组织法人资格，可以从事为履行职能所需要的民事活动。未设立村集体经济组织的，村民委员会可以依法代行村集体经济组织的职能"。

长期以来，我国学界对于集体土地的主体问题始终存在较大的争议和困惑。而对于农民集体经济组织的含义也存在着不同的理解。有学者认为农村集体经济组织，是由中华人民共和国成立后的农村互助组、初级社、高级社发展演变而来，即包括乡、村、村民小组和部分农民共同所有的农村劳动群众集体所有制的经济组织。^① 梳理多年来学界对于集体土地主体问题的争论，可以得出这样的一个结论："集体"一词在公有制意义上是一个具有意识形态属性的概念，它与"国家所有"一起构成社会主义公共财产体系。而集体经济组织是集体所有制实现的主体形式，农村集体产权制度改革的目标之一就是建立和构造集体经济组织的法人地位，因而农村集体经济组织的法人化是对集体所有制的有效实现形式。土地公有制在国有土地上所体现出来的问题并不明显，就是因为国家本身在法学理论上即被视为一个特殊的法人组织，国有土地的所有权只能由国家享有。但是，集体土地所有制要变为物权法上的所有权概念，则面临着主体性困惑：在农村集体经济组织不具有法人资格的情况下，集体土地的行使主体就变成了一个似是而非的问题。正如孙宪忠教授的观点：实际上我们应该承认农民集体是一个个具体的单一农民共同的资格形成的，农民本身享有最终所有权。农民的土地承包经营权恰恰是他们行使自己的权利的一种方式，所以农民家庭或者个人对于土地的权利本质上是一种自物权，孙宪忠教授的这一说法实际上用最终所有权的概念回避了集体土地所有权的行使主体问题。

《民法典》的出台力图通过特别法人制度解决集体土地的行使主体问题，但是要完成这一集体公有制的主体改造并不容易。因为《民法典》对于农村集体经济组织法人只是笼统的规定，这类法人的具体制度还必须进行专门的立法；其次，以往物权立法主要侧重于具体的物权类型的法定化，而基本没有涉及集体所有的主体性问题。对此问题，江平教授认为，将宪法规定的我国两种土地所有权之一定位于法人的权利是不是大大地扩大了法人权利的范围，而且与现行的《物权法》条文不相吻合，现行的

---

① 罗猛：《村民委员会与集体经济组织制度的性质定位与职能重构》，《学术交流》2005 年第 5 期。

物权法条文没有丝毫法人所有的痕迹。编纂后的民法典已将"集体企业"和"集体土地"均视为法人所有,而这两种法人所有均不能离开它的成员。我们摒弃了"社团法人"的传统理论,因此总则中缺少传统成员权的概念和论述。但成员权仍然存在。成员权有两种表述方式,一是在分则中的表述,如物权法中涉及集体经济组织成员的表述以及业主的建筑物区分所有权,公司法中股东权利的表述;二是总则中就法人成员权的总体表述。我国民法总则对成员权缺乏总体表述仍然是一个缺憾。[①] 江平教授的质疑切中要害:在"集体所有权"改造为法人所有的过程中,如何确保法人化不会对农民的权益构成侵害是一个至关重要的问题。而解决和避免这一局面出现的关键就是能否较好地对农民个体的成员权进行立法,目前来看,由于缺乏农村集体经济组织法人的立法,因而民法典上的规定还难以落到实处,这种状况极易造成极少数人利用法人概念对于农民利益的损害。

李海平认为,土地集体所有和国家所有系平等的法律关系,解释为整体和部分的政治关系因违背宪法解释的逻辑而不能成立,集体土地所有权符合基本权利的构成要件,具有时代性和强制性特征,属于政策性基本权利。集体土地所有权的主体具有双重性,农民通过成员权实现作为土地所有者权益,农村土地集体所有的解释结论的巨大差异反映了对转型宪法解释在方法论方面的大异其趣,中庸主义宪法解释方法论是解释转型宪法应遵循的基本准则。[②] 可见,在构建集体土地的行使主体问题上,宪法学者和民法学者有一致的思路:都不约而同地把成员权作为农民实现集体土地所有者权益的关键问题。在集体经济组织的主体地位模糊、集体土地的行使主体政社不分的情况下,农民主要依靠《中华人民共和国村民自治法》(以下简称《村民自治法》) 这样的集体公共事务立法来决定与集体土地等相关的经济问题,而《村民自治法》中尽管也有一些村民权利的规定,但是由于村民委员会主要是实现村庄的治理功能,完成对村庄和村民的公共产品供应,因而它并不以村民的成员权为主要的规范内容。对此问题,

---

① 江平:《民法典编纂中如何解决"集体"的法律定位问题?》https://www.sohu.com/a/398204760_736914。

② 李海平:《论农村土地属于集体所有的宪法解释》,《政治与法律》2017 年第 6 期。

李凤章教授认为，集体是土地所有权的主体，而农村集体经济组织是集体土地所有权的行使主体，二者不应混同。农村集体经济组织在《民法典》中被作为特别法人进行规制，但对于集体究竟是什么，还缺少明确的规定。村集体本质上是组织化的村庄，这个概念是一个村集体化的结果。村集体满足了公法人的基础条件，赋予地方基层自治团体以公法人资格，也是世界发达国家和地区的普遍经验，赋予村集体以公法人资格，可以有效克服村集体私主体化带来的弊端，能更好地维护村民自治。综上，他认为应当明确村集体的公法人身份，最终实现和作为私法人的农村集体经济组织的分离，完成人民公社解散后中央要求的实现农村基层"政经分离"的未竟事业。[①]

　　我国《民法典》在确立农村集体经济组织法人主体资格的同时，就提出了对农村集体经济组织进行专门立法的问题，因为一类法人组织没有专门的立法是不可想象的，而农村集体经济组织的专门立法其主要内容就是要对这类法人的成员权问题做出详尽的规定。这也就是江平教授对于《民法典》中缺乏成员权的规定所提出的担忧之根本原因。目前为止，关于农村集体经济组织的立法规划已经列入全国人大的日程，相信不久的将来人们将看到一部具有中国特色的、关系亿万农民利益的农村集体经济组织法的出台。农村集体经济组织与一般的法人存在着显著的差异性[②]，这些差异性的存在需要突破民商法上业已形成的诸多观念和理论，为避免在立法过程中出现唯特殊性的倾向从而脱离整体的法人制度理论，或者因为不符合法人制度的一般原理而否认其法人的主体地位，有必要时时回顾和检讨我国宪法上所规定和要求的农村集体土地制度的规范体系。同时，本着与时俱进的态度，呼应广大农民的现实需要，进一步充实农民个体对于

---

　　① 李凤章：《村集体"公法人"论》，"农村集体产权制度改革的法治保障"学术研讨会，https://www.sohu.com/a/405273185_648829。

　　② 刘竟元表示，农村集体经济组织法人与成员集体之间的关系还存在争议，但是农村集体经济组织属于特别法人已经被法律所认可，且其特别性包括三个方面：一是成立的特殊性；二是成员要素的特殊性和财产要素的特殊性，成员要素的特殊性体现在成员权的封闭性，财产要素的特殊性体现在只有土地使用权才可以入市；三是运行机制的特殊性，排除了土地所有权作为责任财产的可能性，法人破产时土地所有权不会受到影响，土地公有制也就不会受到冲击。参见农村集体产权制度改革的法治保障学术研讨会会议综述，中国土地法制研究网，https://illss.gdufs.edu.cn/info/1099/10528.htm。

集体财产的成员权利。宪法上的集体所有具体化为农村集体经济组织的法人所有，而农民对于集体土地等集体财产的权利通过成员权来实现，恐怕是民法典时代我们能够找到最符合我国农村发展的方向和农民利益的改革道路。

六　结语

宪法作为一个国家的根本大法，具有最高的稳定性和修改的严肃性，而宪法又往往涉及一个国家重要的财产权制度和公民的个人权利，这就注定了宪法规则不可能同步于现实中社会改革和公民权利的发展实际。在这种情况下，私法领域的法律实践和法学研究就要对于宪法规范保持适当的时空感，而不是动辄以私权利违宪这样的政治性话语指导我们的改革实践。同时，民法规则的设立也不应该对宪法规则的公法规则进行过度的解读。如本文所述，我国《宪法》上并未规定国有土地和集体土地的优劣之分，然而到了《物权法》上不只是国有和集体土地的权利出现了巨大的差别，而且同样是集体土地，也因为城乡的差别而采取了不同的规则体系。① 我国《民法典》第 359 条的宪法依据是《宪法》第 6 条和第 10 条，事实上将自然人的权利放到了国家所有权和集体所有权之后，这又与《物权法》第 207 条所规定的"国家、集体、私人的物权和其他权利人的物权受法律平等保护"形成矛盾，因此，迫切需要对于宪法规则进行重新认识的恰恰是私法学者，在公法学者提出宪法规则具有"私法权利、公法规制和宪法价值辐射（公共性）这三重维度"时，作为私法研究仅仅停留在公法规制的层面，被私权违宪的观念束缚而缩手缩脚，必然落后于时代的要求，也与民法典所确立的诸多原则相违背。

随着我国城镇化的发展，许多农民变成了市民，农民的集体土地也已经变成了国有土地，这种情况下，从前属于农民宅基地性质的土地性质发生了改变，而农民的房屋如果因年代久远需要翻新或者改建，或者需要继

---

① 我国《物权法》第 263 条规定：城镇集体所有的不动产和动产，依照法律、行政法规的规定由本集体享有占有、使用、收益和处分的权利。但是物权法的全文通篇找不到对农村集体对集体财产的权利规定，《物权法》上并没有规定集体对不动产和动产具有占有、使用、收益和处分的权利。

承等，则会产生行政机关该如何对待、是否需要补交费用的问题，从前的集体建设用地也会因为城镇的扩张而发生土地属性的改变。这类复杂问题的解决必须本着国家、集体、私人的物权和其他权利人的物权受法律平等保护的基本原则，避免因为宪法对于公有制的政治话语体系而使得国家、集体和私人的财产权发生优劣排序，从而使民事立法和相关的行政法规进入自相矛盾的状态。

第四章 社区股份合作组织的主体性研究*

社区股份合作是我国城镇化进程中具有原创性的一种经营性主体，它产生的基础是农村集体产权制度。这类主体一经出现，即在我国广受争议，人们甚至把这类主体贴上了过渡性的标签，在这种观念的错误引导下，社区股份合作组织一直未能获得独立的主体身份和立法的支持。股份合作制在我国的实践已有三十多年历史，其间出现了三种风格迥异的形态，分别是：集体企业改制而形成的股份合作企业、以农地为核心资产组建的农地股份合作企业和社区型股份合作企业。第一种股份合作企业大多经过第二次改制，改造成了有限责任公司或股份有限公司，仍然保持股份合作制企业形态的已不多见。而后两种形态的股份合作则伴随着城镇化的加快，逐渐成为城乡一体化进程中的"新宠"。然而，股份合作制组织这一企业形态在大行其道的同时却存在着随意性大、模糊性强的工具化倾向，始终缺乏统一的立法制度设计。这种状况的存在严重侵害了在改革之中处于弱势地位的农民利益，并一定程度上造成了社会矛盾的激化和分配的不公。随着我国城镇化进入高潮期，对于股份合作这一企业形态进行规范性研究已经势在必行，其中对社区股份合作组织的主体性问题的研究显得尤为迫切。

一 社区股份合作组织的产生背景与特点

社区型股份合作组织是在城镇化进程中出现的一种经营主体形态。随

---

　　* 本章主要内容发表于作者主编《农事法研究》（第一辑），中国法制出版社 2016 年 6 月版，第 103—113 页。

着我国农村城镇化进程的加快，传统农业人口的分散化布局和配套的行政村落正在出现重新组合，人口聚集化、社区化的趋势十分明显，村改居、村庄的撤销与合并根本上改变了从前村庄格局。而由于从前的社员是以村集体经济组织为单位享有其经济利益的，当其所属的村集体向社区转变的过程中，其在村集体经济中的相关利益必然转化为一种新的形态。

根据社区化的进程不同，社区股份合作组织又分为两种类型：一种是虽然名称上改称社区，但是实际上仍然属于农村的建制，农民仍然保留了农业户籍，关键是仍然享有土地承包权。尽管行政村的建制发生了改变，但是社区化后从前的土地集体所有性质并未发生改变，这种形态的股份合作可以称为农村地区的社区股份合作；另一种是从前的村集体和行政建制被撤销后，划入了城市居委会的范围，相应地，从前的土地集体所有性质则按照法律要求变成了国有性质，从前的社员对集体土地的用益物权因为土地性质的国有化而不复存在。与前一种社区股份合作相比，后一种股份合作是更具标本意义的社区型股份合作。这类组织之所以称之为社区型的股份合作，是因为它通过量化折股的方式把从前属于集体经济组织的财产在社区的成员间进行了分配，所有社区成员均按一定标准持有股份。这种全员持有股份型的股份合作，已经突破了合作制的自愿性本质要求，体现出一定的福利性和公平性，而在村集体转型为社区后，继续发挥着从前村集体经济组织的价值功能，因而冠名为"社区型"的股份合作可以说名副其实。对于整建制归入城市的村集体及村民而言，社区股份合作组织的产生往往出于城市化进程中继续保留和发展集体经济，增强农村社区自我供给保障体系的需要，是一种理性的利益选择的结果。之所以这样说，是因为在从前我国农村"村改居"的过程中。按照各地集体资产处置政策和地方性法规的要求，撤制村队需上交集体固定资产，从而使得集体经济组织的集体资产减少，使得失地农民的财产权利受到损害。

长期以来，学术界对于股份合作组织的研究较为粗糙，人们往往笼统地谈股份合作企业，导致三种形态的股份合作没有清晰的界定，特征也是含混不清的。尽管如此，有一些目光较为敏锐的学者意识到了不同形态股份合作组织之间的差别，并针对社区股份合作进行了分析。如有学者认为，社区股份合作制改革坚持集体财产完整的前提下，在价值上以股份的形式将集体财产折股量化到每一个社员，既保证了集体财产的不可分割性，又形成了一种新的产权制度安排。① 更有学者较为系统地研究了新型社区股份合作组织与原来经济合作组织的区别，认为存在四个方面的差别：一是产权制度不同。原来经济合作组织产权制度是共同共有模糊产权，新型社区股份合作组织产权制度是按份共有相对比较清晰的产权。二是分配制度不同。原来经济合作组织分配制度是按劳分配、按福利分配，新型社区股份合作组织分配制度是按劳分配与按要素分配相结合地按照股份分配。三是治理结构不同。原来经济合作组织带有很多传统计划体制色彩，缺乏农民群众参与决策和监督的有效途径。新型社区股份合作组织建立了现代企业管理的组织架构，农民群众初步成了集体经济的投资主体、决策主体和受益主体。四是拥有的集体资产经营权不同。未实行社区股份合作制改革之前，部分乡镇政府、村委会代管集体资产。实行社区股份合作制改革之后，明确了集体资产管理主体是新型社区股份合作组织。

对于社区股份合作组织，人们的认识虽然还存在着一定的模糊性，但是社区股份合作形成了一种不同于以往的集体公有制的产权已基本成为共识。在没有划入城镇建制的农村地区，社区股份合作仍然是以土地的集体所有为基础，农民则以其土地承包经营权作为主要的财产权利获得相对应的股份；而对于那些村改居的社区，能够进行股份化的财产由于土地资源的国有化而大打折扣，但是因为这样的村庄往往与城市毗邻，或者已经属于城中村，集体资产的数额可能远远高于地处偏僻农村的村落，因此其股份合作进程中股份的量化问题也更容易引发矛盾。

二　社区股份合作组织设立中的类别股份问题

在迄今为止所出现的三种股份合作企业中，社区型股份合作企业是最为特殊的一种类型。之所以如此，是因为其他两种股份合作企业的股份的量化基本是在货币或财产权利的范围内进行，经过一定的评估作价程序，股份即可分配到社员手中，价值评判的标准较为直观和统一。而社区股份合作企业在集体资产的分配中则存在着十分复杂的逻辑关系。如有学者指

---

① 应瑞瑶、沈亚芳：《苏南地区农村社区股份合作制改革探析》，《现代经济探讨》2004 年第 2 期。

出：考察在传统集体主义经济逐步解体的过程中，人们对集体财富的起源和集体成员边界的理解，揭示了不同改制方案和分配方案后的意识形态合法性及其运行的多重逻辑：农龄股设置的背后是集体主义劳动创造的逻辑，原始贡献股设置的背后是资本主义的资本制造的逻辑，干部贡献股的设置体现了对村干部作为企业家和管理者贡献的承认和尊重，作为最普遍的人头股的背后则是传统村落共同体的成员权逻辑。准确把握集体资产分割背后的多重逻辑，正确处理好不同意识形态冲突与村民实际利益之间的关系，是保证集体资产分割顺利进行的关键。① 有学者则认为，股权的社区化倾向使其作为资本的功能弱化，包括它的封闭性、社区福利性、股权值确定缺乏经济合理性，从股权的设置看，不同社区股权数量、股值确定的标准和配股计算系数不同，有的满股 20 股，有的满股还不到 2 股，社区之间人均股权数量差别较大，更大的问题是，由每份股权所含的资产净值太高，最高的可达几万元 1 股，最低的也达近万元 1 股，这给股权流转带来较大困难。②

不论是村庄的撤销合并而建立的股份合作企业，还是城镇化过程中村改居的股份合作，都是由于固有的集体经济格局即将发生巨变而必须采取的一种变革措施。在农村社区股份合作企业组建中，由于已有的土地权利结构并不因村庄居住格局和行政建制的变化而改变，因此这种社区型股份合作仍然是以农户的承包经营权为股份量化的基础；而因村改居而成为城市社区的股份合作，则丧失了原有的集体土地，集体资产主要以政府征地补偿和之前已经完成非农开发的资产构成，在这种情况下，如何确定哪些成员可以享受集体资产以及可以享受多少份额就成为社区股份合作组织建立的首要问题。有学者认为，在建立社区股份合作社的过程中，首先要确定谁是农村集体资产的所有者、谁有权对集体资产进行管理和使用、谁有权享受集体资产经营收益，为此，要区分村民、社员、农民的概念，否则将引起产权改革的混乱。③ 但是，对于社区股份合作组织设立的过程中，

① 刘玉照、金文龙：《集体资产分割中的多重逻辑》，《西北师大学报》（社会科学版）2013 年第 6 期。

② 蒋省三、刘守英：《土地资本化与农村工业化》，《管理世界》2003 年第 11 期。

③ 梁燕雯：《城郊农村社区股份合作制的制度缺陷及创新思路》，《城市发展研究》2008 年3 期。

是否应当设置集体股的问题，在学界却存在着截然不同的两种观点。一种观点主张改革股权设置，股权设置改无偿为有偿，改集体股为个人股、逐步取消集体股的设置;① 另一种观点则强调要加强集体资产管理、防止集体资产流失，认为农村社区股份合作制的产权制度是按份共有的集体产权制度。② 有学者则认为由乡村政府来控制产权，事实上成了政府干预企业经营的制度性通道，也弱化了社员对集体的关切程度，使得政企分开的发展趋势难以实现③

从学者的调研和相关的政府部门的资料统计看，目前在我国各地进行社区型股份合作企业的构建中做法千差万别，概括地看，集体股和个人股是基本的股份类型，个人股则按照集体经济发展和积累的程度进一步区分基本人头股、农龄股和贡献股等不同的类型。④ 至于各种股份如何设置以及所占的比例等问题，则是一个多方协商和博弈的过程。在这个过程中，国家、地方政府、村集体和农户都作为利益相关者参与了最后分配格局的制定，而其中最后所形成的方案往往就是最大限度地迎合各方对集体产权理解和可以分解的方案。

三　社区股份合作组织的主体之惑

对于社区股份合作组织的出现，学术界普遍带有疑问和困惑，很多学者都认为股份合作社不能成为一种规范的企业制度，持有这种观点的学者，大多认为股份经济合作社是一种过渡性的组织形式，由社区型向企业

---

① 包宗顺:《积极推进农村社区股份合作制改革》,《新华日报》2005 年 1 月 30 日。
② 陈天宝:《农村社区股份合作制改革及规范》,中国农业大学出版社 2009 年版。
③ 刘笑萍:《农村社区股份合作制度创新路径分析》,《农业经济问题》2005 年第 9 期。
④ 根据一项对于浙江省临安市农村股份合作制改革调查显示:该市设"人口股"和"农龄股"。"人口股"按股份合作制改革时实际在册的村集体经济组织成员计算（包括按政策应享受本村社员待遇的人）,其股份占总股份的比例不得少于 50%。人口股的设置是对村民集体财产所有者身份的一种认可，是为了体现集体资产共同所有和实现共同富裕原则。"农龄股"的设置则是对村民过去集体劳动贡献的一种追认，可以明确在本村从事生产的起止期限和年龄的基础上进行折算，体现了村民对发展集体经济所做的贡献份额和按劳分配的原则，计算农龄时不足一年的作一年计算（总月数/12 个月）。实行"三资合一"（资金、资产、资源）资产量化的村集体经济组织，可增设"土地股"。

型转变、封闭型向开放型转变、集体经济组织向现代企业制度转变是社区股份合作制改革的发展趋势。① 在普遍的质疑声中也有学者采取了肯定的态度，如陈锡文等人认为，股份合作制是经典意义上的合作制，或是合作社的一个亚种，农村股份合作形式是一种股份式合作。② 有学者则认为，资本民主有股份合作制企业的实践基础，村（居）民有无限的创造力，股份合作制企业为资本民主提供了现成模式，股份合作制企业可以成为当今社区资本民主的制度架构③。面对社区股份合作的蓬勃发展，有学者则提出对农村社区股份合作制立法时，应采取单独立法与统一立法相结合的模式，明确农村社区股份合作制组织的法人地位，保障股份合制设立人的自愿地位，保障股份出资形式多样化。④

无论理论上存在何种争论，社区股份合作组织的发展却是呈现出燎原之势。在城镇化大潮的汹涌波涛中，人们似乎并没有因为其主体的困惑而出现丝毫的犹疑，相反，一种摸着石头过河般的探索勇气常常让人们感受到中国版城市化的不同凡响。然而，作为一种传统集体经济的升级版或者替代性组织，其究竟应该拥有什么样的身份和地位，不能始终处于一种含混不清的状态，这不利于城镇化的进一步深入展开，更不利于对于弱者利益的保护。目前较有代表性的思路主要有法人化和公司法两种。

（一）社区股份合作组织的公司化

如前所述，对于股份合作组织，学术界存在着"过渡论"的观点，这一观点的核心就是主张应尽快促使其从股份合作向公司化转变，完成与当年集体企业第二次改制同样的改革步骤。而实践中，很多地方已经开始探索引进公司制的形态进行社区股份合作组织的改造。

无论是理论界还是实务界，似乎都存在着这样的一种共识：即公司制

---

① 吴翔阳：《现代企业制度：农村股份合作制创新的一个方向》，《理论前沿》2007 年第 15 期；郑水明：《浙江农村社区股份合作制改革的发展特点和趋势》，《农村经济管理》2008 年第 11 期。

② 陈锡文：《集体经济、合作经济与股份合作经济》，《中国农村经济》1992 年第 11 期。

③ 王圣诵：《"城中村"土地开发、"村改居"和社区民主治理中的农民权益保护研究》，《法学论坛》2010 年第 6 期。

④ 姚洁：《农村社区股份合作制改革的研究》，博士学位论文，上海交通大学，2008 年。

优于股份合作制，因为公司是标准意义上的营利性法人，而且在世界范围内都有一致性的标准，而股份合作制为中国所独有，对其性质和地位都难以界定。于是，实践中一部分股份合作组织在组建时即登记为有限责任公司的形态，鉴于公司法中对股东最高人数的限制，因而由少数股东代表多数股东进行工商注册，大多数股东成为隐名股东。而随着时间的推移，登记的股东基于其法律上的权利侵占隐名股东实际权利的情况不断发生，从而造成各种难题。另外，对于广大农村地区的社区股份合作组织，想把股份合作的内容换成公司的外壳，也面临着集体土地权利性质改变的禁区，因为集体土地的所有权不可能变成公司法人财产权的一部分，否则就是改变了农村土地集体所有的公有制性质。因此，有限责任公司的形态难以有效的替代股份合作组织，被赋予升级换代的"重任"。

实践中也有地方探索把社区股份合作改造为股份有限公司，但是由于其股份带有相当强的封闭性、福利性，难以达到一般股份公司股份自由流转的要求，同时《中华人民共和国股份公司法》（以下简称《股份公司法》）所要求的信息披露、表决权的行使规则都与股份合作组织存在较大的差异，这样的改革往往在实行股份制改造的同时离设立股份合作组织的初衷渐行渐远，从而引发社区内利益冲突的加剧。尽管性质含混不清，但是股份合作组织名义上仍然处于集体经济的范畴，其在完成公司化改造之后，从前比照合作社组织所享受的集体经营收入免税的优惠政策或者各种政府补贴等将不再享有，作为营利性法人的公司，必须缴纳企业所得税，社员股东红利分配还要缴纳个人所得税。这一税收方面的损耗和政府资助的减少也将对公司制的改革产生阻碍作用。另外，在带有半集体经济色彩的股份合作制变为纯粹的以资本为纽带的股份有限公司之后，原本曾经附着在股份合作制企业之上的公共福利性特征也将荡然无存，成为完全的以盈利为目的的企业，这对于丧失土地进入城市的新居民来说也增加了其未来生活的难度。

（二）社区股份合作组织能否参照其他经营主体获得法人资格？

所谓法人是相对于自然人而言的，是由于拥有独立的财产和组织机构能够独立承担责任的组织体。在法人资格的形成过程中，能否拥有独立于其成员的财产是核心。法人组织一般的构建原则是作为成员的设立者出资形成法人财产权，完成法人的登记注册之后，成员对其出资就丧失所有权，而获得股权或相类似的权利。社区股份合作组织的形成则完全不同。它是把原本属于集体的财产按照一定的标准分配到社员的名下，社员本身并未出资，而且分配的标准也不统一。在完成股份合作制的改革后，原来本属集体所有的公有制经济，由以前的集体共有变成了现在的按份共有的状况。因此，股份合作组织的形成过程不是因为成员的出资而构成法人财产权，是把原本属于集体经济组织的财产的一部分分配给社员，这样的过程与目前的公司、社团等法人制度的形成过程迥然相异，很难再缺乏单独立法的情况比照其他类型的法人进行设立。因为股份合作组织要拥有法人地位必须由独立的法人治理结构来保证。但是，由于股份合作组织整体上缺乏立法的规范，因而其要获得法人资格的注册只能参照已有立法关于法人的标准和条件执行（如公司法人或者社团法人），建立相应的法人机关，但是对于法人机关之间的关系以及职权划分等具体的内容或程序，能否允许做出不同于已有立法规定的安排，往往难以评判。况且如果认可股份合作组织具有独立的主体地位而在设立时又需参照另外一种企业形态的内部结构进行设立，于情于理均难以说通。学者们对于这种情况的存在表示了忧虑，认为农村社区股份合作社存在运作不规范、政企不分、分配比例不合理、法人地位不明确等问题。[①] 有学者也指出，发达地区农村集体经济股份合作制改革亟待解决股东资格界定、董事会效率低下、村委会和股份合作组织职能定位等问题。[②] 尽管问题之所在很明晰，但是就目前的背景之下，既要赋予社区股份合作组织以法人地位，又继续维持立法缺失的状况，现实中很难具有可操作性。

另外，由于在社区股份合作组织中大都保留了集体股，而这种集体股在村改居后由居民委员会行使其股权人的权利。而居民委员会与村民委员会的一个明显的不同在于：村民委员会属于群众性自治组织，基层政府不能直接进行干预，而居民委员会则是直接接受街道办事处的领导和管理。因此，在进入城市社区之后，社区股份合作组织的集体股将不可避免地受到城市基层政府的节制，从而事实上使得社区股份合作组织的法人独立地

---

① 关郁波、赵贵福：《关于推进农村社区股份合作的对策研究》，《农业经济》2005 年第 7 期。

② 瞿立人：《苏南村级集体经济股份合作制改革研究》，博士学位论文，江苏大学，2007 年。

位难以实现。因此，如果不对社区股份合作的集体股问题进行有效的立法规范，也很难保证社区股份合作的独立市场地位。

在维持目前立法格局的情况下，社区股份合作组织只能参照其他组织的立法，其中存在四种选择：公司法、社会团体登记管理条例、城镇集体所有制企业条例和合作社法。社区股份合作组织公司化的路径存在着诸多难以逾越的障碍，且与集体经济组织改革的初衷难以完全契合。社区股份合作组织也不可能适用社会团体登记管理的规定，因为我国的法规所规定的社团法人是公益性法人的类型。除公司法和社团登记管理条例之外，在我国的《中华人民共和国城镇集体企业条例》（以下简称《城镇集体企业条例》）中规定：集体企业依法取得法人资格，以其全部财产独立承担民事责任。《民法通则》第41条也规定：全民所有制企业、集体所有制企业有符合国家规定的资金数额，有组织章程、组织机构和场所，能够独立承担民事责任，经主管机关核准登记，取得法人资格。但是，《民法通则》和《城镇集体企业条例》所指向的企业，主要是资产为劳动群众集体共有的实行公有制的企业形态，其中不存在股份化的股东权利，显然不适用于股份合作制组织，于是社区股份合作组织能够参考适用的立法就只剩下了合作社法。但是，我国目前关于合作社的立法只有一部《中华人民共和国农民专业合作社法》（以下简称《农民专业合作社法》），而就社区股份合作组织的特征看，显然不符合"专业性"要求。因此，从目前已有的涉及法人制度的四种立法看，都无法适用于包括社区股份合作组织在内的所有股份合作组织。

四　社区股份合作组织改革所应坚持的方向

上述分析说明，试图坚持股份合作制的过渡性特征，从而比照其他类型的法人组织进行设立的观点，是根本行不通的。在这种情况下，摆在人们面前的选择就只剩下了两个：一是继续维持目前似是而非的模糊状况，把股份合作组织作为过渡性、暂时性的企业形态，尽快推动其向公司化转变；二是进行单独的立法，在立法中就股份合作组织取得法人资格的具体条件和程序进行详细的规定。笔者认为，第二种专门立法的思路应该是我国今后应该坚持的正确方向。从我国城镇化进程的长期性来看，股份合作这一组织形态很难在短期内消失。事实上也只有进行单独的立法，才可能顾及股份合作组织的共同特征以及农地股份合作组织和社区型股份合作组织的个性特征，更好地维护农民和城市新居民的利益。

社区股份合作组织经过登记注册可获得法人地位，符合企业法人的一般特征，但是由于其是股份制与合作制的结合，出资人具有一定的身份性和封闭性，其内部治理结构与公司仍然存在较大差异。① 因此在对社区股份合作主体进行专门立法规范时，应当顾及这类组织合作性的特性，在其内部治理结构的设计中，充分尊重农地权利人和股份持有人的主观意愿和选择，把股份合作人的内部章程或协议作为最重要的规范，尽量减少强制性的要求和外部干预，以股份持有人大会的决议作为最终的决策依据。当然如果股份持有人同意按照一般公司法的原则设置其内部治理结构，就应当参照公司法的规定进行运作。但这不是一种制度性的硬性要求，而是基于股份合作组织成员的意志选择的结果。

立法中应当把对各种股份合作组织统一立法，对于集体企业改制的股份合作组织、农地股份合作组织和社区型股份合作组织分类型规定。要明确股份合作组织是与公司、合伙、合作社等经营主体都不同的一种经营性组织，尽管从原理上看更接近与合作社组织，但它并非是建立在按劳分配的基础上，而是以集体资产的股份化为基础的一种特殊形式的合作。因而对于股份合作组织的法人地位必须突破固有思维，充分认识我国农村和城镇化进程的特殊性，以及在这一伟大进程中所做出的原创性制度贡献。随着股份合作组织法人地位的立法确认，社区型股份合作在城镇化中的作用将得到更大的发挥，同时由于立法制度设计中为实现社员权利的公平保护将给集体经济成员以更好的保护。

立法中需要对于社区股份合作组织究竟是否属于集体经济的组织形态进行明确规定，需要对社区股份合作组织是否应该设置集体股以及集体股的比例问题进行详细的规范。笔者认为，鉴于社区股份合作组织在城镇化

---

①　有学者专门研究了股份制和合作制的区别，认为就经济活动目的而言，股份制追求最大限度利润，而合作制主要改善合作企业社员的生产和生活条件；对净收益权利而言，股份制实行按股分红，合作制以按劳动比例为主，限制股金分红为辅；就投票权而言，股份制采取股份民主，合作制采取劳动民主，即只要取得合作社社员资格均享有平等的投票权。参见戚建刚《论股份合作企业立法科学性取向》，《法律科学》1998 年第 5 期。

和集体经济在村改居中有必要继续发挥制度性保障作用的独特价值，在社区型股份合作中集体股应该适当的保留。集体股在社区型股份合作组织中是有存在的理由的，因为在农村集体资产社区化的过程中，必须保留一部分能够承担社区公共事务运行的经费来源，这不仅是村改居后政府往往无力负担骤然间扩大的社会保障人口的需要，也是农民顺利完成身份转变的基础。毕竟农民与已有的城市居民相比，不论是在知识结构还是经济力量方面都处于劣势。由于一部分的股份已经分配到社员手中并由社员以股份入股，则社区股份合作组织就显示出一定的混合所有制的性质。而社区股份合作组织中的集体股不应该延续"村改居"中要求上交集体固定资产的通常做法，既然这部分股份被称为"集体股"，就仍旧是原社区成员共同享有所有权，因此在立法中应当规定社区成员持股会这种集体股的所有形式，由持股会按照民主表决的形式决定集体股的行使方式、并对集体股的分红及其对社区公共事务的资金支持，通过这一机制避免城市街道办事处、居民委员会等基层权力部门对集体股的不当干预。

社区股份合作组织的立法必须对个人股的构成、设定比例的要求、个人股和集体股的流转等问题进行详细的规定。原则性上，个人股可以根据个人的意愿以一定的价格转让，而集体股的转让则要受到严格的限制，只有社区内居民一致同意才能实施。个人股的受让者并不能当然获得集体股持股会成员的身份，因为对于集体股而言，它形成的基础是原社区的社员身份。当然随着社区化时间的推移和人世的代谢，集体股持股会的成员也会发生变化，而这样的变化依据什么样的原则如何操作等问题，都属于持股会成员共同决定的事项，亦不应由其他组织和个人来决定这部分财产权利的归属。

既然是对于股份合作组织进行统一立法，并且要把这类组织作为一种新型的法人组织形态固定下来，就必然是一项宏大的立法工程，这要求对于以农地股份合作和社区型股份合作进行区别对待，因为二者所发挥的作用和基本的构成是不同的。不论未来股份合作形态是否随着我国城镇化的完成而退出历史舞台，就当前我国所处的阶段以及股份合作组织所扮演的社会角色看，认真地探讨和归纳分析其规范设计，对于我国正在进行的城乡一体化进程、保护亿万农民和即将进入城市的新型市民的利益具有十分深远的意义。

第五章　农村集体经济组织
法人的立法问题研究[*]

　　新中国成立以来，我国逐步确立起国家所有和集体所有两种所有制形式，并最终为宪法所确认。两种公有制形式基本对应城乡两个不同的地域范畴，与我国长期所奉行的城乡二元体制相适应。以国有为代表的城市始终占据优先发展的地位，而集体所代表的乡村则被认为是落后的、不纯粹的所有制形式。于是，与庞大的国有资产和严格的管理体系相比，集体经济在国家层面上便很少受到重视，其市场主体地位模糊不清，集体经济组织与村民自治组织和基层党组织之间长期处于政社不分的状况，这与社会主义市场经济所要求的独立、平等的原则相悖，造成了集体经济组织近年来发展的停滞与混乱。党的十九大以来，提出了乡村振兴的目标要求，扭转了过去以城市和工业为优先发展目标的导向，开始把经济社会的发展目光更多地投向乡村和农业，而要实现这一目标，就必须培育乡村集体经济的力量，改变以往乡村集体经济薄弱、管理手段原始等落后状况。在当前乡村振兴的大背景下，对于农村集体经济组织展开的立法研究，不仅具有极强的实践价值，在我国建设社会主义市场经济理论体系中的意义和作用也不容小觑。

一　国内外研究综述

　　国内法学界对农民集体和集体经济组织的性质一直存在争论。高富平认为，"农民集体"乃基于一系列政治运动的产物，其创制之初便未遵循

---

　　* 本章主要内容发表于《东方论坛》（青岛大学学报）2019 年第 1 期。

法律主体构造之制度逻辑，在民法的概念体系中缺乏与"农民集体"直接画等号的概念①。管洪彦认为，农村集体经济组织本质上应为经济组织②，张安毅也认为，农村集体经济组织要建立现代企业制度③；相反的观点则主张：集体土地制度的独特性及其承载的功能寄托决定农村集体经济组织法人难以成为单纯的营利法人④；陆剑、易高翔认为，农村集体经济组织宜定位为以经济统合功能为主、兼具社会、教育功能的综合性农民组织⑤。一部分学者则从农村集体经济组织的起源和设立基础入手对这类组织的立法问题进行了界定。陈甦提出并分析了籍合组织的概念，指出：对于不宜继续采用籍合组织结构的农村集体经济组织，应当及早地妥善地改制转型⑥。

就农村集体经济组织能否享有法人资格的问题，学术界的分歧也始终存在。李永军认为，从中国集体经济组织与其成员的关系上看，实际上我国集体经济组织与成员的关系很类似于"总有"，任何当代法人理论或者经济学理论都难以准确定义和解释这种法人⑦。谭启平、应建均也认为，当前统一将农村集体经济组织确定为法人可能是有明显问题的⑧。支持农村集体经济组织具有法人资格的也不在少数，赵万一认为，虽然农村集体经济组织只承担有限责任且成员不承担责任，但从其本质内容上看符合法人的实质要件，属社区型股份合作制法人⑨。郑有贵认为，农村集体经济

①　高富平：《重启集体建设用地市场化改革的意义和制度需求》，《东方法学》2014 年第 11 期。

②　管洪彦：《农村集体经济组织法人立法的现实基础与未来进路》，《甘肃政法学院学报》2018 年第 1 期。

③　张安毅：《我国农村集体经济组织的角色扭曲与社会变革背景下的立法重构》，《理论与改革》2017 年第 5 期。

④　许中缘、崔雪炜：《"三权分置"视域下的农村集体经济组织法人》，《当代法学》2018 年第 1 期。

⑤　陆剑、易高翔：《论我国农村集体经济组织法人的制度构造——基于五部地方性法规和规章的实证研究》，《农村经济》2018 年第 2 期。

⑥　陈甦：《籍合组织的特性与法律规制的策略》，《清华法学》2018 年第 5 期。

⑦　李永军：《集体经济组织法人的历史变迁与法律结构》，《比较法研究》2017 年第 7 期。

⑧　谭启平、应建均：《"特别法人"问题追问——以〈民法总则（草案）〉（三次审议稿）为研究对象》，《社会科学》2017 年第 5 期。

⑨　赵万一、张长健：《农村集体经济组织法权关系的创新——以社区型股份合作制法人组织的构建为研究对象》，《西南民族大学学报》（人文社会科学版）2012 年第 6 期。

组织具有法人资格意义重大，有利于实现集体资产保值增值、巩固集体经济产权制度改革成功、保障集体经济组织权益等等①；屈茂辉则在肯定农村集体经济组织法人身份的同时，认为我国立法不应赋予农村集体经济组织法人以破产能力②。

更多的学者则深入研究了农村股份合作制这一现实中农村集体经济组织的主要形态。王权典等人把集体资产折股量化到人的过程，解释为由农民共同共有转变为农民按份共有的产权制度改革③。顾功耘认为，能不能赋予股份合作企业独立的法律地位，取决于这种企业有无存在的价值以及有无区别于其他企业形态的本质特征④。汪习根认为，股份合作制企业是独立的企业法人⑤。而韩松、陈天宝等学者主张，在农村产权制度的改革中，要加强集体资产管理、防止集体资产流失。对于股权的具体类型问题，郑风田、赵淑芳认为可设置人口股（基本股）、劳龄股、特殊贡献股、公益股、集体股等多种股权类型⑥；另外，学术界的研究对于集体资产产权改革中的成员资格以及资产股份化的范围问题也给予了较多关注，成员资格问题讨论的中心是超生子女、服役军人、外嫁女和大学生等特殊群体的成员资格认定；股份化的范围问题则主要涉及农地、非经营性用地及其他未开发利用的土地是否应当列入量化的范围。具体观点较为琐碎，此不赘述。

国外方面，对于我国农村集体经济组织的研究比较欠缺，相关的研究成果大多是对中国经验的介绍和评价。Harry Williams 认为，中国的乡镇企业借助股份合作制建立起了一种在劳动者、国家和私人组织之间分配的、不同于传统公司的法人所有权；Vermeer 在对山东和河北的实证研究中，分析了为什么地方政府都愿意支持乡镇企业的股份制改革；Ray Yep 研究认为，乡村企业的管理者通过股份制企业改革，建立了逐渐远离国家

---

① 郑有贵：《农村社区集体经济组织法人地位研究》，《农业经济问题》2012 年第 5 期。

② 屈茂辉：《农村集体经济组织法人制度研究》，《政法论坛》2018 年第 3 期。

③ 王权典、陈利根：《土地股份合作的法经济学分析与实践规制检讨——以广东南海模式为例》，《农村经济》2013 年第 2 期。

④ 顾功耘：《股份合作企业立法的若干疑难问题研究（上）》，《法学》1997 年第 8 期。

⑤ 汪习根：《关于股份合作制企业法人的几个问题》，《政治与法律》1997 年第 12 期。

⑥ 郑风田、赵淑芳：《城市化过程中"农转居"与农村集体资产改制问题研究》，《中州学刊》2005 年第 11 期。

经济管理模式以外的新的乡村治理模式。日本学者小川竹一认为，为了确保农民集体的自主性，很有必要确立将农民集体与农户间的权利义务明确化的总有论。

综上所述，法学界对农村集体经济组织的立法问题已经进行了较多探讨，但是研究还不够深入。诚如陈小君教授的判断："对农村集体经济法律问题的研究没有得到法学界的充分重视。"为了尽快将农村集体经济组织纳入统一立法的轨道，此类重要的市场主体的立法问题需要在法学界得到更多的关注和呼应。

二　我国农村集体经济组织的规范体系与最新制度设计

集体所有制作为我国 1949 年以来的一种重要的公有制形态，立法规范一直比较欠缺。从立法文本看，1956 年 6 月由第一届全国人民代表大会第三次会议审议通过的《中华人民共和国高级农业生产合作社示范章程》首次确认了我国农村土地等生产资料的集体所有制。在长达二十年的时间里，农村集体经济发展的规范性依据则是 1962 年中共八届十中全会通过的《农村人民公社工作条例修正草案》（通称《农业六十条》）。《农业六十条》中规定了"三级所有，队为基础"的农村集体产权制度，一直到改革开放后实行家庭承包责任制，基本的产权形态变为"集体所有、户为基础"的阶段。由于一直缺乏一部完善的立法，我国农村集体经济组织的发展始终处于政策性指导的无法可依状态，许多基本法律问题都模糊不清，这使得我国农村集体经济组织的发展随意性强、独立性差，不利于集体经济的发展壮大和集体经济成员利益的保护。尽快制定出台一部符合当代农村经济社会发展要求的集体经济组织立法成为摆在立法者和学界面前十分迫切的一项任务。

2017 年 3 月 15 日颁布的《民法总则》对于我国的法人制度采取了营利性法人、非营利性法人和特别法人的划分方式，其中第 96 条规定："本节规定的机关法人、农村集体经济组织法人、城镇农村的合作经济组织法人、基层群众性自治组织法人，为特别法人"。这样，我国的民事立法结束了农村集体经济组织长期以来法人地位立法缺失的局面，以特别法人的形式规定了其主体身份，充分体现了我国《民法总则》在法人制度方面的进步。然而,《民法总则》关于农村集体经济组织法人地位的规定毕竟是原则性的笼统规定,要真正使这类组织按照法人主体的要求设立和运行还需要制定一套完善的法律制度。《民法总则》第一次以全国性立法的方式,明确赋予农村集体经济组织以法人地位,其在我国农村社会经济未来发展中的地位和作用都将会有着深远的影响。因此,《民法总则》特别法人立法对于完善我国的集体所有制无疑会有巨大的历史性贡献,此不赘言。

但是,从民法总则对农村集体经济组织法人化的立法思路看,也会产生一些新的问题。首先,特殊法人的定位并没有解决长期以来困扰此类组织的理论问题,相反由于在立法上单独划分为一种法人类型,致使法人制度理论上两大法系通用的"营利性"与"非营利性"的划分标准失灵①,法人分类上的三分法使现有的法人制度理论和行政管理体系都面临着捉襟见肘的窘境;其次,《民法总则》第96条所规定的四类特别法人从划分标准上来看,回避了集体经济组织是否具有营利性这一关键问题,把机关法人、农村集体经济组织法人、城镇农村的合作经济组织法人和基层群众性自治组织法人统一划分为特别法人,但是由于特别法人中不仅包含了公法人和私法人,而且继续把集体经济组织与群众自治性组织混为一体,难以解决长期以来我国农村集体产权运行中的政社不分问题。上述两个方面的问题,均有赖于在农村集体经济组织专门的立法中予以解决。

三　农村集体经济组织管理体制的改革

农村集体经济组织是以土地的集体所有制为基础,以乡村区域为范围,以管理土地和集体资产为主要功能,它与纯粹以营利为目的的企业、与以互助合作为目的的专业合作社均存在不同。我国大部分以农村集体经济组织名义管理和运行的农村集体资产性质十分复杂,其中包括集体所有

---

①　在法人主体理论上,营利性和非营利性始终是法人分类的一个有效的标准,这一标准原本是可以涵盖所有的法人类型的,即某一法人或者是营利性法人或者是非营利法人,很难理解一个法人既不是营利性法人也不是非营利法人。这就像法人分类理论上的公法人和私法人的划分,一个法人组织或者是公法人或者是私法人,不能出现非公非私、亦公亦私的法人类型,否则公法人和私法人的分类标准就失去了应有的意义。

的土地和法律规定属于集体所有的资源性资产、经营性资产、非经营性和其他资产。正是由于农村集体资产存在较大的复杂性，我国在《民法总则》立法过程中有意回避了农村集体经济组织法人和城镇农村的合作经济组织法人是否具有营利性的问题，而是采取了特别法人的分类标准。而在特别法人的四种分类中，农村集体经济组织法人和城镇农村的合作经济组织法人（专业合作社除外）因没有专门的立法规范，因而现行的管理体制也难以进行有效的调整和规范。

目前，我国有关市场主体合法资格的取得主要通过五种途径：一是机关法人、国有事业单位、居委会和村委会法人的立法确认取得，这些法人不需经过登记注册程序，其中机关法人和国有事业单位法人由政府机构编制部门负责管理，其法人身份属于当然取得；二是公司、专业合作社等营利性组织的工商登记取得；三是社会团体、非政府组织等非营利法人民政部门的登记取得；四是宗教组织在宗教管理机构的登记取得；五是医院、学校等在政府几年来组建的新机构事业单位监督管理局登记取得。根据2020年5月通过的《中华人民共和国民法典》第96条的规定：机关法人、农村集体经济组织法人、城镇农村的合作经济组织法人、基层群众性自治组织法人，为特别法人。第99条规定：农村集体经济组织依法取得法人资格。法律、行政法规对农村集体经济组织有规定的，依照其规定。第100条规定：城镇农村的合作经济组织依法取得法人资格。法律、行政法规对城镇农村的合作经济组织有规定的，依照其规定。第101条规定：居民委员会、村民委员会具有基层群众性自治组织法人资格，可以从事为履行职能所需要的民事活动。综合这四个条文的规定，《民法典》所规定的特别法人中，机关法人、居民委员会、村民委员会具有基层群众性自治组织法人均为立法当然取得法人地位，不需进行专门的法人资格登记，而需要登记的主要是农村集体经济组织法人和城镇农村的合作经济组织法人，由于城镇农村的合作经济组织大多按照《农村专业合作社法》进行了登记，且基本都是在工商管理机关进行的登记，因此《民法典》的特别法人中主要是农村集体经济组织法人的主体资格问题需要专门的立法进行明确，而实践中许多地方政府均规定有农业农村主管部门负责此类法人的登记。故而，如果在今后的立法中，确认了农业农村部门的登记职责，则我国的法人资格管理类型将出现第六种取得方式。而从目前我国各地农村的经济发展状况看，农村集体经济组织法人身份迫待解决。2015 年，国务院印发《关于批转发展改革委等部门法人和其他组织统一社会信用代码制度建设总体方案的通知》，通知要求：为理顺代码管理体制机制，建立覆盖全面、稳定且唯一的以组织机构代码为基础的法人和其他组织统一社会信用代码制度。但是，从该通知下发后，各地的村委会和居委会却因为找不到相关部门获得统一社会信用代码而遭遇尴尬处境：由于已经不能像从前那样在各地质监部门获得组织机构代码证书，在办理土地确权申请、经济往来开具发票等事项中，导致村委会和居委会难以办理相关事项，严重影响其相关权益。① 村委会的境遇尚且如此，农村集体经济组织法人的处境就更加不利。

2018 年 9 月 14 日，山东省政府办公厅发布《关于印发山东省农村集体产权制度改革试点方案的通知》，该通知要求：基层党组织的领导下依法代表成员集体行使集体资产所有权，发挥好管理集体资产、开发集体资源、发展集体经济、服务集体成员等功能作用。可根据成员结构、资产情况等，建立经济合作社或股份经济合作社。县级农业（经管）部门负责对农村集体经济组织申报审核、登记注册，并赋予统一社会信用代码。农村集体经济组织据此向有关部门办理银行开户等相关手续，开展经营管理活动。山东省最新做出的有关农村集体经济组织管理体制的规定，与此前湖北、广东等地的管理体制制度设计具有较大的相似性，即都是增加了市场主体资格注册的新的机构，由农业主管部门作为农村集体经济组织的登记机关，但是目前在农村集体经济组织登记注册之后，如何在银行开立账户、从金融机构获得贷款，能否在税务机关购买税票，在出现经营困难、不能清偿到期债务能否使用破产法的相关规则等问题均需要通过立法进一步明确。

按照《浙江省村经济合作社组织条例》第 15 条规定："村经济合作社可以向工商行政管理部门申请登记注册，取得法人营业执照。具体登记注册办法，由省人民政府工商行政主管部门商同省人民政府农业行政主管部门参照农民专业合作社登记办法制定。"显然，从各地已有的做法看，对于农村集体经济组织的法人类型和属性存在认识上的差异，

① 刘金林：《统一代码缘何成为村委会之痛》，《检察日报》2017 年 7 月 19 日。

还很难与民法总则所规定的特别法人制度衔接。笔者认为，立法上把农村集体经济组织规定为特别法人，必然要求制定一套完全不同于以往的建立在营利性和非营利性法人分类基础之上的法人管理体系。因此，农村集体经济组织法人的登记管理不应该继续沿用工商管理或者民政管理的法人管理模式。从现行我国行政管理机构的专业性和延续性角度看，有政府农业行政部门负责该类法人的登记注册更为合理，因此在立法上应该明确农业行政部门注册登记后颁发的统一社会信用代码具有唯一性和权威性，由于《法人和其他组织统一社会信用代码制度建设总体方案的通知》中并没有明确适用于农村集体经济组织法人，因此还需对此做出专门的解释。取得社会统一信用代码的组织凭此获得法人资格，进而办理银行开户、税务登记等手续。鉴于特别法人的税法地位不明确，还需要税务主管机关和农业主管部门对农村集体经济组织法人的税法问题做出专门的规定。①

四　农村集体经济组织立法需采取类型化方式

近年来，学界开始注意到农村集体经济组织专门立法的重要性，然而农村集体经济组织法人化的立法面临的现实国情极为复杂，突出的问题表现为东西部经济发展水平和阶段的差异、正处于城镇化进程中的农村社区与传统农业村落之间的差异。由于这两个差异的存在，试图用一个统一适用的标准完成对农村集体经济组织进行立法规范是不现实的。因此，农村集体经济组织的立法框架设计应当以类型化为前提。

目前，在东部经济较为发达的地区和城市郊区的农村地区，农村集体经济组织大多已经完成集体资产的股份化。这部分区域的共同特点是农业已经不是主业，集体经济组织成员大多从事工商业或服务业活动，其农民的主体性身份已经非常模糊。随着城镇化步伐的加快，村集体通过工业、

---

① 黄延信、余葵等认为，应在总结地方实践经验的基础上，在国家层面出台政策规定，授权县级以上人民政府统一颁发组织证明书，明确证明书的申报对象、条件、程序、执行部门，并在实践中不断完善组织证明书制度，赋予集体经济组织更加充分和完备的市场主体地位。参见《农村集体经济实现形式的实践探索与思考》，转引自《农村集体产权制度改革实践与探索》，中国农业出版社 2014 年版，第 27 页。

商业和住房的开发建设，形成了以出租物业为主要经营活动的经济实体，村集体对村民的分配主要依赖于出租房屋和年底分红。农村集体经济组织也相应地进行了产权制度改革，并逐步过渡为具有法人资格的股份制公司。这一类型的集体经济组织虽然在名称上已经采取了公司制，但是由于其成员的身份性和股权的封闭性（不能对外转让），与一般的按照公司法所设立的股份有限公司存在显著的差异，因而应当在农村集体经济组织法人的专门立法中作为一个特殊的类型予以规范，名称可以采取"集体所有制股份有限公司"，以区别于公司法上的股份有限公司。

党的十八大以来，农村集体经济组织开始在广大的农村区域推广股份合作制的改革，目前这一改革的进程又分为社区型股份合作和农地股份合作两种形式。社区型股份合作是伴随城镇化和村改居的社区化改造同步进行的，这部分相关的村落虽然名称上改称社区，但是与城市社区不同，实际上仍然属于农村的建制，农民仍然保留了农业户籍，尽管行政村的建制发生了改变，但是社区化后，从前的土地集体所有性质并未发生改变，这种形态的股份合作可以称为农村地区的社区股份合作。社区型股份合作在部分经济较为发达的地区成为主要的改革方向。这类社区型股份合作大多发生在几个旧村改造为新的农村社区的过程中，原有的集体经济经过重新组合无论是范围还是规模都发生较大变化，伴随着这种变化新的社区往往不再继续对集体土地进行承包，而是由新设立的社区集体统一支配和使用集体土地，原来的村民也主要关注集体组织的分配而并不坚持对社区土地的再次承包。近年来，我国部分地区农业规模化经营的实现是与这类社区型股份合作的发展密切相关的。如根据江苏省委和省府办公厅《关于积极推进农村社区股份合作制改革的意见》的要求，农村集体经济组织主要应向农村社区股份合作组织转变并参照股份合作制企业进行法人结构治理。但由于该意见并没有明确社区股份合作组织的法人身份以及具体的登记程序，所以在具体操作上具有很大的模糊性。2016 年 12 月发布的《中共中央国务院关于稳步推进农村集体产权制度改革的意见》要求：有序推进农村集体经营性资产股份合作制改革，将农村集体经营性资产以股份或者份额形式量化到本集体成员，作为其参加集体收益分配的基本依据。该意见强调，农村集体经营性资产的股份合作制改革，不同于工商企业的股份制改造，要体现成员集体所有和特有的社区性，只能在农村集体经济组织内部进行。这是一项旨在让集体经济组织成员实现"家家有股份，人人是股东"的集体产权制度改革，其所要建立的社区股份合作组织具有鲜明的个性特征，应该在立法上专门进行规范。

在许多仍然以农业为主要生产方式的传统村落，集体经济非常薄弱，村集体除了土地基本没有多少财产，同时村庄的格局由于地理、经营方式和内容等因素也没有出现大规模的合并村庄运动。对于这类传统的村集体经济组织，改革的方向则是以土地承包经营权的入股、出租等流转方式形成农地股份合作组织，这是目前我国积极推进农村集体土地的所有权、承包权和经营权三权分置的主要适用区域。农地股份合作组织面临着集体组织成员的承包权如何入股、集体经济组织的土地所有权如何体现等问题，同时由于受到基本农田保护和土地规划等法律制度的限制，农地股份合作组织的经营范围和方式必须坚持农业用途，因而与上述两种集体经济组织形成较大的差异性。

不可否认的是，尽管股份合作是我国农村集体产权改革的方向，但是实践中并不是所有的村集体都必须采纳股份合作制。在一些传统的农业地区尤其是山区、湖区等农地不适合规模化利用的乡村，集体经济并没有多少积累，股份化对于农民没有多大意义。对于这一类的村集体经济组织就应当坚持在明晰产权的基础上，建立规范的能够限购与独立财产、并能独立承担责任的合作社组织，立法上主要规定其集体经济组织的财产范围和属性等，而农户的承包权和经营权则由于属于私有财产，不必进行规范。我国农村集体经济组织立法整体上缺失，因而在立法上不仅要着眼于正在积极推进的股份合作组织，更要把长期存在的集体经济组织纳入立法范围。

五　农村集体经济组织立法的基本框架与内容

农村集体经济组织的立法以类型化为基础，立法的框架首先应该采取总则和分则的设计。总则主要规定各种集体经济组织共性或基本的问题，分则则应该分为集体所有制股份有限公司、社区型股份合作公司、农地股份合作公司、经济合作社等四大部分，进行分别规范。总则部分应当解决集体经济组织的性质、登记注册、资格、基本的内部治理结构、集体所有权的类型、集体经济组织的成员权等基本问题。

1. 总则内容

（1）农村集体经济组织的性质与定位

农村集体经济组织作为体现中国道路的特别市场主体类型，要从根本上确保我国集体所有这一公有制产权形态的存在，同时又要保证集体成员对组织事务的民主决策和管理。因而，对集体经济组织理论的认知需要突破传统的公法人与私法人的藩篱，结合中国农村 20 世纪 50 年代来所形成的集体产权模式进行重新建构，这一过程本身就是固有的市场主体管理体系内无法完成的。从实践来看，目前我国的农村集体经济组织定位和名称都比较混乱，有学者提出将农村集体经济组织界定为原人民公社、生产大队、生产队建制经过改革、改造、改组形成的合作经济组织，包括经济联合总社、经济联合社、和股份合作经济联合总社、股份合作经济联合社、股份合作经济社。①《广东省农村股份合作组织管理规定》也基本按照这一思路进行了规定，其中第 7 条规定：农村集体经济组织名称统一为：广东省县（市、区）镇（街、乡）经济联合总社；广东省县（市、区）镇（街、乡）经济联合社；广东省县（市、区）镇（街、乡）村经济合作社。实行股份合作制的农村集体经济组织，其名称统一为：广东省县（市、区）镇（街、乡）股份合作经济联合总社、广东省县（市、区）镇（街、乡）股份合作经济联合社、广东省县（市、区）镇（街、乡）股份合作经济社。笔者认为，广东省作为我国改革开放的前沿地区，其对于农村集体经济组织的探索性经验值得在未来的立法活动中总结和借鉴。

（2）内部治理结构

农村集体经济组织要有自己独立的意思表示形成机制，否则将难以解决困扰其发展的"政社合一"问题，因而农村集体经济组织是否建立完善的内部治理结构至关重要。然而，学界对于农村集体经济组织到底应该建立什么样的内部治理结构存在着认识上的分歧。有学者认为，既有的"农民集体"概念具有落后性，也不符合民法规范，采用农村"社区法人"的概念用语具有先进性、合理性，符合民法科学。构建农村社区法

---

① 杜国明：《农村集体经济组织立法探析》，《法学杂志》2010 年第 5 期。

人应以我国民法之社会团体法人为基础，仿效公司治理结构进行。[①] 有相关政府管理部门的人士提出，"要建立混合健全组织内部的法人治理结构，参照现代企业管理制度，在组织内部建立成员（代表）大会议事制度，理事会经营决策议事制度，监事会的监督议事规则等"。[②] 立法上赋予农村集体经济组织以法人资格，对于维护这类市场主体的独立地位有着重要意义。因此，法人制度理论上所要求的完善科学的内部机构设置、民主高效的决策机制、分工明确的责任追究机制均应该得以贯彻实行。同时，要顾及农村集体经济组织组织的特殊性，在其内部治理结构的设计中，充分尊重农地权利人和股份持有人的主观意愿和选择，把股份合作人的内部章程或协议作为最重要的规范，尽量减少强制性的要求和外部干预，以成员大会的决议作为最终的决策依据。当然如果成员同意按照一般公司法的原则设置其内部治理结构，就应当参照公司法的规定进行运作。

（3）成员权

农村集体经济组织带有很强的封闭性、福利性，难以达到一般股份公司股份自由流转的要求，同时股份公司法所要求的信息披露、表决权的行使规则都与股份合作组织存在较大的差异。因此，在构建农村集体经济组织成员权的过程中，既要借鉴公司等营利性法人股东权的设计，又要参照采取民主决策制的会员制组织。由于土地承包经营权、宅基地使用权均是以家庭为单位，因而农村集体经济组织成员权是否必须以个人为基础并确权到人值得斟酌。韩俊等人建议：一个可行的制度框架是，选择家庭为基本单位作为股权确权的基本单位，"量化到人、确权到户"，以成员家庭为基本单位确立股权，在家庭的框架下保护股权。[③] 笔者认为，以户为单位对成员权进行确权符合农村集体经济组织的实际运行情况，避免了城镇化背景下集体成员的频繁变动而导致股权的不确定性，因此在农村集体经济组织法人立法中应当予以确立。以家庭为单位确权类似于每个家庭派出

[①]　张广荣：《我国农村集体土地民事立法研究论纲》，中国法制出版社 2007 年版，第 130—132 页。

[②]　袁以星、候廷永、张建官：《关于农村集体经济组织法的立法问题研究》，《中国农业经济法研究会 2016 年年会暨学术研讨会论文集》2016 年 10 月。

[③]　国务院发展研究中心农村经济研究部：《集体所有制下的产权重构》，中国发展出版社 2015 年版，第 98 页。

代表，成员大会实际上就成了成员代表大会，因此成员的表决权、利润分配请求权、对法人的事务享有决策权、参与权、监督权和知情权等权利均以家庭为单位提起。相应地，因家庭内部个别成员村民身份的丧失（户籍的变化、女性村民外嫁等）问题也将成为家庭内部问题，并不引起股权登记的变动。农村集体经济组织成员权区别于其他类型法人的成员权，需要在立法上重点予以阐述规定。

2. 分则内容

农村集体经济组织立法应当采取类型化，以规范我国目前处于不同发展阶段和财产状况的各类集体经济。归纳集体经济组织的类型，我国农村集体经济组织存在集体所有制股份有限公司、社区型股份合作社、农地股份合作社、经济合作社四大类型。因此在立法上应该采取差异化和类型化的思路。

集体经济组织如果按照公司法的程序设立则一般应该设立为股份有限公司。如果设立为有限责任公司，则会面临公司法上对股东最高人数的限制。实践中，有些村集体采取由少数股东代表多数股东进行工商注册，大多数股东成为隐名股东，而随着时间的推移，登记的股东基于其法律上的权利侵占隐名股东实际权利的情况不断发生，从而造成各种难题。但是，按照股份有限公司设立，也会面临股份不能自由流转、股东身份的封闭性以及集体土地所有权无法向法人进行出资等难题，因而即使按照公司法的程序要求进行了设立登记，其仍然带有鲜明的集体经济的特性，其性质仍属于集体经济组织而不是公司法人（关于这一点必须在法人证书上明确的标注）。①

随着我国城镇化的加速发展，农村集体经济组织在"村改居"的过程中大都采取了股份合作制改革，这种改革的基本方式是：在农村集体经济组织存有大量非农集体资产的情况下，不将集体资产分配给农户，而是直接折股量化，再将股权分给农户，农户凭股分红。同时为维护社区集体公共事务的运行，还要保留一定比例的集体股，而这部分"集体"股应

---

① 叶兴庆认为，在土地已经完全城市化、集体成员已全部市民化、社区公共产品已全部由政府承担，集体成员对集体资产管理意见较大、问题较多的城市化地区，集体所有制的存在逻辑不复存在，改革的尺度可以更大些。参见叶兴庆《农村集体产权权利分割问题研究》，中国金融出版社 2016 年 4 月版，第 111 页。

该仍然为原社区成员共同享有所有权，因此在立法中应当规定社区成员持股会这种集体股的所有形式，由持股会按照民主表决的形式决定集体股的行使方式以及对集体股的分红及其对社区公共事务的资金支持。社区股份合作组织法人的立法必须对个人股的构成、设定比例的要求、个人股和集体股的流转等问题进行详细的规定。原则性上，个人股可以根据个人的意愿以一定的价格转让，而集体股的转让则要受到严格的限制，只有社区内居民一致同意才能实施。个人股的受让者并不能当然获得地集体股持股会成员的身份，因为对于集体股而言，它形成的基础是原社区的社员身份。当然随着社区化时间的推移和人事的代谢，集体股持股会的成员也会发生变化，而这样的变化依据什么样的原则如何操作等问题，都属于持股会成员共同决定的事项，亦不应由其他组织和个人来决定这部分财产权利的归属。

当前，我国正积极推进农村土地的"三权分置"，这一进程必然加速土地所有权、承包权和经营权的分离，从而提高我国农地的利用效率。而农地的股份合作就是在广大农村地区，农户将手中的农地承包权股份化之后，使经营权归属于农地股份合作法人组织从而形成一种新型农地经营方式。农民进行股份合作的基础是享有土地承包经营权，因此承包经营权是本权，而农地股份则是因本权派生出的权利。在土地承包经营权发生权利的转移或者终止的时候，必然影响参与合作的农地股份权利。因此，对待这类法人组织的立法，应当围绕土地承包权的特性展开，同时也要关注村集体对于农地所有权问题，确保村集体在公共事务和社会保障方面拥有一定的财力。因此，在这一类型的法人组织立法中，应当规范集体所有权的分配机制和方式，可以规定在股份合作法人集体股的比例，也可以规定法人每年提取固定比例的公益金，用于村庄公共事务。

在许多农地无法进行规模化利用的偏僻乡村，农地的股份化很难收到预期效果，同时由于集体经济十分薄弱，将集体产权量化到农户也没有更多意义。这种地区往往以传统的养殖业和苗木花卉等种植业为主，适合一家一户的分散经营，因而在这些地区没有进行股份合作制改革的必要。作为一般农业经营的区域，是否进行集体资产的股份化取决于成员的意志，建立经济合作社的目的主要是承担资源开发与利用、资产经营与管理、生产发展与服务、财务管理与分配的职能。立法上要对经济合作社的治理结构进行明确的规定，建立以社员章程和社员大会为核心的权力运行机制，使经济合作社能够真正成为独立运行的经济主体。

六 结语

农村集体经济组织立法是一项十分宏大的系统工程，《民法总则》仅是做出了原则性的规定，实践操作层面还有赖于进一步专门的立法。由于农村集体经济组织立法制度的建立涉及众多的现行立法，立法活动应该实现与《土地承包经营法》《土地管理法》《中华人民共和国公司法》（以下简称《公司法》）《中华人民共和国破产法》（以下简称《破产法》）《物权法》《中华人民共和国合作社法》（以下简称《合作社法》）等现有法律制度规范的衔接和协调。另外，我国农村集体经济组织仍处于城镇化大潮的变革中，不同区域、不同发展阶段的农村集体经济组织对制度的需求也有着很大的差异，因此，相关的立法也应当以类型化为基本方式，不能不分情况地盲目地推行股份制或者股份合作制，要使我国的农村集体经济组织的立法既体现我国的国情又能够促进经济与社会更好的发展。

第六章 对"村改居"背景下集体经济组织的实证研究[*]

在城镇化背景下，城市规划区范围内的农村，通常指"城中村"和城乡接合部，它们是"村改居"工程的直属区域。因此，也可以称作"村改居"进程中的农村。随着户籍制度的改革和基层管理体制的转变，越来越多的迁入人员让农村原居民找不到归属感。由于这部分农村的土地传统用途基本已在征地环节停止，涉及的集体资产重点是指非资源性资产，也就是指被用于经营的资产，① 往往与纯农村地区存在明显的差异。一般村级资产在改制的过程中是将经营性资产折股量化，公益性资产和资源性资产只做确权登记。"城中村"、城乡接合部的农村与纯农业地区的农村，都有股份合作制的意愿，相比较而言，纯农村地区实行土地股份合作制，农民以土地承包权入股，有股份化的要求，但不强烈；"村改居"进程中的农村集体资产的基数往往很大，直接牵扯集体资产的整合、重构，关系农民更多的切身利益，村民对集体经济组织的依赖程度更高（见表6-1），这部分的集体资产的产权主体、改制形式和差异性问题值得商榷，因而对"村改居"进程中的集体经济组织进行实证分析显得尤为必要。2015年10月至2016年4月间，"中国农村集体资产股份化研究"课题组采用访谈法、问卷法等研究方法，实地走访调研广东、山东、福建等地。以户为单位，全国范围内发放500份问卷，收回有效问卷434份，回收率86.8%。样本分布于中国大陆24个省（自治区、直辖市）、106个地级单位（市、区）、222个乡（镇、街道）、238个行政村。问卷

---

* 本文发表于《中国农村研究》2016年（下）卷，与李文君合作完成。
① 侯希红：《农村集体资产管理》，中国社会出版社2010年版，第5—8页。

中关于"城中村"、城乡接合部农村的有效样本为 243 份，占总体有效样本的 56%，样本数量虽不够充分，但覆盖了中国华北、华东和华南等不同类型的地区，具有一定的代表性，结合实地座谈，提取共性部分，以供探讨。

表 6-1　不同群体"村改居"后农民对集体经济组织的依赖程度分析表　　单位:%

交叉列表				
		您认为村改居后农民对于集体组织的依赖程度		
		降低	增强	没变化
村庄类型	城中村	37.5	42.9	19.6
	城乡接合部	28.9	44.3	26.8
旧村改造阶段	已完成	36.0	40.0	24.0
	进行中	30.9	44.9	24.2
	未进行	24.3	43.3	32.4

一　广东、山东两省集体经济组织调研与问卷回应分析

集体资产的整合和重构并非一朝一夕的事情，全国各地情况各异，本文选取了具有代表性的广东和山东两省，是因为广东省走在农村改革的前沿，体制较为成熟；山东省是农业大省，近年来综合性改革日趋深入。因此通过管窥比较，以期得到较有价值的结论。

（一）产权主体及组织制度——"政经分离"与"政社合一"

在实地走访广东省和山东省某些"城中村"、城乡接合部时了解到，广东省普遍存在"经济联社"这一实体，发挥实际意义上的经济管理职能；山东省不存在一个独立的经济管理机构，经济职能基本上统筹在村委会这一政治组织中。

就产权主体来说，广东的经济联社相当于人民公社化时期的生产大队，下设的经济社相当于生产队。既然实行公司制，那么企业法人就是经

济联社的社长，不是人们传统印象中的村主任或书记，经济社社长都是本公司的股东。《广东省人民政府关于修改〈广东省农村集体经济组织管理规定〉的决定》第 11 条规定："农村集体经济组织设立 3—7 人的社委会或者理事会和 3—5 人的民主理财小组或者监事会。每届任期 3 年至 6 年，具体任期由县级以上人民政府决定，可连选连任，但不得交叉任职"①。而山东"村改居"股份合作制公司的法人代表依旧是村主任或书记，同时还兼任公司董事长，在山东省泰安市 x 街道 x 村出具的"村改居"简介中写明："社区党支部、居委会共有 5 名成员组成，两委交叉兼职比例100%。"可见山东省农村基层管理中政治、经济不分家。

　　就组织制度来说，广东省的经济联合社就代表了集体经济组织，具备独立的经济功能；山东省的集体经济组织缺少下设层级，依附于原有的行政组织，权力集中且混淆。在这一层面上，广东省有实现"政经分离"的大趋势，作为改革的试验地区，广东省经过长期市场经济的洗礼，赋予集体经济组织以市场独立主体地位的意识较好，村级党委和行政干部较少干预经济联社和经济社的事务，即使是身份交叉，一般也能自觉的区分是属于村公共管理事务还是集体经济组织内部事务；相对而言，山东省依旧承袭计划经济时期"政社合一"管理体制，乡村基层干部在农村集体经济组织的发展和运行中仍有较大的控制力，集体经济组织成员对于这种状况虽有怨言，但较少采取实际的行动。两省改革的进度存在差距。

（二）集体资产股份化改制——"股份制"与"股份合作制"

　　课题组在调研中发现，广东省的城市化程度较高，"村改居"过程中集体经济已经形成以集体土地资源为依托，以出租物业为主要经营活动的经济实体②，已经基本上完成工业、商业和住房的开发建设，村民收入依赖于主要出租房屋和年底分红。而山东省城市化水平相对较低，"村改居"建设处于初级阶段，股份化改造更多的是引进广东模式，成立商贸公司，即股份有限公司，与开发商建立合作关系，共同开发，共享收益。

---

① 《广东省人民政府令［第 189 号］》，广东省人民政府网（http：//zwgk. gd. gov. cn/006
939748/）。

② 周锐波、闫小培：《集体经济：村落终结前的再组织纽带——以深圳"城中村"为例》，
《经济地理》2009 年第 4 期。

村民的收入来自于公司的收益分红。两省都在探索一条合适股份合作制道路，只是广东省体制较为成熟，股份化改制具有普遍性；山东省的集体资产的股份化改制正在起步阶段，公司性质不明确、管理体制较混乱。

早在2002年，广州市出台《关于"城中村"改制工作的若干意见》就明文规定农村集体经济组织由股份合作制转制为股份制企业（公司）①。由于在进入新世纪之前，股份合作制这一形式已在广东省遍地开花，随着珠三角地区城乡一体化步伐的加快，一部分集体资产实力雄厚的村开始进行集体经济组织的现代企业制度改革，及按照规范的公司法律制度重新构建集体经济主体。而山东省"城中村"、城乡接合部成立的股份有限公司，虽按照公司制度管理，其性质也是股份合作制企业，表面上正在向现代企业制度过渡，实则与《公司法》的基本原则悖行。对比来看，改制下的股份制公司和股份合作制企业存在以下共同点：一是实行"一人一票"或者"一户一票"的表决方式；二是股东按出资比例进行分红，资产具有明显的集体性质；三是股东有选举权和被选举权。② 最大的区别是股份制公司规定原村民股东迁出或死亡，其股份可以转让、继承和赠予；股份合作制企业规定股权实行静态管理，不转让、不继承、不能退股提现。其差异性就体现了股份制公司的开放性和股份合作企业的封闭性。整体来看，两省村改居进程中的集体经济组织仍然以股份合作制企业为主，即使是珠三角地区真正依照公司法设立的集体经济组织也不占主流。

（三）股权设置及分红方式——"集体股"与"内部分红"

就股权的设置来说，从走访调研中了解到，广东的村集体资产股权中以个人股为主，有部分集体股的存在，但占比较小，且没有明确规定个人股和集体股的比例划分。例如，广州市花都区S村以集体名义预留了8%的股份，其余都为个人股。山东省有明确的集体股比例的设定，一般以30%—40%为限。③ 这与问卷样本中的情况基本吻合（见表6-2、表6-3）。集体股的所

---

① 参阅中共广州市委办公厅、广州市人民政府办公厅《关于"城中村"改制工作的若干意见》。

② 刘香玲：《对"城中村"集体资产股份制改革的几点思考》，《生产力研究》2010年第6期。

③ 参阅莱芜经济开发区程故事社区建设资料汇编，内部资料。其中明确规定"股权设置为集体公益股和居民人口股两种比例，比例分别为经营性资产的40%和60%。"

得分红用于村的垃圾处理、安全保障、工作人员的工资发放等福利设施建设和公益性事业支出。集体股的存在，圈定了农村集体经济组织的权利与利益，会使企业对社会资本失去吸引力，从而制约企业融资与募集社会资本的能力。① 同时，如果没有完善的监督机制，很容易遭遇法人代表或董事会侵吞集体资产的风险。

表6－2　　　　　　　　股份合作制企业集体股置分析表　　　　　　　单位:%

	当地股份合作制（股份制）企业设立过程中是否设置了集体股				
		次数	百分比	有效的百分比	累积百分比
有效	是	149	61.3	65.9	65.9
	否	77.0	31.7	34.1	100.0
	总计	226	93.0	100.0	
遗漏	系统	17.0	7.0		
总计		243	100.0		

表6－3　　　　股份合作制（股份制）企业股份其他类型分析表

MYMmultiT49 次数				
		回应		观察值百分比
		N	百分比	
当地集体股份合作（股份制）企业股份的设置有没有以下几种类型[a]	人口股	132	50.4%	56.4%
	劳龄股	56	21.4%	23.9%
	特殊贡献股	45	17.2%	19.2%
	其他	29	11.1%	12.4%
总计		262	100.0%	112.0%

对于"外来人员的股权设置"这一问题，数据整理（见表6－4）可看出，入股分红不是外来人口享有的普遍待遇，说明改制过程中的农村在资产受益这一方面有严重的排外性，对外来人员的融入设置屏障，目的是

---

① 徐晓兵:《广州市城中村股份公司之规范化研究》，《中山大学学报论丛》2006年第12期。

保护本村的集体经济利益不受侵犯。三分之一左右的农户认为共享公共设施才是外来户的权利，甚至有的村级管理意见中明确写道："户口新迁入到社区居委会的居民，除不享受原村的集体资产外，其他方面和原村居民一样行使权利并履行义务。"分红这一问题也与股权设置有很大关联性，在年底分红时，都是按照年度收支的不均衡性进行分配，只是分发形式有略微区别。广东省是由经济联社下发到各个经济社，由经济社再对应人员参股比例进行发放；山东省一般是由农工商贸总公司统一按照村集体成员人数进行平均分配。这种分配方式对入股成员具备相当的吸引力，但其保持的传统的村社治理方式，却与《公司法》背道而驰。

6 - 4　　　　　　　　　　　　外来人员的股权设置分析表

MYMmultiT16 次数				
		回应		观察值百分比
		N	百分比	
您村外来人员享受本村哪些福利待遇[a]	不享受	75	23.7%	31.8%
	入股分红	27	8.5%	11.4%
	公共设施	102	32.3%	43.2%
	医疗、养老、就业	72	22.8%	30.5%
	其他各种形式补贴	40	12.7%	16.9%
总计		316	100.0%	133.9%

（四）征地政策的贯彻方式——"征地留用"与"完全征收"

早在 20 世纪 80 年代广东南海桂城就试行过征地留用制度[1]，《广东省征收农村集体土地留用地管理办法（试行）》出台明确规定：留用地按实际征收农村集体经济组织土地面积的 10%—15% 安排，具体比例由各地级以上市人民政府根据当地实际以及项目建设情况确定。继而在 2012 年，广州市人民政府办公厅发布《关于贯彻实施〈广东省征收农村集体土地留用地管理办法（试行）〉的通知》，规定留用地指标面积按照在实

---

① 陆雷：《农地制度与村治方式——以广东南海的土地留用制度为分析对象》，《东南学术》2008 年第 2 期。

际征地面积的 10% 计算。[①] 广东省的"征地留用"政策目的是对于农村集体的财产补偿，以此保障农民的土地发展权。应该说，广东"城中村"、城乡接合部的农民选择了接受征地留用制度是非常理性的，因为村公共基础及相关配套设施的维护是项长期的工作，这也与现在集体股的存在有密切关系，所以广东省城市中的村集体经济组织和农民要远比山东省的富有。与此同时，"城中村"问题也遗留下来，依靠出租物业为主的集体经济，脏乱的环境、破败的民房与繁华的商区毗邻，这与高水平的城市建设显得格格不入。山东省农村集体经济组织在与政府博弈时并没有为"村改居"中的集体经济组织保留集体土地使用权，而是统一由政府征收为固有土地，因而山东省农村集体经济组织在村改居后集体经济的规模和实力都明显弱于广东省。相应地，山东省城市发展中"城中村"的问题也不突出。

二　改制进程中集体经济组织存在的主要问题和发展前景

城镇化进程中的农村集体经济组织，面临着诸多变数。已有的农村乡镇管理格局将变为城市街道办事处的管理格局，而已有数量较大的集体农地所有权也要经由土地征收变为国有土地，在这种情况下，集体经济组织如果不能顺应各种变化，必将因为落后、封闭的管理方式而步履维艰。然而，受各种现实矛盾的困扰，农民身份、市场意识及管理方式的转变是一个十分艰苦的过程，调研中发现村改居中的集体经济组织面临诸多的发展瓶颈，使得集体经济的发展充满变数。

（一）集体经济组织与基层政权的关系

1. 乡镇政府长期引导和监督集体经济的发展

乡镇政府与集体经济组织有着千丝万缕的关系，这要从 20 世纪 80 年代初乡镇企业的蓬勃发展说起。我国乡镇企业在改革开放的初期能够获得快速发展与乡镇政府的积极推动密切相关，当时大多数的土地交易是通过乡镇政府以集体建设用地使用权的审批而展开的。乡镇企业的资金很大部

---

① 《关于贯彻实施〈广东省征收农村集体土地留用地管理办法（试行）〉的通知》，广东省人民政府网 http：//zwgk.gd.gov.cn/007482532/201205/t20120511_314959.html。

分来自于基层政府的直接和间接投资，或者是乡镇政府出面帮助乡镇企业向银行贷款做担保。基层政权对企业的干预当然会造成负面的影响，但是，在乡镇企业与基层政权关系越深入、直接的地方，市场化的进程往往就越平稳、迅捷，付出的社会代价越低。[①] 也就是说，乡镇政府为集体经济的发展做出了贡献。时至今日，乡镇政府与农村集体经济组织的关系仍然十分密切。课题组调研中发现：各地村委会受到乡镇政府的严格监管，村委会在财权和重大事务的决定权方面完全受制于乡镇政府，所谓的村民自治根本无从谈起。实践中村委会和村集体经济组织的公章收归乡镇财政所（乡镇财政办事处）保存管理，俗称"双代管"，村集体经济组织的财务没有独立性，这在广东省和山东省存在普遍性。村两委干部基本都是在乡镇政府拿固定工资，因而其自我意识上也很难主张独立地位。对于村级股份合作公司，理论上乡镇政府无权干预。股东的收益分红是由公司自行拨付，不涉及乡镇一级，所以村股份合作公司内部相对独立。但是，由于村干部往往都在村股份合作公司中担任重要职务，要使股份合作公司完全独立于乡镇政府也有着相当难度。

2. 村"两委"在集体经济发展中起主导作用

在绝大多数的村级内部，村支书与村委会主任权力集中，传统的"村支两委"治理体系影响深远。[②] 全国来看，集体经济发展较好的村庄，往往都有一个能力超强的村支书，如吴仁宝、王廷江等，这就是所谓的"能人经济"。调查发现，全国绝大部分的基层还是"党政经不分"的状态，集体经济组织与村委会完全分开并不现实，集体经济组织需要一个载体，其在建构之初是由村委会负责实施，并不是"师出无名"，所以要想消除村委会对集体经济组织的干预是不可能的。公司的董事长由村支书兼任，理事会成员与村委会成员交叉任职的现象普遍存在，这巩固了"村支两委"在村中的势力，甚至在换届选举时，拉选票和"分红换选票"现象屡屡发生。与此同时，"集体股"的存在不仅让村委会成员分享额外分红，在股份化改制企业的管理中有拥有主动权。相对而言，广东珠三角

[①] 潘维：《农民与市场：中国基层政权与乡镇企业》，商务印书馆2003年版，第169、318页。

[②] 邓大才、万磊：《分权式治理何以形成——对粤、川、鄂、鲁、湘六类村庄的观察和研究》，《中州学刊》2015年第5期。

地区的村庄"政经分离"的现象较明显，村集体经济组织逐渐与村两委发生分离，相应的村干部在集体经济发展中的主导作用也有削弱的态势。

（二）"三重身份"的困惑：农民、市民、股民

在"村改居"的过程中，国家将农村绝大部分的土地收归国有，进行城市化改造，留下农民宅基地、村集体边边角角土地或者难以建设的土地，以较低的价格获取了土地发展权。与此同时，随着"村改居"户籍制度的变更，农民转变为市民，原则上享受与城市居民同样的社会保障，公共基础设施，医疗、卫生、教育等服务，但实际上农民心理上依旧对于原来的生活更具认同感，对原农村集体经济组织更加依附。如同调查问卷中显示（表6-5），三分之二的人认为村民与市民最大的区别是户籍性质和居住地点的变化。在访问广东和山东两省的农民中，有同样一种体会，农民自认为户籍身份转变后，虽然在城市中的活动更加自如，但对于这部分"新晋市民"，城市容纳度并不高，农民自身的社会融入感也不强。"村改居"过程中对集体经济的股份化改制，让农民开始扮演了一个经济角色——股民，这个身份让农民在城市生活中多获取了一份经济收入，某种程度上说，是对不完善的社会保障制度的一种经济弥补。"三重身份"的出现也警示我们，"村改居"进程中社会保障制度的断层，无法服务于农民身份的转换，村改居后实地农民的生活保障问题是摆在我们政府面前的一个十分严峻的社会问题。

表6-5 农民对身份的认同感分析表 单位:%

		次数	百分比	有效的百分比	累积百分比
	\multicolumn{5}{c}{您认为村民和市民最大的区别是什么}				
有效	户籍性质变更	64	26.3	30.9	30.9
	耕地面积改变	32	13.2	15.5	46.4
	居住地点变化	63	25.9	30.4	76.8
	工作性质改变	41	16.9	19.8	96.6
	其他	7	2.9	3.4	100.0
	总计	207	85.2	100.0	

您认为村民和市民最大的区别是什么				
		次数	百分比	有效的百分比	累积百分比
遗漏	系统	36	14.8		
总计		243	100.0		

（三）向现代企业制度过渡：组织形态模糊，法人地位与治理结构混淆

农村集体经济组织引入股份制，这是向现在企业制度转型的重要一步。迄今为止，改制后的组织形态较为模糊，股份合作制曾是我国国有中小型企业及城镇集体企业改制的一种特殊形态，随着《公司法》的不断修缮，公司制成为我国主要的企业组织形式，继而有一些股份合作制企业逐渐向公司制过渡。我国村改居的集体经济组织发展水平呈现高度分级化。例如，广州天河区最早实现全区村级集体经济股份合作制，并且未发现反弹与反复，实现了集体资产的保值与增值；[①] 而在发展水平较低、区位优势不明显且初步探索集体资产股份化改制的农村，则采取"党政企合一"的管理模式，如山东省莱芜市程故事社区成立的股份合作制企业虽然是以公司制管理方式运作，但是社区党政组织仍然在管理事务中发挥主导作用。

村级集体经济组织要建立现代企业制度，需要有独立的法人地位。但是，由于我国迄今为止并没有股份合作制的立法，股份合作公司比照一般的公司设立登记，但是其法律地位并不明确。"村改居"下的改制企业缺乏立法上的规范，导致股份合作制公司沦为"四不像"企业，使得我国的公司制度变得十分混乱，法人地位也混沌不清，反而离建立现代企业制度的要求越来越远。改制下的股份制公司和股份合作制企业，都带有明显的集体性质，集体所有是公有制的一种形式，带有很强的封闭性，因此，集体经济组织抵抗危机和风险的能力较弱。

---

① 包永江、于静涛：《论"城中村"产权制度及政企关系改革的紧迫性和实现途径》，《江苏城市规划》2006 年第 8 期。

（四）制度环境与社会环境不到位

应该说，当前"村改居"集体经济组织选择的股份制改造形式不统一、不规范，这要归咎于当前的制度环境和社会环境。股份合作制作为一种新型的组织形态，从 20 世纪 80 年代开始，在我国已经存在近四十年的时间，是我国的城镇化进程的特殊产物。各地出台过许多地方性规章，例如，《广东省农村集体经济组织管理规定》《黑龙江省集体经济组织资产管理条例》《湖北省农村集体经济组织管理办法》《山东省农村集体资产管理条例》《浙江省村经济合作社组织条例》《湖北省"三资"管理办法》等，不胜枚举。这些地方性政府规章对于本省范围内的农村集体经济组织做了规定，但是截至目前，全国未有一部专门的股份合作制法律规范具体性质、细则。对于股份合作制这一形态我们找不到具体的法律规定，没有专门立法做依据。这种状况的存在使得集体经济组织的股份合作制改造缺乏清晰、严谨的制度指引，借改制之名侵害集体经济的现象较为普遍。另外，目前"村改居"后的社会保障体系也饱受诟病，虽然行政管理体制已经改革，但是对城市"新晋市民"的社保体系没有及时跟进，导致集体经济组织仍需承担公共财政支出的负担，从而引发新的社会矛盾。

三 健全集体经济组织内部治理结构的建议与思考

城镇化在未来相当长的历史时期内都会是我国县域经济社会发展中的一个中心问题，集体经济组织的改革也将在村改居过程中持续进行。而集体经济组织改革的路径可以是多种样态，但是改革的目标都应该是一致的，即必须建立起相对独立而完善的内部治理结构，向着独立市场主体地位的企业法人转变。为此，未来我国集体经济组织改革应当积极建立以下规则体系：

（一）理清集体经济组织与基层政权组织的关系

"村改居"后的集体经济组织应该在明晰产权、管理科学的基础上运作，实现集体经济组织与基层政权功能的分区，即"党政社分离"。首先，明确产权主体。确定集体经济组织管理集体资产的唯一性身份。集体经济组织需要真正成为一个经济功能实体，负责村（居）内的集体资产的财务管理。重要村委会成员不得在集体经济组织内部任职。其次，抓紧出台相关法律、法规，在理发上确立股份合作组织作为集体经济组织的地位、内部治理结构、成员的权利义务等核心问题；再次要尽快把"村改居"后的基层政权组织纳入城市管理体制，将村改居的社区及时纳入财政预算安排，对社会保障、环境卫生等方面给予财政支持。基层政权组织承担改制后的社区内相关配套设施的建设，公共事业及社会保障的支出应该逐步纳入地方财政支出的范畴。

（二）建立完善的法人治理结构

探讨"村改居"背景下的集体经济组织应该构建何种组织形式，不论是从广东和山东两省的调研与问卷回应，还是股份制与股份合作制的对比分析来看，当前阶段股份合作制这一组织形态更具普遍性。现代企业制度的建立，需要完善的法人治理结构，完善的法人治理结构必须要有独立的法人地位，我国现行的《民法通则》将法人划分为企业法人、机关法人、事业单位法人和社会团体法人四大类。[①] 而农村股份合作制企业究竟有无企业法人的地位尚缺乏立法依据，实践中只是将其作为公司的一种特殊类型进行登记注册，然而这类企业又不是按照公司法设立的，这就造成了股份合作企业地位的尴尬。当务之急，应当尽快完善针对股份合作制企业的立法，立法上重点规定股份合作制企业的性质、登记注册、财务管理的细则。针对集体经济组织的特性完善股权配置，设置集体经济组织成员的进入与退出机制。以人口股和劳龄股为基础，未来应逐步取消"集体股"的安排，允许股权的继承、转让。这是对世世代代在本村土地上耕作和劳动的村民的一个合理交代。应当在充分讨论的基础上，积极建立股份合作企业的内部治理规则，成立规范的成员大会或董事会作为权力机构，理事会或股东会作为决策机构，监事会或监督小组作为监督机构。建设体系明确、执行高效、管理科学、运转灵活的法人治理结构。短期内，

---

① 杨贵华：《集体资产改制背景下"村改居"社区股份合作组织研究》，《社会科学》2014年第 8 期。

集体经济组织的高层人员还会持续与基层自治组织的成员交叉任职，但应当明确人事分离、政社分离的原则，不应将村委会（居委会）的行政决策与股份合作企业的内部决策相混淆，确保股份合作企业在重大决策和财务管理上的独立性。

（三）民主管理，建立内外联合的监督机制

与一般的公司法人不同，股份合作企业经由农村集体经济组织改革而来，其性质上仍然带有明显的集体经济组织的特性，因此在逐步完善其内部治理结构法人化的同时，在管理和监督两个方面仍需遵循民主观念，以最大限度的实现集体经济组织成员的意志。要想集体经济组织的改制顺利，必须建立一套规范的监督体系，实行民主化管理，使内部监督和外部监督同时发挥作用。首先，发挥监事会在集体经济组织中的作用。选取村民担任监事会成员，监督成员大会（权力机构）及理事会（管理机构）的对重点事项的决议和执行。提升村民的参与感与民主意识，同时监督集体经济组织的日常运行。其次，实行外部监督，基层政权组织可以继续对集体经济组织实行思想指导和监督。再次，聘请专业律师作为集体经济组织的法律顾问，对集体经济组织工作提供法律指导，同时负责向内部成员进行法律知识和相关政策的宣传与教育，提升成员的法律意识。

四　结语

从 20 世纪计划经济体制时期"三级管理，队为基础"的集体经济体制开始，我国的集体经济组织通过引进股份制因素，探寻了合作制、股份合作制和股份制三种形式，广东省珠三角地区"村改居"的集体经济组织许多已经完成了从股份合作向股份制公司的转变，而山东省总体上尚处于股份合作制的建立和完善过程中。通过课题组的调研可以发现："村改居"的集体经济组织改革的途径具有规律性，通过建立股份合作制企业逐渐完成由乡村集体经济组织向城市社区集体经济的过渡。而随着村改居进程的深入发展，农村集体经济完全融入城市之后，将面临不断规范进而改制为真正需求。随着股份合作企业股权不断实现开放性和流动性，村民也将完全市民化，他们对于城市居民身份的认同感及社会地位逐渐提升，

对于其公司股东相互之间以利益联系为纽带的关系也不断强化。实践证明，越是集体经济发展较好、集体资产实力较强的"村改居"社区，就越容易融入城市生活，地方政府城镇化过程中面临的矛盾和问题就越少。从当前农村集体经济组织发展的现状来看，股份合作组织无疑已成为农村集体经济组织的主要形态之一，国家应该重视股份合作制企业这一类型，尽快以立法的方式规范其发展，为我国城镇化进程中集体经济组织提供有力的法制保障。

第七章　农村集体经济组织
股东表决权问题研究[*]

党的十八届三中全会提出了进行农村集体产权股份合作制改革，赋予农民对集体资产股份占有、收益、有偿退出及抵押、担保、继承权的改革任务。2014 年 10 月，中央审议通过了有关农民股份合作和农村集体资产股份权能改革试点方案，在全国开展了大范围的农村集体资产股份合作制改革的试点工作，重点是明晰产权归属，将资产折股量化到本股份合作组织的成员，发展多种形式的股份合作，不断壮大集体经济实力，不断增加农民的财产性收入。随着我国城镇化进程的不断加快，农民的市民化、股东化现象日益普遍，农民由村民变为股东，身份的变化带来权利义务关系的改变，因而，应该在理论上对股份合作组织的股东权利进行深入探讨，其中应着力探讨居于股东权核心地位的农民股东的表决权问题。

一　农村集体成员权利概述

目前，我国的集体经济组织形式主要有两类，一类是股份合作组织，另一类是专业合作组织，股份合作组织是对集体资产进行了股份化处理，配置给集体成员相应股份，一般的集体成员均是组织内成员，股份合作制的实践经过三十多年的发展，目前主要有三种形态：集体企业改制而形成的股份合作企业、以农地为核心资产组建的农地股份合作企业和社区型股

＊ 本文发表于《农业法律研究论丛》（2017）（法律出版社 2018 年版，第 104—115 页），与李嘉伟合作完成。

份合作企业。① 专业合作组织由从事同行业或同类产品的生产者和经营者，按照合作社原则，自愿出资设立，自主经营、自负盈亏、自我服务、民主管理、实现共同发展的合作经济组织。②③ 对股份合作组织来说，它的性质比较特殊，主要偏向于公益性的特质，它的存在并不完全在于为其成员谋求私人利益，主要在于提供与他们生产生活息息相关的基本公共产品。专业合作组织拥有的公益性特性较少，但是其带领成员共同富裕的性质也比较明显，当前的很多专业合作组织很多也采用了成员入股进行合作的方式，以取得在销售渠道、技术共享方面的优势，展现规模经济效应。所以，在当前形势下，无论农村集体经济组织向公司化还是法人化方向发展，对于农村集体经济组织的研究很重要的一个方面就是对于股份合作制的研究。

农村集体经济组织中的成员拥有成员权，成员权又称社员权，谢怀栻在《论民事权利体系》中将社员权界定为"民法中的社团的成员（社员）基于其成员的地位与社团发生一定的法律关系，在这个关系中，社员对社团享有的各种权利的总体，称为社员权"。在农村集体经济组织中，社员权的权利主体是集体成员，相对人是集体经济组织。社员权以社员资格为基础，这种权利主要是面向集体内里，有一定的地域限制性，社员权包括经济性的与非经济性的，经济性也就是自益性权利，主要包括股利分配请求权、新股认购权、剩余财产分配请求权等，非经济性的权利也称共益权，包括选举权与被选举权、表决权、查阅权、向社团提出改进经营方法和监督社团活动、财务收支的权利。表决权是非经济性权利其中之一，股东可通过行使表决权，将自己的意愿转化为法律上的意思表示，而众股东的意思表示又可上升为集体经济组织的意思表示也就是股东大会的决议，并对组织自身及其机关产生拘束力。④ 对强化农村集体经济组织股东权利保护，确保集体经济组织的健康稳定经营，表决权的研究在当前的农村集体资产股份合作化改革中具有颇为重要的意义，必须加强对农村集体经济

---

① 陈晓军：《社区股份合作组织的主体性困境与法律对策研究》，载《农事法研究·第一辑》，中国法制出版社 2016 年版，第 103 页。

② 全国供销合作社总社：《农村专业合作社示范章程（试行）》、《农村专业合作社指导办法（试行）》，2003。

③ 谢怀栻：《论民事权利体系》，《法学研究》1996 年第 2 期。

④ 刘俊海：《论股东的表决权》，《法律科学》1995 年第 6 期。

组织表决权之研究。

二　农村股份合作组织股东表决权的论述

(一) 股东表决权的含义

在公司法中，我们讲股东表决权比较多一些，这是股东核心权利之一，股东表决权 (Shareholders' voting right) 又叫股东议决权，一般是指股东基于股东地位享有的，就股东大会的议案做出一定意思表示的权利。[①] 这里所讲的农村股份合作组织中的股东表决权，在其法律含义上与公司法中的表决权相同，但在村民自治与集体经济的背景下两者又表现出不同内涵，这种股东表决权是村民在集体政治性事务中表决权的一个延伸，偏向于对经济方面的表决，体现集体性与公益性。农村集体资产经折股量化以后，成为股份合作组织，这种股份合作制组织一般以公司的称谓出现，成为股份合作制法人，如调研中走访的某地股份合作组织名称就是"××市××商贸有限责任公司"，村民变成公司的股东，即相应的拥有基于其股东地位的表决权，这里的村民应该是指拥有本村户籍的村集体成员。人民公社时期的《户口登记条例》规定，集体成员资格不再以居住该地为成员依据，而以与农民户籍挂钩，也不再以之前的"不参加劳动者不能分得集体土地的利益"为准绳，这一规定也基本沿用至今。

总括来说，农村股份合作组织中的股东表决权主要是指具有本股份合作组织股东身份的成员，在该股份合作组织就某一问题做出决议时，独立做出自己的意思表示的权利。《广东省农村股份合作组织管理规定》(2013 修订) 其中第 16 条规定"农村集体经济组织成员享有以下权利：依法行使选举权、被选举权和表决权……"可见，表决权是居于股东权利核心地位的权利，也是重要的监督权。

(二) 农村股份合作组织股东表决权的性质

1. 股东表决权是一种固有权。表决权、知情权、分红权、选举权和

---

① 柯芳枝：《公司法论》，中国政法大学出版社 2004 年版，第 215—216 页。

被选举权等都属于股东的固有权，表决权是基于其股东地位所享有的权利，未经股东同意，不得以章程或组织决议形式剥夺或限制，当然无表决权股或者限制表决权股除外。

2. 股东表决权是一种共益权。相对于股利分配请求权这种自益权来说，表决权是一种共益权，最初表决的目的可能是基于自身利益，但是最终形成的决议是全部或者大多数股东一致利益的意思集合，这种意思的形成符合组织发展的要求。在集体经济组织中，全部或者绝大多数股东都是本集体成员，在这个熟人社会中，地缘血缘方面的关系更为亲密，共同利益就更多，因此这种共益性体现得更充分。

3. 股东表决权是单独股东权。与必须达到一定的股份数额才能行使的少数股东权不同，这类权利只要持有一个股份即可行使，股东会议表决权、宣告决议无效请求权、分派股息请求权等均属此类权利。[①] 在股份合作组织中，无论是以户入股还是以自然人入股，只持有一股股份的股东也可单独行使权利。股份具有平等性，每一股份表示一个独立存在的股东权，股东权以持股数而不以股东人数为计算标准，同类股份表示同质同量的股东权。[②]

4. 股东表决权也是一种特殊的民事权利。公司如果通过侵害股东的表决权来形成股东会决议，股东可以提请股东大会撤销该决议，并且要求实施侵权行为的股东或公司进行赔偿，或者依侵权责任法提起侵权诉讼，维护自身权利。如果侵害行为来自公司以外的第三人，股东也可以依侵权法的一般原则，向侵权人请求停止侵害，排除妨碍和赔偿损失。因此，股东表决权也可以被看作一项特殊的民事权利。

（三）股东表决权的归属

从成员权角度看，权利以资格为基础，资格以权利为表现，二者不可分割。[③] 在集体经济组织中，谁拥有股东权利，要看谁是集体组织成员，也就是对谁拥有成员权做出一个判断，除特殊规定的例外情况，拥有本集

---

① 刘俊海：《现代公司法》，法律出版社 2011 年版。

② 江平：《新编公司法教程》（第二版），法律出版社 2004 年版，第 189—190 页。

③ 王军：《中国公司法》，高等教育出版社 2015 年版，第 275 页。

体户籍的成员自然成为本股份合作组织的股东，"一个人成为集体的一员，就可以从集体获得一份土地的利用权或者分享集体利益"。① 这体现了集体经济组织的集体性，集体资产是属于村民集体的，它的存在目的就是发展集体经济，用于集体建设。

讨论集体经济组织的股东与集体组织的成员问题，首先要看成员入股是按户入股还是按自然人入股，按户入股的话，以一个户口内的几口人为一个成员单位，一般以户主作为股东写入股东名册，户主当然拥有相应的表决权。如果是以自然人入股，就涉及有关自然人股东资格条件的问题。我国《公司法》未作明确规定，从民事权利角度看，完全民事行为能力人具有股东资格，无民事行为能力人或限制民事行为能力人股东资格应当视情况而定，如村集体内 16 岁以下的孩子与患病导致丧失民事行为能力的村民就不应当具有表决权，因为他们没有可以做出表决的相应能力，可以通过股权设置如年龄股、劳龄股等类别股来保障他们的权利，可以设置为优先股，不具有表决权，只有分红权。关于这两类成员继受取得股权，如通过法定继承、受赠、有偿受让等，可以成为股东，但不具有相应的表决权，其他权利行使要由法定代理人代理或者经代理人同意。

在农村股份合作组织中，股东身份具有复杂性，会影响到是否拥有股东身份以及行使权利的彻底性。首先，这种股份合作制企业，是将所属集体的土地、集体企业以及基础设施等集体资产折价入股，交给股份合作组织统一经营管理。这里要注意，社区型股份合作组织资产折价入股不只是以农地入股，还包括集体企业等资产，这是在后天的劳动积累中形成的集体资产，不同成员在其发展中的贡献不同，所以成员权也应当体现贡献差别。这种贡献应该在股权分配上体现出来，因而形成了各地方集体组织内部种类繁多的类别股，如人口股、劳龄股、年龄股、特殊贡献股等。本文认为，这些类别股的设置具有一定的合理性，按贡献大小来区别股权，只要份额合理，成员普遍可以接受，不违反相关法律法规，这样的设置更体现实际上的公平。另外，一些特殊成员还有诸如服兵役、外出求学、外嫁女、养老女婿、户口迁出、犯罪入狱等情况，其是否可以拥有本股份合作

---

① 韩松：《成员集体与集体成员——集体所有权的主体》，《法学》2005 年第 8 期。

组织的股东身份，需要特殊讨论，一般是经过村民集体商议后，写入组织章程来确定。

针对目前在股份合作组织中还广泛存在的集体股，本文认为，集体股不应当具有表决权，设立集体股的初衷，是要将其股份所得收益定向用于原村民集体福利设施建设和公益事业的支出，它属于村民集体，并接受村民监督。另据本课题组"关于农村集体资产股份化问题的调查问卷"数据分析，受访地集体股具体设置情况如下表（见表7-1）。

表7-1

		当地集体企业集体股占多大比例			
		次数	百分比	有效百分比	累计百分比
有效	10%以下	65	15	21.4	21.4
	10%—20%	129	29.7	42.4	63.8
	20%—30%	39	9.0	12.8	76.6
	30%—40%	19	4.4	6.3	82.9
	40%—50%	29	6.7	9.5	92.4
	50%以上	23	5.3	7.6	100.0
	统计	304	70.0	100.0	
遗漏	系统	130	30.0		
总计		434	100.0		

数据显示在434名受访者当中，仍有70%的受访者当地设置了集体股，集体股比例在10%—20%区间占比最高，仍存在占比50%以上集体股。相较村民个人，集体股本身占据了较大的股权份额，且集体股的管理一般委托社区居委会或村民委员会，如果集体股拥有表决权，必将占据表决的主导地位。虽然这有利于集体决定的做出与社区领导效率的提高，但这偏离了集体股最初的含义，集体股也会参与到股份合作组织其他重大事项的决定中来，但这样一来，侵害小股东即普通集体成员利益的事件发生频率也就更高。因此，本文认为，集体股不应当具有表决权。

三　表决权的行使

（一）行使内容

农村股份合作组织股东表决权的内容主要包括两个方面。第一，就股份合作组织在组织及运营中的重大事项做出决策。股份合作组织董事会可以就日常管理与经营做出自己的决策，但是一些重大事项仍需股东做出表决，其表决权主要体现在以下方面：公司的经营方针与投资计划；审议批准董事会、监事会或监事的报告；审议批准公司的年度财务预决算方案、利润方案及弥补亏损方案；有关债券方面的决议；对公司合并、分立、解散、清算或者变更公司形式作出决议；修改公司章程等方面，都是表决权的主要内容。① 第二，选举和更换董事、监事，决定有关董事、监事的报酬事项。董事会是公司日常的经营决策与执行机构，公司运行的顺利与否与董事会有直接关系，股东可以通过选举来决定合适的董事人选，保证公司的正常运营与发展。监事会是公司的监督机构，通过推选监事成立监事会，可以对公司财务、董事及高级管理人员行为，以及公司对外活动方面予以监督，保证公司运行秩序。

（二）行使原则

1. 一般原则

在经股份合作改制后的股份合作组织，在内部架构与组织形式上大都遵循公司的设置，在公司法上常讲的一股一票原则、资本多数决原则、集中行使原则等，在这里也都适用。《公司法》中第 42 条、第 103 条等条款都有相应规定，《公司法》也在第 126 条第 1 款规定："同种类的每一股份应当具有同等权利"。调研中知悉的《××市×××商贸有限责任公司章程》中第 8 章组织机构第 20 条规定如下："股东大会由股东按照出资比例行使表决权"。说明这些原则在股份化改制后的股份合作组织中同样适用。一股一票又称股权平等原则，是指股东对其所持有的每一股份享有一个表决权，只要股东所持股份的内容和数量相同，公司即应对其平等

---

① 张民安主编：《公司法》，中山大学出版社 2003 年版。

对待，一视同仁。"所谓资本多数决原则是指股东大会的决议是依照持有多数股份股东的意思做出的，这是股东大会运营的基本原则，也是股东行使表决权时应遵循的重要原则"。[①] 与资本多数决原则相关的一个问题是议事规则，股东的投资越大，持股数就越多，则表决力就越强，对公司的影响力也就越大，这其中有两个比较重要的条款值得注意，"股东大会做出决议，必须经出席会议的股东所持表决权过半数通过"，"股东大会做出修改公司章程、增加或减少注册资本的决议，以及公司合并、分立、解散或者变更公司形式的决议，必须经出席会议的股东所持表决权的三分之二以上通过"。[②] 股份合作组织中的议事规则也适用上述两个条款，其他议事规则以章程规定为依据。集中行使原则就是指股东表决权要在股东大会上集中行使，不能单独行使，这里不再赘述。

2. 例外情形

在遵循一般原则之外，也有一些例外情形。在一些股份合作组织中实行"一人一票"原则，表决权是按股东人数来行使，而不是按照股份份额来分配表决权，《广东省农村股份合作组织管理规定》第9条第3款中规定："成员大会或者成员代表会议实行'一人一票制'或者'一户一票制'等表决方式，具体由组织章程确定"。[③] 不论村民所占份额的大小，在一个决议事项上享有同质同量的表决权。在实地调研的地方股份合作组织中，一些股权设置较简单的地方，为了契合"一人一票"或"一户一票"，除设立集体股外，不再设立其他类别股，其余股份由集体成员均分，每个人或每户股份份额是均等的，集体股份变成了按均等份共有，为"一人一票"或"一户一票"设置了合理的股权基础。第二个例外情形就是存在无表决权股，这部分股份以优先股利分配权代替了表决权，对于股东大会的议案没有表决权，也就是优先股，这里存在主动放弃表决权与被动放弃两种情形。首先，就股东自身来讲，并不是所有人都追求对股份合作组织的管理权，限于个人时间、精力或者工作性质等原因，只是单纯地想要获得利润，其次，民法上讲的无民事行为能力人与限制民事行为能力

---

① 梁上上：《股东表决权——以公司控制权争夺为中心展开》，法律出版社2005年版，第55页。

② 《公司法律法规全书》，法律出版社2014年版。

③ 《广东省农村股份合作组织管理规定》2013年修订。

人没有可以做出表决的相应能力，一些地方就取消或限制这部分人的表决权，如村里的未成年人与年龄较大的老人，还有因为疾病等原因丧失独立劳动与辨别是非能力的人，属于是被动放弃表决权。但是，无表决权并不意味着其他权利的丧失，以表决权让渡，获得了优先分配股利权，降低了投资的风险，享有一部分管理监督的权利，如提出建议权利、查阅资料和财务信息的权利，监督董事、管理人员工作等权利，不过有必要控制无表决权的比例，保证集体成员充分参与到股份合作组织的管理中来。

（三）行使方式

1. 亲自行使

亲自行使主要分为三种方式。即亲自到场、书面形式行使、网络投票。最常见的就是股东亲自到指定点参加股东大会并做出表决，这也是最能保证透明与稳妥的表决方式，可以将损害自身利益事件的发生概率降到最低；当因个人原因无法到场时，可以就股东大会需要讨论的议题做出自己的书面表决并送至股东大会，书面形式也是保障股东表决权的一种方式；近些年还兴起了网络投票方式，可以通过远程视频会议或者网上投票等形式来行使自己的表决权，这种形式需要一定的技术与设备支持，在农村股份合作组织中不普遍。

2. 代理行使

大股东会亲自参加股东会，需要代理的一般是中小股东，他们所占股份较少，在参与表决的时候话语权不多，长此以往，积极性不高，由此常用委托别人代理行使的方式来参与表决。表决权代理在世界范围内比较普遍，在我国《公司法》第106条表决权的代理行使中规定："股东可以委托代理人出席股东大会会议，代理人应当向公司提交股东授权委托书，并在授权范围内行使表决权"。这里包含两点，一是代理人要持有股东的授权委托书，二是代理人要在委托人授权的范围内进行代理，所做出的表决要与被代理人的意思表示是一致的，此外，还有关于代理人数与代理人资格的问题需要注意，我国公司法将代理人数限定为一人，否则会引起代理的混乱与低效，但是关于一人是否可以代理多人的问题，公司法没有限定，本书持赞同观点，只要按委托人的意思来代理表决，同时代理多人也未尝不可。选任代理人应注意不得将代理权授予公司的董事监事以及相关利益方的股东，这也是为了降低代理的风险，提高代理的可信度。代理在农村股份合作组织中较常见，但是程序较不规范，个人因事无法到会的股东不会计算在有效表决人数之内，而且因为股东之间血缘地缘的关系较近，容易造成代理权滥用，不能保证代理人完全按照委托人的意思来，甚至会出现"你看着给投吧""你投什么我投什么就行"等现象，变相为表决权信托，这与农村股份合作组织股东的总体学识水平不高，权利意识较为淡薄有直接关系。

四　完善农村股份合作组织股东表决权的思考

（一）关于集体股的问题

集体股的存废问题也一直是学界的焦点之一，在前文我们也讨论过集体股表决权的问题，从保护集体成员的权益角度出发有学者建议取消集体股，进而也就不存在集体股表决权问题，但就现实情况来看，取消集体股不仅需要对立法进行大幅度的修改，而且会导致本就薄弱的集体经济更加难以为继。因此，我们建议将集体股设置为优先股，只有股利分配权，而不参与表决，这也是对公司董事及社区或村两委的一个决策限制，防止权力滥用。当然，取消集体股，需要正视的一个问题是农村集体设施建设与福利问题，这个可以通过会计上的设置来完成，比如将股份合作组织收益提存公积金、公益金，由股东协商并在组织章程中规定具体留存比例，或者在预决算报告中体现，将这部分收益用于集体设施建设，提升集体福利，更大限度的将股东的权利交还股东，同时股份合作组织内部架构设计也更趋于完善，一定程度上解决"政企不分"的问题，提高组织办事效率。

（二）由封闭股权改为流动股权

我国《公司法》第3章整章规定了有限责任公司股权转让的相关内容，规定股东之间可以相互转让其全部或者部分股权，向股东以外的人转让股权的须经其他股东过半数同意，其他股东具有优先购买权，自然人股东死亡后，其合法继承人可以继承股东资格。当前情况下，要在股份合作组织中进行流动股权的积极探索，首先要允许股权在股份合作组织内部可流转、可继承。在调研中发现，很多地区股份合作组织在章程中对股东转让股权具有一定限制，如原股东被机关事业单位正式招工录用或在部队转干转志愿兵者，并已享受工资福利和劳动保险待遇的，自职业变更起，由公司收回股权，或者只允许在内部股东之间部分转让股权，这种限制的存在是可理解的，股份合作组织有其地域边界性与成员确定性，这种做法也是为了在保护集体资产不流失的基础上，不会出现有钱就可以投资获得更多股份，进而对集体经济组织影响过大的现象，尽量保障村民在政治地位上的平等。在股权流通中，股东转让全部股权的，自然其基于股东地位的相关权利也归于消失，受让人取得其相应权利。要注意控制个人通过股份转让获得股权的比例，如果组织内实行的是资本多数决原则，个人过高的股份占比就会导致少部分人控制组织决议，过分影响组织管理与运营的情况，当然章程规定"一人一票"或"一户一票"原则的情况除外。至于股权可继承问题，在调研地区中，无一例外都肯定了这种流通的发生，但都规定其合法继承人还须拥有本集体户籍才可合法继承，其股东权利也过渡到合法继承人来行使，表决权归于新股东。至于对外转让股权的，可以在公司章程中规定相应程序、通过比例以及是否有对这部分的股权限制，本书认为，可以允许股份合作组织股权对外转让，但对外转让的这部分股权应加以限制，要将保障原住民的权利放在首位。

（三）实行累积投票制度

《公司法》第 105 条规定："股东大会选举董事、监事，可以依照公司章程的规定或者股东大会的决议，实行累积投票制"。累积投票制是指股东大会选举两名以上的董事时，股东所持的每一股份拥有与应选董事总人数相等的投票权，股东既可用所有的投票权集中投票选举一人，也可分散投票选举数人，按得票多少依次决定董事入选的表决权制度。[1] 实行累积投票制，主要针对股份合作组织中类别股如集体股、资源股等占有较大比重且章程规定具有表决权的情形。根据表 7 - 1 中的数据显示，仍有大部分地区设置集体股且比例不低，集体股拥有表决权的话，掌控集体股的

---

[1] 钱玉林：《累积投票制的引入与实践——以上市公司为例的经验性观察》，《法学研究》2013 年第 6 期。

村委或社区委员会意味着成了大股东，在一些重要事项中几乎拥有一票否决权，极大地限制了其他股东表决权的效力，如果代表中小股东利益的董事不能上台，那更是雪上加霜，中小股东的权利保障堪忧。在农村股份合作组织中实行累积投票制，使得中小股东在组织中可以有自己的"代言人"。公司股东每股的表决权取决于所要选任的董事的人数，要选任多少个董事，该股即享有多少数量的表决权，如果股东甲持有超过50%的股份，用直接投票的方法，则董事会成员几乎全是股东甲中意的人选，若按累积投票制来进行表决，小股东可集中其投票权选任代表自己利益的董事、监事，增加其在股份合作组织中的话语权，更好的保障自己的利益。但也要注意规避其弊端，累积投票制在使用过程中可能因为董事互相缺乏信任而降低表决效率，同时增加了股东的派系斗争，容易造成董事会内部的分裂与不和谐，影响公司运营合理性，达成共识的难度加大，从而降低了决策效率。

（四）表决权征集制度

表决权征集是指征集人为了自己所提出的议案得以有效通过，实现对公司的控制，而向该公司的广大股东主动收集委托投票权的行为[1]。表决权征集不同于代理，但又有共通点，表决权征集是代理人主动寻求代理，被代理人接受请求而成为委托人。这里的征集人通常是指公司的管理层以及中小股东，他们按照一定的程序和形式将记载必要事项的空白授权委托书交给股东，向股东发出要约，继而取得代理权，以便自己的提案通过，这里的提案也必将是符合被代理人意志的，前期已经寻求了被代理人的同意。我国法律对表决权征集制度的涉及较少，其中2002年版的《中华人民共和国上市公司治理准则》（以下简称《上市公司治理准则》）第10条涉及上市公司投票权征集，相关规定如下："上市公司董事、独立董事和符合有关条件的股东可向上市公司的股东征集其在股东大会上的投票权。投票权征集应采用无偿的方式进行，并应向被征集人充分披露信息"[2]。本书认为，在农村股份合作组织中实行这项制度很有必要，当集体成员面

---

① 王欣新：《公司法》，中国人民大学出版社2008年版，第50页。

② 安锐：《上市公司治理规则多样化研究》，博士学位论文，西南政法大学，2012年。

临个人利益受损，或者大多数人的共同利益受到侵害的情形，比如集体土地征用补偿问题、分红问题，而利益侵害方相对有更多优势，个人力量不足以维护自身权益，表决权征集制度的设定就很有必要，可以由活跃股东牵头，进行表决权征集，进而提请召开临时股东大会，研究讨论己方的提案。《公司法》第 39 条对临时股东会的召集与召开做了规定，代表十分之一以上表决权的股东、三分之一以上的董事、监事会成员可以提议召开临时股东会议，使公司决议最大的反映大多数股东的利益，表决权的征集有利于贯彻股东民主，对大股东滥用资本多数决原则的行为起到一定的制约作用，进而完善公司的治理结构。但仍要谨慎使用表决权征集制度，表决权征集应当采用无偿方式进行，不允许权钱交易，串通联合颠覆正确的公司决议，征集人更应当进行充分的信息披露，将自己真实的意图表示传递给被代理人，不允许通过欺瞒的方式恶意取得表决权代理。

农村集体资产股份化改革的大幕已经拉开，农民权益的实现与保护是改革的出发点和落脚点，表决权是保障股东参与到组织中进行管理与决策的重要方式，是切实保障农民获得实实在在的利益，共享改革发展成果的工具，也是对基层领导班子的一种监督与制约，通过一系列的制度设计，对于保障农民作为股份合作组织股东享有的表决权利，对于理顺农民股东的权利义务关系，具有重要意义。

第八章　新型集体股份组织的
内部治理结构问题[*]

从时间上看，农村产权制度改革属于新生事物，其改革的重点是农村集体资产的股份化，而在股份化的过程中又产生了股份合作组织这一组织形式。对于股份合作组织内部治理结构而言，只有打破传统思维的禁锢，才能从立法的角度确保内部治理结构的制度设计发挥其应有的作用。

一　股份合作组织及内部治理结构概述

（一）股份合作组织和内部治理结构的界定

研究股份合作组织内部治理结构的立法问题，首先要明确什么是股份合作制，什么是内部治理结构，以及法律是如何定义的。

1. 股份合作组织。国外学者在对组织进行研究时，一般只认同公司制、合伙制和个人业主制，没有涉及股份合作制这样一种独立的组织形式。所以，即便学术著作较多，却很难找到有关股份合作组织的研究成果。只有一些学者在研究中国股份合作组织时，才对其有相关的阐述。

有学者认为，股份合作组织是一种复杂的利益和利益相关者交织在一起的组织。有的学者在研究股份合作组织时，采用案例研究、比较研究的方法，将我国股份合作组织与西方国家的农业合作社和其他的农业经营组织进行比较。如 Harry Williams 认为，中国的乡镇企业是借助股份合作制建立起来的一种在劳动者、国家和私人组织之间分配的、不同于传统公司

---

[*] 本文发表于《行政与法》2016 年第 8 期，与李洁合作完成。

的法人所有权组织。虽然目前国外没有使用统一、具体的名称对其加以描述、概括，但在实践中，为解决各自治理结构中存在的问题而在某种程度上进行相互融合，已经成为各种独立组织形式发展的一个方向。哈德罗·德姆塞茨认为，在合作组织中，"对不明晰的产权的多样化界定导致在剩余索取权和决策控制方面的冲突，特别当其组织结构日益复杂起来"。① 在国内学术界，已有的研究成果较多地从政府、管理者的角度对股份合作组织进行论述，从法学视角对这一问题的规范性研究并不多见，法律条文更是无从谈起。有学者认为，在使用权和经营权并存的土地上，股份合作组织就是将这两种权利相剥离的一种存在。在股权资本化的特征下，使用权归农民或者其他经营者所有，而经营权理所应当归集体组织。有学者认为，股份合作组织是包括政府、集体组织、农户等产权改革主体的组织。另外，还有学者认为，股份合作组织只是过渡时期的特殊现象，也有学者认为应该将其作为未来农村集体经济组织发展的常态并加以立法上的确认。

2. 内部治理结构。内部治理结构是一种所有权和经营权平衡的制度结构，旨在完成组织设立的目标，提高组织运行效率。以公司为例，公司作为法人形态的组织形式，其内部治理就是既要保证经营者以所有者的利益为最高宗旨和目标，同时又要保证公司的经营决策合理、科学。

（二）股份合作组织内部治理结构立法的必要性

没有法律的明确规定，使得股份合作组织内部治理结构中呈现出了较大的不确定性。换言之，股份合作组织从其他组织形式内部治理结构中借鉴的成分较多，但没有考虑到主体的适用性，因而形成了"四不像"的尴尬局面，严重地侵害了农民的利益，使农民在集体资产改革中处于更加弱势的地位。与传统的组织形式相比，股份合作组织能够调动农民群众参与的积极性，因为其采取的是现代企业的管理模式，农民通过土地股、人头股等入股方式成为股东，既能参与组织的决策过程，又

---

① Harold Demsetz, Toward a Theory of Property Rights, *American Ecomonic Review*, 1967（5）, pp. 347 – 359.

扮演了监督的角色。因此，有必要通过立法的形式维护农民群众的权益。

有的股份合作组织在进行工商登记时，采用的是公司式的法人模式。但《公司法》对股东人数有限制，这就导致有的股东只能扮演隐名的角色，由其他经过合法登记在册的股东代为行使相关的权利。但在实践中，这些隐名股东的权利会受到侵害，而维权又存在较大的难度。另外，也有学者认为，发达地区农村集体资产股份制改革亟待解决董事会效率低下、村委会和股份合作组织职能定位等问题。[1] 由此看来，随着股份化改革的深入发展，对其内部治理结构的规范性研究势在必行。

二　我国股份合作组织内部治理结构存在的问题

本次调研采取问卷与访谈相结合的方式，先后走访了一些国家产权制度改革的典型地区，包括山东省泰安市泰山区徐家楼万家庄、山东省莱芜市高新区的程故事社区、小故事社区，莱芜城区鹏泉街道汶阳村，广州市花都区赤坭镇瑞玲村，花都区新雅街石塘村，深圳市南山区南山科技园沙河街道白石洲星河街社区等，对社区委员会、社区居民、村委会、村民、相关政府工作人员、专家学者等进行了实地走访。基于调研，发现了实践中存在的问题。

（一）调研问卷及数据结果分析

本次共发放问卷 500 份，回收 434 份，回收率达 86.8%。采用频数统计、圆饼图的方式，对调研数据进行了 SPSS 和 EXCEL 分析。从调研数据来看，股份合作组织作为一种新兴的组织形态并不广为人知。在村集体资产改造后，有高达 53% 的被访者对集体组织停留在不清楚的状态；在剩下的 47% 中，对集体组织形态有所了解，其中，了解最多的是合作社的形式，其次是股份合作公司这种兼具两者形态的组织形式，最后是股份公司法人的形式。

---

① 翟立人：《苏南村级集体经济股份合作制改革研究》，硕士学位论文，江苏大学，2007 年。

表 8 - 1　　　　　　　您所在村的集体经济组织采取的是什么形态　　　　单位:%

		次数	百分比	有效百分比	累积百分比
有效	合作社	118	27.2	27.8	27.8
	股份公司	37	8.5	8.7	36.5
	股份合作公司	40	9.2	9.4	45.9
	不清楚	230	53.0	54.1	
	合计	425	97.9	100.0	100.0
遗漏	系统	9.0	2.1		
总计		434	100.0		

资料来源: 笔者依据本课题发放的问卷调查资料整理。

(二) 集体资产股份化后组织内部治理结构在我国的发展——以山东省莱芜市程故事社区为例

1. 程故事社区股份合作公司的内部治理结构

程故事社区在村集体资产股份化过程中,参照《公司法》成立了一家莱芜程故事商贸有限责任公司。在组织机构方面,采取传统《公司法》"三权分立"的结构模式,设置股东代表大会、董事会和监事会。股东代表大会是公司的决策机关,董事会是执行机关,监事会是承担监督管理职责的机关。《莱芜程故事商贸有限责任公司章程》中有关监督权的规定在第 28 条。其规定监事会行使下列职权: (一) 检查公司的财务;(二) 对董事、经理执行公司职务时违反法律、法规或者公司章程的行为实行监督;(三) 当董事和经理的行为损害公司的利益时,要求董事和经理予以纠正;(四) 提议召开临时股东会;(五) 公司章程约定的其他职权。

2. 内部治理结构存在的问题。

首先,该章程中明确规定的对董事会和高级经理人监督权的落实有较大的难度。由于村集体资产在改造的过程中保留了领导班子,导致新成立的社区和商贸公司处于"两套班子、一套人马"的状态。村长或者书记兼任商贸公司的董事长、经理。由于上下级的制约关系,监事会成员也属于村集体的成员,因而在实践中很难做到客观、公正。其次,监事会没有尽到监督职责,无法保障股东的法定权利,也无法让股东履行相应的义务。商贸公司的股东在承担股东义务的同时，也享受其作为股东应该拥有的权利。统计结果（程故事社区问卷 187 份）表明，在组织内部治理结构方面，无论是股东的权利还是股东的义务，并没有达到《公司法》要求的标准。比如优先购买权、转让权、以出资额为限承担债务义务、缴纳出资义务、股东不得撤回投资义务等。

表 8－2　　　　　　　　　　　　　股东权利统计资料

		选举权/被选举权	表决权	知情权	收益权	转让权	优先购买权	监督权
N	有效	119	132	137	108	76	64	100
	遗漏	68	55	50	79	111	123	87
平均数		1.0000	1.0000	1.0000	1.0000	1.0000	1.0000	1.0000
中位数		1.0000	1.0000	1.0000	1.0000	1.0000	1.0000	1.0000
众数		1.00	1.00	1.00	1.00	1.00	1.00	1.00
百分比		63.6%	70.6%	73.3%	57.8%	40.6%	34.2%	53.5%
总和		119.00	132.00	137.00	108.00	76.00	64.00	100.00

资料来源：笔者依据本课题发放的问卷调查资料整理。

表 8－3　　　　　　　　　　　　　股东义务统计资料

		遵守法律法规	执行股东大会和董事会决议	缴纳出资义务	以出资额为限承担债务	股东不得撤回投资
N	有效	143	131	92	70	36
	遗漏	44	56	95	117	151
平均数		1.0000	1.0000	1.0000	1.0000	1.0000
中位数		1.0000	1.0000	1.0000	1.0000	1.0000
众数		1.00	1.00	1.00	1.00	1.00
百分比		76.5%	70.1%	49.2%	37.4%	19.3%
总和		143.00	131.00	92.00	70.00	36.00

资料来源：笔者依据本课题发放的问卷调查资料整理。

再次，在财务监督问题上，只是简单地规定了监事会检查财务的权利，而资产的混同导致了对财务监督管理流于形式。调研结果显示，村里负责账目的会计同时兼任商贸公司的会计，而村集体财务的收入很大一部分来自商贸公司的收益。

三　股份合作组织内部治理结构的法律借鉴

在农村集体资产股份化改造的过程中，不同的农村集体经济组织选择了不同的模式，由于组织模式不同，内部治理结构也会有很大的区别，因而有必要借鉴现有的组织内部治理结构立法。现有可借鉴的立法包括《公司法》《农民专业合作社法》《中华人民共和国社会团体登记管理条例》（以下简称《社会团体登记管理条例》）以及《中华人民共和国城镇集体所有制企业条例》（以下简称《城镇集体所有制企业条例》）等。

（一）《公司法》内部治理结构的立法借鉴

1. 公司内部治理结构的立法。

公司作为最具代表性的法人，其治理结构最核心部分就是对公司经营管理的监督。在查阅西方国家有关公司法方面的条文时我们发现，美国《公司法》中的独立董事制度和德国《公司法》中的监事会制度设计都是比较合理的。我国在修改《公司法》条文时增加了这两项制度。我国《公司法》对监事会的监管职权规定在第54和55条。包括列席董事会会议；检查公司的财务问题，可以单独聘请专业的会计师事务所查询公司账目，聘请所有的花费由公司负担；可以提议召开临时监事会会议，等等。

对独立董事的职权规定体现在《关于在上市公司建立独立董事制度的指导意见》中。上市公司的董事除了具有一般公司的董事具有的权利外，还有特别的职权，即重大关联交易必须先由独立董事认可，然后才能提交公司的董事会议，并且独立董事有权聘请专业人士获取财务报告。

2. 公司内部治理结构的立法分析。

由上述规定可以看出，监事会作为公司的监管部门，负有重大的监管职责。首先，监管公司的董事会和高级管理人员，有人事任免权；其次，监管公司财务的运行，还可以聘请独立的会计师事务所进行财务分析并提交报告；再次，提议召开临时股东大会；最后，公司章程还给予了监事会另外一些独立规定，作为监管的兜底条款。

一系列的法律规定，明确了监事会和独立董事的监管职责，保证了公司的正常透明运行，既是对公司股东负责，也为其他组织形式提供了有益的借鉴。但监事会和独立董事职责有重叠的部分，在公司发生问题时，容易造成相互推诿、扯皮的现象，使公司的运作效率大大降低。

（二）农民专业合作社内部治理结构的立法借鉴

1. 人民公社概述

人民公社在组织形式上属于合作社的模式，由初级社、高级社发展而来，在当时适应了生产力发展的需要。在很长一段时间内，它属于社会主义集体经济组织，即合作社的模式。人民公社最大的特点之一就是政商合一，与本书探讨的股份合作组织属性不谋而合，因而有必要对人民公社时期的立法加以借鉴。

2. 人民公社内部治理结构的立法

我国人民公社时期内部治理结构包括权力机关、管理机关和检察机关。各级权力机关由公社社员代表大会、生产大队社员代表大会和生产队社员大会组成。管理委员会作为公社的管理机关，行使管理职权。监察机关是各级监察委员会。规模较小的生产队可以只设一个监察员。监察机关作为内部治理结构的重要存在，规定于 1962 年 9 月的《农村人民公社工作条例（修正草案）》第 52 和 53 条。

3. 人民公社内部治理结构立法评析

学者们在探究人民公社退出历史舞台的原因时提出了一个很重要的观点就是政社合一，即政府直接操作、经营农业。伴随着土地制度的变迁，政社合一的治理结构逐渐瓦解。在股份合作组织内部，体现了政商合一的特点。这是特殊时期的特殊现象，从短期来看，有利于农村集体资产股份化改革，但从长远来看，需要法律的进一步明确和规范。

人民公社监察委员会的职责上至国家法律法规，下至生产队的种植收割，事无巨细：检查干部的行为是否合法；审查财务的账目、收支；受理社员的申诉控告；在认为必要时，组织专门的调查队对某一事项进行专门调查。

（三）《社会团体登记管理条例》内部治理结构的立法借鉴

1. 《社会团体登记管理条例》内部治理结构立法

我国第一部《社会团体登记管理条例》是在 1989 年 10 月颁布的，目前执行的《社会团体登记管理条例》是 1998 年 9 月颁布的，沿用至今。有关内部治理结构的条款体现在该《条例》第 14 条、第 15 条、第 27 条、第 28 条和第 30 条中。通过召开会员大会或者会员代表大会的方式，通过章程，产生决策机构、执行机构和法定代表人、负责人。

监督机关是登记管理机关和业务主管单位，有关财务方面的问题，要接受财政部门的监督，在必要的条件下，还要接受审计机关的审计。随着社团的不断发展，该《条例》已经不能完全适应现实的需要，因而国务院法制办在 2016 年 1 月通过了《国务院关于修改部分行政法规的决定》（以下简称《决定》），对部分内容加以修改。在有关内部治理结构方面，删除了《条例》第 14 条，第 27 条去掉了"或者备案"四个字，第 28 条去掉了"筹备申请"四个字。

2. 《社会团体登记管理条例》内部治理结构立法分析

该《条例》将内部治理结构的立法规定在社团章程中，但社团管理呈现出了较浓的行政化色彩，与自治组织的自治性存在冲突。比如在内部议事的程序上，要充分发挥内部治理机构的作用，同时明确会员大会、理事会等职能；在争端解决方面，可以通过会员大会、理事会等方式解决，避免出现政府有关机关直接干预的问题。但在《决定》中，内部治理体现得并不明显。

（四）《城镇集体所有制企业条例》的立法借鉴

《城镇集体所有制企业条例》有关内部治理的法律规定在第 8 条，但是规定中只有权力机构和厂长负责制，缺乏最重要的股东权利。这是受城镇集体所有制企业自身的特点所限制，它是集体所有制形态，属于公有制的范畴，因而对股份合作组织内部治理结构参考意义不大，此处不再赘述。

四　股份合作组织内部治理结构的立法思考

在农村集体资产改革过程中，大体有三种组织模式。股份制组织形式、合作制组织形式和股份合作制组织形式。不同的组织形式侧重点不同：股份制类似于公司的法人，合作制类似于合作社的模式，而股份合作制采股份＋合作制两者之长。作为内部治理机构最完善的代表，当属股份制组织形式。它由董事会、监事会、股东代表大会和高级经理人组成。股份合作制与之相较，可能缺少高级经理人。在股份合作制中，经理并不是必须设置的机关，机关最少的是合作制组织形式，它只有社员大会或者社员代表大会。因此，立法机关在立法时，应该考虑不同的模式，在《公司法》和《农村人民公社工作条例（修正草案）》等几部法律的基础上，采取单独立法的形式，出台一部指导农村集体资产改革、促进股份合作组织发展的法律。

目前，各省已陆续出台了农村集体资产管理条例。如 1999 年 12 月 16 日山东省第九届人民代表大会常务委员会通过了《山东省农村集体资产管理条例》。但该条例中有关内部治理结构的规定模糊不清，只是简单地规定了农村集体经济组织对其所有的集体资产依法享有经营权、管理权。日常指导监督机关是农村经营管理机构，同时接受上级政府有关部门的监督。但对监督的具体分工细则、职责权限等未作明确规定，导致实践中无所依据。广东省出台的《广东省农村集体经济组织管理规定》强调：最高权力机构是成员大会，监督机构是监事会，执行机关是理事会。同时，对表决机制、表决方式、任期、选举方式等也做出了详细的规定。例如第 11 条规定，每届任期 3 年至 6 年，具体任期由县级以上人民政府决定，可连选连任，但不得交叉任职。对此，立法有必要加以借鉴。

（一）完善内部治理机构

需要明确的是，股份合作组织必须按照法人的要求设置"三会"。股份合作组织最高的权力机关是成员大会或者成员代表大会，负责决定重大事项。有关重大事项范围的界定可由章程通过肯定式罗列和否定式罗列以及兜底性条款加以明确。组织的执行机关是理事会。理事会类似于公司的董事会。理事会作为内部治理机构的重要部分，对日常事务做出决策，应该在章程中加以规定。组织的监督机关是民主理财监督小组，作用相当于公司的监事会。在组织比较简单、规模较小时，可以只设置一名至两名民主理财监督人员，负责对组织的监督。对于是否设置高级经理人，应该根据组织的规模而定。对于那些发展规模较大的组织，有必要聘任专门的高级经理人，以确保公司高效运转。

（二）建立内部表决机制

表决机制大概分为三种方式，包括尽可能体现平等原则的一人一票制度、按照持股数量多少来确定话语权的一股一票制度，以及兼采两者之长，体现双重特点的"一人一票"加"一股一票"制度。股份合作组织是股份制与合作制的结合。

股份制采用的是一股一票的表决原则，合作制因为具有民主特征，采用一人一票的表决机制。因此，在股份合作组织表决机制的选择上出现了较大的冲突和矛盾。我国《农民专业合作社法》中有如下规定：农民专业合作社成员大会选举和表决，实行一人一票制，成员各享有一票的基本表决权。出资额或者与本社交易量（额）较大的成员按照章程规定，可以享有附加表决权。本社的附加表决权总票数不得超过本社成员基本表决权总票数的百分之二十。享有附加表决权的成员及其享有的附加表决权数，应当在每次成员大会召开时告知出席会议的成员。

因此，在股份合作组织表决机制上，可以采取一人一票原则上的附加表决权。这样，既能够保证民主，又能够体现公司法中资本的特性。

（三）充分发挥股份合作组织内部章程的作用

股份合作组织作为农村集体资产改革的组织形式，体现了农民股东的特性。农民作为股份合作组织的股东，在组织中处于相对弱势的地位，其自由意志的表达，无论是表达途径还是决议结果都不容易实现。同时，由于股份合作组织体现的不仅是股份性质，还有合作性质，因而在内部治理上必须充分尊重农民股东的意愿，通过召开由农民群众参加的股东大会，参与组织各种事项的决议。另外，为减少政府的干预，在内部章程的设计上应突出自由灵活，以法律兜底条款作为保证。当然，如果按照公司法的模式设立内部治理机构，必须征得农民群众和股东的同意。

伴随着农村集体资产股份化的进一步发展，组织形式必将作为重要的环节加以法律上的约束。然而，从目前的学术研究进展来看，存在对股份合作组织的法律定义模糊、研究方法比较单一等问题。本文除了传统的研究方法外，加入了典型个案研究、比较研究和问卷研究方法，力求从内部治理机构方面完善股份合作组织。当然，内部治理机构仅仅是股份合作组织中的一个方面，无法与整个农村的产权制度改革相比，但只要我们认真查缺补漏，就能为农村经济健康持续稳定的发展贡献微薄的力量。

第九章 农地股份合作范式转换与主体立法*

股份合作制在我国起源于 20 世纪 80 年代的沿海开放地区，滥觞于 20 世纪 90 年代开始的城镇化进程，是我国人民群众在改革开放的进程中对于集体经济的一种创造性变革。时至今日，在我国以外的任何国家和地区还很少发现股份合作制这一主体形式，因而把股份合作组织称之为中国人民的原创性制度并不为过。股份合作制产生的土壤是新中国建立后在追求经济社会的"一大二公"理念下的集体所有制，尤其是土地的集体所有制，股份合作制的出现恰恰针对的是集体所有制的组织，根据是否直接涉及农村土地问题，股份合作又形成了两种基本的范式，从而使股份合作制的中国实践呈现出一定的复杂性。因而，在理论上理清股份合作制在发展过程中出现的范式体系，对于我们理性而全面的把握这一制度的功能和主体性质，从而正确的指导实践有着十分重要的意义。

一 股份合作制的两次高潮及其范式差异

股份合作制在我国的实践已有三十多年历史，其间经历了两次大的高潮。第一次高潮是 20 世纪 80 年代中期开始的集体企业改制，目的是解决乡镇企业产权不清的问题，调动管理者和职工的生产积极性。本次高潮之后，集体企业尤其是乡镇企业逐渐变为股份合作制企业。但是，这次高潮的尾声持续时间则比较长，而且呈现出很强的过渡性特征。进入 20 世纪 90 年代，随着公司法和证券法的颁布，大部分改制的股份合作制企业又进行了"第二次改制"，按照公司法和证券法的要求，以建立现代企业制

---

* 本文主要内容发表于《山东农业大学学报》（社会科学版）2015 年第 1 期。

度的名义逐渐改造成了有限责任公司或股份有限公司，企业的产权结构也由集体所有变为法人所有，企业职工的股份则通过转让、并购集中到少部分的管理者手中。集体企业完成第二次改制之后，仍然保持股份合作制企业形态的微乎其微。从原理上看，本轮股份合作的高潮与家庭联产承包制的推行脉络相承、理念一致，都是为了解决大锅饭问题。所不同的是土地问题上的两权分离没有触动土地的集体所有性质，而集体企业的股份合作则改变了乡镇企业的集体性质，尽管在改革的初期，仍然保留了一定的集体股，但是后来随着二次改革的推进，集体股大都退出了历史舞台。

随着大部分集体企业改制的完成，正当人们以为股份合作制很快会完成其过渡性的历史使命，淡出人们的视野之时，这一制度形态伴随着城镇化进程的加快，以农地股份合作的形态重新显示出勃勃生机，党的十八大报告中则明确把股份合作作为与农民专业合作并列的新型经营主体。农地的股份合作是伴随城镇化步伐的加快，农村土地资源的价值日益凸显而逐渐产生的，尽管名称相似但是农地股份合作与集体企业改制时的股份合作有着巨大的差别。因为它不是像以往集体企业通过职工持股改变了企业的产权结构，农地的股份合作是农民主动把自己手中的承包经营权变为股权投入一个新的经济组织，这个组织在合作之前并不存在，而且其所有权的性质很难再划入集体企业的范畴，如果把农地承包经营权股份合作解释为一种新的集体所有权的诞生，则意味着农地的股权人已经丧失了话语权，相信没有几个农户同意进行这样的合作。① 农地股份合作制的产生是由于单个的承包经营权不能适应规模经济的要求，它成为实现农村土地规模效应的一种方式，也适应了那些进城打工农民的需求。在 20 世纪 80 年代两权分离的基础上，进一步形成了所谓的"三权分离"，即所有权、承包权和经营权的分离。而这样的背景与第一次股份合作制被作为集体企业改制时的背景大相径庭，第一次高潮时，规模效应不是一个目标，农民从事非农产业也不在考虑的范围。恰恰相反，第一次集体企业的改制，是把集体资产转移到了农民职工个人名下，而农地股份合作是把家庭的承包经营权

---

① 我国集体企业产生的逻辑是有一个抽象的集体组织出资并代表集体范围内所有成员行使股权人权利，它是公有制的一种形式。如果是若干个出资人共同出资组建的企业则很难解释为集体企业，无论是否具有法人资格，这样的企业都与财产的公有制扯不上关系，充其量不过是共有或者法人所有。

交由另外的经济组织。所以尽管名称一致，实际内容已经完全不同。

在有关农村经营和土地制度的研究中，很少能够看到关于股份合作两次高潮的差异化分析，人们通常习惯于把股份合作作为一个统一的问题看待。事实上，股份合作制在我国的两次勃兴之间存在着巨大的差别。第一次高潮的目标是克服集体所有权的产权不清问题，归宿是以法人财产权代替了集体所有权；第二次高潮公开宣扬的目标是实现土地的规模经营，归宿是在保持土地的集体所有权性质前提下，实现农民土地承包经营权的自由处置。从当前的理论和实践看，农地的股份合作制并不能对农地的集体所有权产生颠覆性的变革。因此，如果学术界的研究对于股份合作制在中国的两次高潮不加以区分，就会在理论和实践两方面都出现极大的偏差：集体企业改制的范式是集体产权的明晰化、股份化进而经由二次改制，完成对集体企业所有权的解构；如果同样的范式被应运于农地的股份合作，则结果必然指向农村土地的集体所有权，也就是通常人们所理解的土地的私有化。且不论农村土地的集体所有权本身是否存在问题，单就股份合作制在我国前后两次的高潮类型看，虽然表面上看似相同的一种组织形态，但是却存在天壤之别，用前一次高潮中所形成的范式指导后一次农地的股份合作，就会出现理论和实践的严重脱节，从而使农村土地制度的改革和农村经营主体的变革步入误区。因此，笔者认为对于股份合作制度的研究，必须把集体企业的股份合作制改革和农地股份合作进行严格的区分，否则相关的探讨将继续处于混沌不清的状况。[①]

二　农地股份合作制推行的动因与实际效果

新中国成立以来，中国农村经历了从"狠斗私字一闪念"，追求"一大二公"的社会主义实验到逐渐认可私有产权的意义，赋予农民以财产

[①] 有农业部门的官员指出，在苏州农村存在着社区股份合作社、土地股份合作社、置业股份合作社和劳务股份合作社等四种不同股份合作的类型。（参见卢水生《股份合作：农村集体经济的有效实现形式》，载《土地股份合作与集体经济有效实现形式高端论坛论文集》）而这4种股份合作社中部分社区型股份合作是以集体企业改制为基础，劳务合作以劳动力入股，其余的股份合作前提都是农地入股。换言之，目前我国农村和村改居区域内所广泛存在的股份合作，其核心的内容都是农地的股份合作。

权的历程。对于公有制的偏好并非完全出于共产主义的理想信念，它同时是由于规模经济能够克服小农经济的弱点，能够集中力量优先发展工业，在较短的时间内改变中国积贫积弱的状况。然而，后来的实践证明要想跨越生产力发展水平，通过人为地提高公有制的水平来获得超出常规的发展不过是一个梦想。有学者指出，那种以规模经济为理由试图消灭"家庭"的所谓"社会主义"实验总是归于失败，因为市场以及大范围的分工固然有规模经济方面的巨大好处，但一旦这好处的获得必须以个人自由的丧失为代价时，大多数人是会毅然放弃大规模分工的好处而选择回到"自然经济"的生存方式。①

因此从大的背景看，股份合作制的产生基本上属于农民私权回归的命题，这一过程与农民个体权利的觉醒和物质生活水平的提高是一致的。当农民的私权利尤其是财产权利不再被认为是不道德的，人们就会面临着这样的问题：在20世纪50年代农民或自愿或被迫把私有财产转移给集体组织，那么在经历二十多年的发展之后，当年集体财产的贡献者是否可以拿回自己的财产，即使不能要求返还，那么应该通过什么样的方式参与集体财产的分配，而不是被少数人占有就成为一个现实的问题。这一问题解决的思路，经由土地包产到户、确立家庭的承包经营权到农民借助股份合作介入集体财产的再分配，是一个符合逻辑和理性的进程。在这个过程中的确可以看出中国农民的创造精神。今天，我们所看到的农村正在或者已经发生着翻天覆地的变化，传统的村庄正在消失，传统的独门独院、田园牧歌式的农家生活已经被集中的城镇和高楼所替代，不论是自愿或者是被迫，农民在经历二十多年相对稳定的生活之后，又重新面临着新的变革，而这一次新的变革中股份合作制的影子随处可见。

学术界对于股份合作制大多给出了较高的评价。有学者认为，农地股份合作制是我国农民继家庭联产承包责任制之后的又一次伟大创造，② 有学者则认为，股份合作是农村土地制度改革的最优选择。③ 有研究人员针对发达地区非农产业需求的增加，认为农民土地入股能得到相应的收益，

---

① 汪丁丁：《退出权、财产所有权与自由》（代译序），转引自《财产与自由》，中国社会科学出版社2002年版。

② 英杰：《论农地股份合作制》，《同济大学学报》（社会科学版）1999年第4期。

③ 蒋励：《股份合作制：农村土地制度改革的最佳选择》，《农业经济问题》1994年第12期。

而选择非农就业又能得到工资收益，这有助于农民的灵活就业，节约分工、专业化的交易费用，发挥农户间分工与专业化的比较优势，引导农村土地承包经营权流转，实现土地的规模效应和集约经营，这是农民地权转股权的合作逻辑。① 相似的观点还有：只要土地集中和规模经营能提高土地规模经营总收益，同时又以保底分红的剩余权实现和保障产权调整下个人的预期收益，社员间就会达成土地入股的合作契约。这也是农民地权转股权的理性基础。② 而更为理性的分析则认为：土地股份合作制，是在家庭承包制的"两权分离"的基础上，将土地使用权即承包经营权，再进一步分离为承包权与经营权两部分，从而形成了所谓的"三权分离"，即所有权、承包权和经营权的分离。③ 一部分学者则表达了对于股份合作制弊端的忧虑。如有学者的调查认为，实践中土地股份制的功能定位与价值取向发生了扭曲与走形，直接侵害农民合法权益。一方面，在提高土地规模效益与外部利润分配上，更侧重于土地资源集中和提高规模效应；另一方面，在土地外部利润的分配上，侧重于发展壮大集体经济，对农民合法权益重视和保障不够。④ 有学者则认为，"我国土地流转市场还很不完善，没有最终形成，如果真要推动土地股份制改革，不仅会失败，还可能被地方政府利用，严重损害农民的利益"。他认为，有部分地方进行的所谓"土地股份制改革只是卖地的幌子"，违反了《中华人民共和国农村土地承包法》（以下简称《农村土地承包法》）和我国的土地审批程序。"有些地方名义上说进行土地股份制改革，是为了扩大农业生产规模，提高农民收入，可实际上是政府变相地把农业用地转为工业用地，并从买卖土地的差价中牟取高额利润"⑤。

　　学者们对于农地股份合作的观点可谓见仁见智、莫衷一是。而寻根溯源，股份合作制度之所以被运用于农村土地制度，事实上存在着两种不同

---

① 欧阳宗丽、陈会广、单丁洁：《〈合作社促进建议书〉对我国土地股份合作的启示与借鉴》，《江苏农村经济》2008 年第 10 期。

② 陈会广、钱忠好：《土地股份合作制中农民土地财产的剩余权与退出权研究》，《中国土地科学》2011 年第 7 期。

③ 张红宇、刘玫、王晖：《中国农村土地使用制度变迁》，《农业经济问题》2002 年第 2 期。

④ 侯作前：《土地股份合作制与农民权益保障》，《法治研究》2007 年第 11 期。

⑤ 《南方农村报》2008 年 3 月 25 日。

的解释：从保障农民权利的角度出发，股份合作被认为是克服农民土地权利流转不畅从而损害其价值的一个途径。而从政府的角度看，股份合作则成为实现农地规模效益，推进城镇化等政策目标的重要手段。尽管从合作制的经典定义看，农民的主观意愿是前提，但是如果没有各级政府和农村集体组织的强力推动，农地股份合作也不会像今天这样如火如荼地展开。因此，农地股份合作从推行的动因看无论是从微观还是宏观都无可挑剔，这成为农地股份合作能够迅速展开的合理性基础。既然如此，为什么农地股份合作的实践效果却存在着巨大的差异，在某些地方甚至与这一制度推行的初衷背道而驰呢？

农地股份合作是与农村城镇化、发展非农产业同步进行的，在东部沿海地区和城市周边地区，农业活动伴随农用地的锐减逐渐告别了人们的生活，有一些地理位置特殊、村集体带头人有很强能力的农村，农地股份合作为农民带来了优越的生活和工作条件，如华西村、南山集团等，由于敏锐地意识到集体土地用途的差异所存在的巨大收益差，开始以发展壮大集体经济的名义，通过规模化使用农地和改变农用地的用途，实现了集体的膨胀发展。对于那些已经由农民变成市民的"农转非"地区，从前的农村土地的集体所有权随着农民市民化变成了国有土地，因此一旦失去农民身份，也就失去了对承包经营权入股的权利。这就意味着，如果一个地处城乡接合部的村集体没有赶在"农转非"之前把农地的权利（既包括村集体的所有权又包含农户的承包经营权）转变为另外一种形态的财产权，就将面临成为贫民窟的危险，尽管政府在这个过程中会为失地农民支付一定的补偿。因此，农地股份合作制度的实践效果往往取决于两个关键的因素：一是农地所处区域和位置，这决定了股份化后农地的规模利用能否使农民更好的分享土地用途改变后的级差收益；二是农地股份合作制的经济组织营利能力以及与政府讨价还价的能力，这方面的能力太差就无法使农户获得较股份化之前更高的收益。由于这两个变量因素的存在，使得农地股份合作的实践效果与制度推行之初所设定的目标出现了极强的不确定性，加之这一制度无论在理论范式还是主体性质等基本问题上都缺乏统一认识，所以农地股份合作变成了权利的重新配置和转移的工具和各方求变向好的一种寄托。在许多美好愿景的感召下，数量巨大、潜在价值惊人的农村土地以股份合作制的方式实现着重新组合，目前情况看，伴随着城镇化的加快和各种新型经营主体的出现股份合作的步伐已经不可阻挡，要想解决这一制度的主观愿望和实践效果之间的巨大差距，制度的统一立法成为必然的选择。

三　农地股份合作立法缺失的原因分析

近二十年来，随着股份合作制在农村土地制度创新中的普及，许多重要的经济活动和比重较大的集体财产都经由这一制度完成了产权的转移。股份合作制已经成为农村社区化、城乡一体化的一个重要的制度形式，但是所有的行为却一直没有任何的法律依据，仅仅依靠几个部门的文件就完成了如此重大的经济活动。

股份合作既然如此重要，又是全社会普遍关注，但为什么一直没有立法的规范？总结起来，其中的原因不外乎三个：一是认为股份合作制致使临时性的、工具性的，为此专门立法没必要。实践证明，这种观点是错误的，因为集体企业的改制完成之后，股份合作制并没有退出历史舞台，而成为农村土地领域一项重要的制度，这一制度延续了三十年，而且有越来越重要的趋势。二是认为这种形态的组织在国外没有经验，究竟属于股份制还是合作制，是公司还是非营利组织都存在争论，所谓非驴非马，立法难度比较大。关于这样的观点也是立不住脚的，既然这是一种具有中国特色的制度形态，更应该通过立法予以规范和保护，不存在因为国外没有先例就不予立法的理由。三是认为农地股份合作能够保障农民利益，抑制地方政府的城市化冲动和对农民权利的任意侵害。从中央政府的层面看，由于现行立法关于建设用地使用权制度和土地征收制度已经对农村土地的用途进行了严格的管制，因此中央政府缺乏对股份合作制进行立法的动因。这个理由初看起来似乎有一定的道理，但是土地用途的管制和土地的征收制度考虑的是国家利益，而并没有把个体农民的利益考虑在内，而且农地股份合作最终能否发挥保障农民利益的作用，是一个颇值得考证的问题。

显然，上述三个原因都存在着问题，都不能成为对农地股份合作在立法上漠视的原因。作者认为，农地股份合作其实是中央政府和地方政府以及村级集体组织在实现城镇化进程中形成的一个共识，目的就是如何让农民同意交出手中的土地，从而实现土地的规模效益以及城镇化的目标。由于在实现这样的目的过程中，需要调动各方面的积极性，如果一开始就采取立法规范的方面划定各方尤其是农民的利益，则不利于此项事业的快速推进。有学者指出，农地股份合作制是在探索农地集体所有制实现形式中出现的一种形式。所以，在改革初期为了保证集体经济组织的利益，避免化公为私之嫌，各地普遍采取了设"集体股"的办法；相反，如果一开始就将全部农地股份界定到个人，不仅集体经济组织的利益很难保证，甚至还会受到人们当时社会意识观念的刚性约束。[①] 正是由于股份合作制在开展之初即带有很强的维护集体利益的色彩，这个制度的推行过程中，希望同时把维护农民土地权利作为目的之一，事实上的结果却往往无法实现。由此股份合作制所受到的诟病也越来越多，在这种背景下，要通过立法予以规范的难度就可想而知了。

　　目前为止，我国全国层面的法规只有1997年国家体改委公布的《关于发展城市股份合作制企业的指导意见》，而根据其第3条的规定，"股份合作制企业既不是股份制企业也不是合伙企业，与一般的合作制企业也不同，是在实践中产生并不断发展得新型的企业组织形式"，"股份合作制企业是独立法人，以企业全部资产承担民事责任，主要由本企业职工个人出资，出资人以出资额为限对企业的债务承担责任"。显然，指导意见所针对的基本上是集体企业改制而成的股份合作制模式，而由于这种企业在其后的数年中逐渐变更为公司制企业，因而实践中的存在已经很少看到。2003年国务院印发的《深化农村信用社改革试点方案》中针对农村信用社的改革，明确提出"构建新的产权关系，完善法人治理结构。按照股权结构多样化、投资主体多元化原则，根据不同地区情况，分别进行不同产权形式的试点。有条件的地区可以进行股份制改造；暂不具备条件的地区，可以比照股份制的原则和做法，实行股份合作制；股份制改造有困难而又适合搞合作制的，也可以进一步完善合作制"。由此可见，我国还是比较重视股份合作制这一类型的企业形式的，但是时至今日我国一直缺乏一部统一的股份合作制企业法，这无疑阻碍了农信社等企业的发展。

---

　　① 解安：《新"两权分离"论农地股份合作制的产权分析与政策建议》，《中国社会科学院研究生院学报》2005年第4期。

另外，2007 年颁布施行的《中华人民共和国农民专业合作社法》明确了农民专业合作社的概念、类型和所有制性质，而股份合作制企业、供销合作社和农村信用合作社等都没有相应的法律予以明确规定。有学者指出，司法裁判中出现了股份合作制企业的法规缺位的问题，而大量存在着的股份合作制企业中的纠纷必须得到解决，这不仅关系到企业的存续和纠纷的化解，更与广大职工的切身利益密切相关。①

迄今为止，学界关于股份合作制立法紧迫性的问题很少有人关注，这是非常令人不可思议的一件事，而其中的原因是引人深思的。在推进股份合作制的过程中，公开宣称的当然是以维护农民土地权利为目标，但是既然土地承包经营权已经通过物权法规定为一种用益物权，作为地方政府和发包人的村集体，就很难再进行干预。随着国家在农村地区税费改革的进行，农业税的取消使得有些集体没有了任何费用来源，所承担的公共管理和服务又不能减少，经费从哪里来？股份合作制的推行使集体组织找到了新的财源，通过开展股份合作通过集体股、提取公积金等方式削减农民的分红水平，侵害农民的合法权益。对于这种状况，很多地方政府并不是不知情，却采取了漠视甚至是鼓励的措施，因为通过股份合作制，集体不仅能够重新获得财源，决定利益分配，同时由于经过股份合作的农地，客观上的控制权已经重新交回到集体手中，这种农地的实际控制状况不仅有利于集体对农地统一的使用和非农化，而且有利于对农地的征收。这样，一项本来以农民利益为根本所设计的制度，最后却极大地满足了村集体、地方政府的土地诉求，农民在股份合作过程中，与当年的人民公社化一样再次成为实际上最大的输家。

目前为止，农地股份合作制推广地区或是沿海发达省份，或是城市边缘的城乡接合部，都是处于农地转国有建设用地可能性较大的地域，而比较偏远的地区和纯农业区农民参与农地股份合作的愿望并不大，主要是乡镇政府和村集体积极推动。实际上，已经成为农民参与土地增值的一种方式。就集体而言，也只有通过某种方式集合开发，才能使自己的利益最大化。这就是为什么包括深圳在内，在城市市区都会存在大量的小产权房。

---

① 主力军：《股份合作制企业的法律适用问题研究——从一则股份合作制企业的股份转让协议效力纠纷案切入》，《政治与法律》2011 年第 12 期。

小产权房的合理性在于农民和农村集体主张土地增值收益分配的合理性。目前的问题在于：土地股份制改造后，补偿费由镇村级财务服务中心代管，主要用于村庄建设标准厂房、商业用房或购置其他保值增值的固定资产，资金不足部分由村股份合作经济组织以银行贷款方式解决，在经营风险外，又增加了银行债务风险。一旦改革失败，在社会保障体系还没有健全的时候，农民最基本的生活将无法保障。

　　将几十年来股份合作制理论进行梳理就会发现，学界对于这一制度还存在着十分模糊的认识，连基本的范式和主体性质问题都没能解决。学者的探讨往往是各执一端，难以形成系统性的认识，这种状况也使得立法的理论基础缺失。经过几十年的实践，我国的股份合作制仍然在学界没有形成一套完整而权威的理论阐释，学术界无疑负有无法推脱的责任。

四　股份合作制主体立法的理论前提

　　关于股份合作制的理论，梳理的过程是个十分艰苦的过程，很难找到一个清晰的主线和脉络，同时理论的目的和实践的效果又存在极大的偏离，使得面对农地的股份合作犹如面对一堆无序的乱麻，很难找到有效的抓手。

　　在对股份合作制产生机理的分析过程中，笔者发现这一制度初始是被作为一种公有制实现的新探索方式而推广的，带有很强的所有制色彩。如有学者指出，作为外部治理结构中最终政府也选择股份合作企业作为建设新农村的企业形态，其宗旨就是想把它当成一种新的集体企业形式，或尝试一种新的公有制实现形式，因为它具有"按劳分配"和"公共积累"等社会主义因素，等于贴上了公有制的标签，最终也算是控制住了社会主义新农村建设的政治风险。① 这段话无疑道出了股份合作制在我国产生过程中的一个奥妙之所在——既然以往的集体所有制形式被证明是无效率的，也无法保障农民基本的生活需求，就必须进行改革。而改革的基本思

---

　　①　解安：《新"两权分离"论农地股份合作制的产权分析与政策建议》，《中国社会科学院研究生院学报》2005年第4期。

路则是通过引入私有产权，使得集体企业的决策更加合理，运行更加有效，从而提高公有制支配社会财富的能力。但实际上，由于股份合作制企业的改制已经经由二次改制而完成了公司化，使得股份合作制主要变成了围绕着农地进行产权重新配置的途径，而这恰恰就是问题的症结所在：本来农民的土地权利经过了千辛万苦终于获得了用益物权的法律地位，使得集体组织很难继续像从前那样随意进行干预，而通过股份合作，使得土地承包经营权重新回归到了集体手中，这实在是一个令人意想不到的结局。

把股份合作制形态的组织看成是新的集体所有制是一种观念上的误区，因为集体所有制作为公有制的一种形式是与私有制相对应的，在集体所有制和私有制之间是无法兼容的。既然农地承包经营权经由股份合作之后变成了一种新的集体所有制形态，那么农地使用权本身以农户为单位的私有性质就发生了极大的改变——它成为组成集体所有权的一部分，虽然农地承包经营权在法理上仍然属于原承包权人所有，但是由于它股份化之后必须听命于一个新的集体代表（常常就是村委会或者是村委会的代表），这就使得我们经过千辛万苦物权化的承包经营权重新回到集体手中。于是农民不得不再次依赖于一个集体代表人的创富能力和道德水平，农地股份化之后农户对于农地的使用和收益分配无法控制，因为股份化的组织形成的不是一个以股权为基础建立的运行机制，而是一种怪诞的集体所有制企业。

之所以把农地股份合作而形成的经营主体看作新的集体所有制企业是十分荒唐的事情，原因在于：集体企业作为公有制的一种形态，任何组成这个集体的成员都与企业的财产没有任何产权的关系，一旦合作行为完成则农民必将丧失其私有产权。正如经济学家周其仁所言，国有制企业和集体所有制企业被看成公有制企业，是因为这些企业的资产所有权属于国家或集体，而不属于任何个人，也不属于个人所有权任何形式的集合……公有主体只能作为不可分割的产权所有者整体性地存在，而不容许把公有产权以任何形式分解为个人的产权。因此，国家所有或集体所有的公有制完全不同于在个人私产基础上集合起来的合作制或股份制。个人在社会主义公有制下仅仅有权拥有非生产性的生活资料。① 集

---

① 周其仁：《公有制企业的性质》，《经济研究》2000 年第 11 期。

体所有制作为一种政治思维的产物与股份制和合作制是根本排斥的，因此把农地的股份合作视为一种集体所有制的组织形态，则我国农民在经过多年努力为物权法所确认的土地使用权再次像当年的集体化运动一样，经由股份合作被再次剥夺！

在农地股份合作组织的性质问题上，之所以会存在集体所有制的认识误区，主要的原因有二：一是股份合作制被用于集体所有制企业改制时，并没有认为是对集体所有制性质的改变，而是所谓"公有制实现形式的新探索"。当同样的一种方式被用于农地的改革时，自然想当然地被认为形成的是一种集体所有制的组织；二是认为农民手中的农地承包经营权尽管属于用益物权，但毕竟不是所有权，农地所有权的性质既然始终属于集体所有，农地股份合作所形成的组织自然也不能改变其集体所有的性质。这两个原因中，前者依然属于理论范式问题，是集体企业改制的范式没能及时地完成转换所导致的后果；后者则是把农地的所有权置于用益物权之上，消解了农地承包经营权作为一项财产权的意义，使得农地的公有性质吸收了农民承包经营权的私有产权性质，必然导致农民土地权利的丧失。

从形成过程和基本的原理分析，农地股份合作所产生的组织形态不应该属于集体所有制的性质，建立在农民自愿基础上的农地股份合作组织，入股的农户按照入股协议享有出资人的权利，本质上这应该是和公司组织类似的一种具有独立的法人资格的组织。当然如果没有进行必要的注册和登记，其主体性质应该属于非法人组织，无论是哪一种都不应归入集体所有制的范畴，因为农地股份合作作为一种建立在承包经营权这一用益物权基础上的经营性组织，其生成与所有制无关，本质上也从未触动集体所有权。

五　农地股份合作主体立法的主要内容

我国的农地股份合作实践虽然已经走过了二十多年的发展历程，其在农村社会的城镇化、社区化过程中扮演了十分重要的角色，但是我国一直没有一部专门的法律用以调整与之相关的实践。缺乏立法规范使得股份合作制成为政府和村级组织强势干预农民土地权利的关键原因之一，也使得这一本来可以使农民的土地承包经营权实现股权化流转的良好方式，沦为实际效果难以评价的改革途径。笔者认为，要继续推进农地的股份合作，使之真正成为造福百姓、促进农业发展的制度工具，就必须对这一制度进行立法规范。在这一过程中，应当重点解决好以下几个主要问题：

（一）农地股份合作组织的主体性质问题。

首先，农民自愿将承包土地股份化而组建的经济组织，是体现成员意思自治的经营性组织，这类组织根本上区别于公有制的组织，关于这一点前文已经述及。农地股份合作主体因为是否进行了登记注册而又分为两种情况，已经过了商事主体的登记注册，即可获得法人资格，在此之后农地承包经营权作为财产权出资构成法人财产的一部分，而入股农户按照章程或协议的约定行使出资人的表决权、利润分配权等基本权利，组织的主要决策和运营管理依赖于股份持有人大会（或股东会）这样的决策机构，而不是一般所理解的集体经济组织。如果农地股份合作的组织并没有经过登记注册，则这类组织的主体性质只能属于民事合伙，作为股份的承包农地虽然按照股份合作协议纳入合作组织经营，但是农地的权属在法律上并未发生改变，以农地为主要财产所构成的合作组织财产并未取得独立的地位，各股份合作农户对农地按照协议构成按份共有的状态。而这也显然区别于集体所有制这一公有制的财产权利形态。

（二）农地股份合作组织的基本功能问题

在我国以往的实践中，农地股份合作组织不仅仅是一种经济组织，而且是一种社区组织。这种特殊的组织架构使农地股份合作组织兼有经济收益和社会管理两大职能。之所以出现这种较为混乱的状况，究其原因主要还是传统公有制思维的影响。在对农地股份合作主体进行立法的过程中，必须着力解决其功能定位模糊的状况，剥离其社区管理的功能，还原其自愿性经济组织的功能。为此，有学者主张应当取消集体股，让集体经济组织只拥有实物形态农地所有权，把农地价值形态（股份形态）的所有权交给农民，实现新的"两权分离"。这样做的目的是避免过度的行政干预继续存在，让农地股份合作组织能够按法人治理结构的机制运转。该学者同时主张在取消集体股后，可在确定年终分配方案时先留出一定比例的公积金和公益金，以保障集体经济组织的利益。[①] 笔者认为该学者关于取消集体股的主张符合农地股份合作的基本原理，而其所提出的集体经济组织的利益保护问题，仍然受到了公有制思维的影响。其实，有关村集体或社区居民的集体福利问题，属于另外的国家和地方公共财政的保障以及村民民主决策的话题，很难在农地股份合作主体的构建过程中一并予以解决。

（三）　农地股份合作主体的内部治理结构问题

很多学者已经注意到了农地股份合作制的治理结构问题。如有学者主张应当按照现代企业制度构造集体股份合作制经济组织，形成经理向董事会负责，董事会向股东代表大会负责，监事会监督公司运作的机制；[②] 有学者提出：广大农民必须转变原有的思维方式，重塑集体观念，形成与现代企业制度相适应的观念和意识。农村股份合作制企业的经营者和股东都是农民，由于各方面的限制，经营现代农村企业对他们来说是个不小的挑战，所以必须逐渐转变传统农业生产的思维方式，加强企业经营管理知识的学习与运用。[③] 这些观点对于完善和改进农地股份合作主体的内部治理结构固然颇有建设性，但是这类主体是否应当依照公司内部治理结构进行规范则存有可商榷之处。农地的股份合作与企业改制的股份合作范式不同，虽然其经过登记注册也可获得法人地位，符合企业法人的一般特征，但是由于其是股份制与合作制的结合，出资人具有一定的身份性和封闭性，其内部治理结构与公司仍然存在较大的差异。[④][⑤] 因此在对农地股份合作主体进行专门立法规范时，应当顾及这类组织合作性的特性，在其内

---

① 解安：《新"两权分离"论农地股份合作制的产权分析与政策建议》，《中国社会科学院研究生院学报》1995 年第 4 期。

② 侯作前：《土地股份合作制与农民权益保障》，《法治研究》2007 年第 11 期。

③ 万国华、成彦峰、牛淼、万昊：《农村股份合作制企业构建及其公司治理法律机制研究》，《天津法学》2010 年第 1 期。

④ 有学者专门研究了股份制和合作制的区别，认为就经济活动目的而言，股份制追求最大限度利润，而合作制主要改善合作企业社员的生产和生活条件；对净收益权利而言，股份制实行按股分红，合作制以按劳动比例为主，限制股金分红为辅；就投票权而言，股份制采取股权民主，合作制采取劳动民主，即只要取得合作社社员资格均享有平等的投票权。参见戚建刚：《论股份合作企业立法科学性取向》，《法律科学》1998 年第 5 期。

⑤ 党国英：《农村集体经济制度研究论纲》，《社会科学战线》2017 年 12 期。

部治理结构的设计中，充分尊重农地承包权人的主观意愿和选择，把股份合作人的内部章程或协议作为最重要的规范，尽量减少强制性的要求和外部干预，以股份持有人大会的决议作为最终的决策依据。当然如果股份持有人同意按照一般公司法的原则设置其内部治理结构，就应当参照公司法的规定进行运作。

（四）土地承包经营权的权属变化对股份合作的影响问题

农民进行股份合作的基础是享有土地承包经营权，而承包经营权是本权，农地股份则是因本权派生出的权利。在土地承包经营权发生权利的转移或者终止的时候，必然影响参与合作的农地股份权利。实践中，因土地承包经营权的流转或者承包人死亡而又没有继承人、继承人已经不符合基本的要求的原因（如户籍已经迁移出该集体经济组织），从而使得股份合作的农地权利发生转移，在这种情况下应该如何处理是当前较多发生矛盾的问题。另外，随着我国城镇化进程的加快，原本从事农业经营的村民已经变成了市民，村集体的土地也都变成国有土地。在这个过程中，农民原本以农地承包经营权作为股份组建的经营主体，则应该如何转化和处理，也是十分棘手的问题。在缺乏统一制度设计的情况下，目前各地的做法各异且违法现象较为严重，通过立法进行规范也尤为必要。

由于已经存在的股份合作组织有很多属于社区统一组合的类型，其中均存在较大比例的集体股，加之这类的社区一般已经完成了城镇化，农民的土地承包经营权也已经事实上终止。因此，这与此类股份合作组织就不宜再继续作为农地的股份合作对待。但是鉴于这类组织大都有由原来的农地股份合作衍生而来，因此对于此类组织的基本法律问题也应该在立法中一并予以解决。

六　结语

农地股份合作制产生的土壤是新中国建立后形成的土地集体所有制，农地股份合作组织与公司、合伙等传统商事主体及合作社组织都存在主体性差异，具有自己独特秉性。农民土地承包经营权的股权化对我国农村社会和城镇化步伐都产生了重大影响，已经成为一项十分重要的制度，农地股份合作组织的统一立法对于解决当前城镇化进程中许多侵害农民利益、土地资源分配严重不公的状况起到积极作用。相关的立法活动应该实现与《土地承包经营法》《土地管理法》《公司法》《破产法》《物权法》《合作社法》等现有法律制度规范的衔接和协调，使一制度设计既体现我国的国情又能够促进经济与社会的更好发展。

第十章　集体建设用地使用权
制度立法改革评述[*]

城乡二元土地制度长期以来备受诟病。党的十八届三中全会作出的《中共中央关于全面深化改革若干重大问题的决定》明确要求：建立城乡统一的建设用地市场，在符合规划和用途管制前提下，允许农村集体经营性建设用地出让、租赁、入股，实行与国有土地同等入市、同权同价。为实现十八届三中全会的决定精神，尽快实现集体建设用地使用权与国有土地的"同权同价"，2015 年 1 月，中共中央办公厅和国务院办公厅联合印发了《关于农村土地征收、集体经营性建设用地入市、宅基地制度改革试点工作的意见》，于 2015 年 3 月至 2019 年底的全国 33 个试点县（市、区）就"三块地"暂时调整实施土地管理法的实验性运行与经验总结，这标志着我国新一轮的农村土地制度改革进入启动阶段。而按照中央全面深化改革领导小组第七次会议的要求，"坚持土地公有制性质不改变、耕地红线不突破、农民利益不受损三条底线"，是本轮农村土地制度试点改革的前提，也是立法改革的前提。正是在三条底线和试点的基础上，才实现了《土地管理法》和《中华人民共和国土地承包法》（以下简称《土地承包法》）这两部重要的农村土地立法的修改，为贯彻落实十九大以来的乡村振兴和农业农村优先发展的理念提供了立法支持。

一　本轮农村集体土地使用权制度立法改革的两大动因

本轮以农村集体土地使用权的流转为目标的改革主要体现为两个大的

---

* 本章主要内容发表于《山东科学大学学报》（社会科学版）2021 年第 1 期。

热点问题：一是农村农业用地的"三权分置"改革；二是农村集体经营性建设用地的流转问题。前者主要关涉《土地承包法》的修改，后者则是《土地管理法》修改的关键问题。而尽管这两个问题均可以归纳为农村集体土地使用权制度的改革，但其实二者的立法改革的动因是完全不同的。

1. 农地"三权分置"改革的动因是农地利用效率

孙宪忠指出：目前在立法和政策落实方面引起广泛关注的"三权分置"，其实就是要解决农民土地权利确定给家庭或者个人之后，建立适度规模化农业所应该解决的法律障碍问题。显然，一家一户占有小块分散的零星土地自耕经营，这是完全没有出路的原始农业。在我国，因为特有的国情因素，这种经营方式还产生了中国特有的群体性的化学农业，不仅导致农产品质量下降，从本质上妨害人民健康，而且也严重损害了中国农业。所以中央文件中提到"坚持集体所有权、稳定农民家庭承包权、搞活经营权"的"三权分置"，就是要给适度规模农业建立法律制度基础。陈小君认为，农村土地的"三权分置"是在坚持我国土地所有制的基础上将土地承包权和经营权分置，不涉及对集体土地所有权的调整，通过对农村土地产权结构的调整，以及对立体化土地权利的重新分配，提高农村土地的利用效率，由此可以使农村土地充分被利用，也体现了社会主义制度下的公平原则。[①] 龙卫球指出：2014 年开始，中共中央和国务院的联合文件正式提出，在所有权与土地承包经营权分离的基础上，再将土地承包经营权拆成承包权和经营权的农地物权变革思路。到此，以促进流转、优化规模经营、增加抵押权能为目的的农用地"三权分置"方案，从经济学界、法学界的主张，完成了到政策性文件肯定并推动修法的蜕变和升级。[②] 显然，农地"三权分置"改革缘起于农地利用效率的诉求，无论这一制度设计与传统的物权法律制度有多么远的距离，都未能阻碍三权分置理论通过修法深深地植入我国的财产权的法律体系。

---

① 陈小君：《土地改革之"三权分置"入法及其实现障碍的解除》，《学术月刊》2019 年第 1 期。

② 龙卫球：《民法典物权编"三权分置"规范的体系设置和适用》，《比较法研究》2019 年第 6 期。

由于效率和规模化经营并非法律的基本价值目标，而是作为经济学的语汇经常性地出现在各种政策性文件中，因而当这样一种与公平、正义的法律价值存在一定疏离性的目标成为一种法律制度的追求时，便不可避免的产生嫌隙和不适。就此问题，陈小君教授指出：政策与法律是不同的两条思维路径和两套话语体系，若丢却法治思维、法律逻辑、立法体系及其语言特点，全整刻板套用政策用语，结果必定是出现逻辑混乱的制度缝隙，欲速则不达。遗憾的是，当下相关的《土地承包法修正案》和民法典分则草案都有所脱离法制体系和价值目标的特质。① 农地"三权分置"在我国法学界的争论也印证了陈小君教授的判断。时至今日，尽管土地经营权已经在立法上独立于承包经营权一年多时间，但是法学界对其性质并未形成一致的意见。孙宪忠教授认为，土地经营权是土地承包经营权人行使其权利而设定的次级用益物权……在立法论层面，未来我国民法典物权编应当将土地经营权上升为法定的用益物权，进而实现土地经营权的法定化。② 蔡立东认为，以大陆法系传统"所有权——用益物权"权利构架的制度逻辑及对《物权法》第 117 条的解释为依托，以家庭承包方式取得的土地承包经营权在流转中分置为土地承包权与土地经营权，土地经营权是土地承包经营权人基于对其权利的处分设定的次级用益物权。③ 房绍坤也持相同的观点，认为，土地经营权应定性为不动产用益物权。④ 而高圣平教授持不同的观点，认为，土地承包经营权应纯化为具有身份性质的财产权，土地经营权应定性为物权化的债权。⑤

显然，当一种缺乏法学基本构造的现实目标要植入内涵和外延都极其精密的物权制度时，必然产生不良反应。这种不良反应对于法学界以外的人士看来可能是不可理喻的，而对视逻辑严谨和物权法定为生命的物权法学者看来则是决不能丝毫含混的。于是，在农地"三权分置"被最高决策当局提出来多年以后，土地经营权最终成为新修改的《土地承包法》

① 龙卫球：《民法典物权编"三权分置"规范的体系设置和适用》，《比较法研究》2019年第 6 期。

② 孙宪忠：《固化农民成员权　促经营权物权化》，《经济参考报》2017 年 1 月 17 日第 8 版。

③ 蔡立东：《土地承包权、土地经营权的性质阐释》，《交大法学》2018 年第 4 期。

④ 房绍坤、林广会：《土地经营权的权利属性探析》，《中州学刊》2019 年第 3 期。

⑤ 高圣平：《农地三权分置改革与民法典物权编编纂》，《华东政法大学学报》2019 年第 2 期。

的核心成果，然而我们从立法条文的表述中却看到的是相当令人困顿的结果。该法第 41 条规定："土地经营权流转期限为五年以上的，当事人可以向登记机构申请土地经营权登记。未经登记，不得对抗善意第三人"。对此结果，有学者指出：由于新修订的《农村土地承包法》对土地经营权的定性采取了"搁置""暧昧"态度，学术界对土地经营权之权利属性的争议从修法前的制度设计延续至修法后的法律解释和适用，并出现了"权利属性不明确说""债权说""二元定性说""三类土地经营权分属不同性质说"四种解释结论。以目的解释为主导，兼顾"内外关系和谐"和"不与法条文义相反"的要求，新承包法中的土地经营权首先应区分为设定于土地承包经营权之上的土地经营权和设定于土地所有权之上的土地经营权两大阵营，而每一类型土地经营权又均应解释为包含物权性土地经营权和债权性土地经营权两种权利类型。[1] 应当说，尽管农地"三权分置"入法，带来了与既有物权法理论的冲突，但是由于农地利用的低效已经成为困扰中国粮食安全的一大隐患，法学界人士最终被动地接受了这一观念的合理性，并在此基础上艰难的推进了相关的立法。显然，围绕着土地经营权性质的争论还会持续一个较长的时间。

2. 农村集体建设用地流转制度改革的动因是实现"同价同权"

我国当前城乡二元经济社会结构之所以难以突破，很大程度上源于原《土地管理法》的第 43 条规定："任何单位和个人进行建设，需要使用土地的，必须依法申请使用国有土地"。这条规定直接导引出了进入 21 世纪以来，我国各地地方政府依靠对集体土地的征收制度而建立起的土地财政，深刻地影响了我国近二十年来的城乡社会。原《土地管理法》第 43 条客观上引发了因征地而积累的巨大社会矛盾，进一步加剧了城乡的差距和农民的弱势地位。农村集体建设用地不能与国有建设用地同等入市、同权同价，使得国有和集体两种公有制之间产生了巨大的不公平，加之宅基地取得、使用和退出制度不完整，使农民的住房价值难以体现，在面对城镇化大潮无法获得有效的财产性保障。对此，李克强总理多次强调，要坚持从实际出发，因地制宜，深化农村土地制度改革试点，赋予农民更多财产权利，更好保护农民合法权益。地方政府对农民和农村集体利益触目惊

---

① 　宋志红：《再论土地经营权的性质》，《东方法学》2020 年第 2 期。

心的损害，令决策当局最终下定决心，对农村土地征收、集体经营性建设用地入市、宅基地制度改革这关系农民切身利益的三项工作进行试点，并在试点基础上对《土地管理法》的相关制度进行了修改。

从《土地管理法》的修改来看，对土地征收规定了较为严格的公共利益界定标准，采取列举方式明确：因军事和外交、政府组织实施的基础设施、公共事业、扶贫搬迁和保障性安居工程建设需要以及成片开发建设等六种情形，确需征收的，可以依法实施征收。在政府征收严格限制的基础上，《土地管理法》第 63 条又增加了新的规定："土地利用总体规划、城乡规划确定为工业、商业等经营性用途，并经依法登记的集体经营性建设用地，土地所有权人可以通过出让、出租等方式交由单位或者个人使用"。正是这条规定，在制度上结束了原土地管理法所规定的建设用地的国家垄断，使得集体建设用地使用权能够获得立法的认可和流转。因此，从《土地管理法》修改后的条文可以清晰地看出决策层希望能够限制地方政府滥用征地权，实现集体建设用地和国有土地的同权同价。

制度上对集体建设用地流转的松绑并不意味着农村建设用地真的就能够轻易地进入市场化的交换环节。因为即使是作为集体建设用地改革标志性条款的第 63 条，也对可以流转的集体建设用地的范围进行了严苛的限制。在这一条文并不算多的文字中，可以解读出多重的限制性含义：首先，能够入市进行流转的只能是经营性建设性用地，如果是公益性的土地或者是居住性的宅基地都不在此次土地管理法修改的允许流转的范围；其次，集体经营性建设用地必须是在土地利用总体规划、城乡规划中确定为工业、商业等经营性用途，而这一规定最容易让人迷惑的是"商业"用途是否包括房地产开发？就此问题，从土地管理法的条文看也比较的晦涩。单纯从《土地管理法》来看，很难做出准确的判断，因为按照其第 4 条的规定，"建设用地是指建造建筑物、构筑物的土地，包括城乡住宅和公共设施用地、工矿用地、交通水利设施用地、旅游用地、军事设施用地等"，其中并未出现"商业"用途。而解决这一问题，必须参照《物权法》第 137 条的规定，该条规定把工业、商业、旅游、娱乐和商品住宅等经营性用地是进行了类型化的区分，显然按照物权法的规定，《土地管理法》第 63 条所规定的"商业用途"并不包括旅游、娱乐和商品住宅，而主要是狭义上的从事商品销售活动的行为，它与广义上的从事营利性活动的"商业"是存在极大区别的。按照 1990 年国务院颁布的《中华人民共和国城镇国有土地使用权出让和转让暂行条例》第 12 条的规定：居住用地土地使用权为 70 年，工业用地 50 年，而商业、旅游、娱乐用地只有 40 年。显然，土地管理法修改后集体经营性建设用地是不能用于房地产开发的。再次，集体经营性建设用地必须在依法登记后才能进行流转。但是在实践中，按照原国土资源部《关于启用不动产登记簿证样式（试行）的通知》所附不动产登簿样式中，土地所有权登记信息只要求登载农用地（其中耕地、林地、草地、其他）、建设用地、未利用地的分类面积，并不登记属于集体建设用地的地块。由此可见，并无所谓集体建设用地所有权的登记，只有集体土地所有权的登记。这样，就《土地管理法》第 63 条所规定的集体经营性建设用地登记问题，又发生了一个疑问，即实践中并没有对集体经营性建设用地进行专门的登记。对此问题，高圣平教授认为，"只要集体土地所有权已经登记，其所涉地块被规划确定为工业、商业等经营性用途，即可在其上设立集体（经营性）建设用地使用权"[1]。从土地管理法修改后，集体经营性建设用地的入市操作可能性判断，高圣平教授的观点固然具有合理性，但是从该法第 63 条字面含义分析，同时结合实践中除早些年兴办乡镇企业占用的土地之外，集体土地所有权很多并未进行登记，因此对于集体经营性建设用地进行专门的登记似乎更加妥帖。

从以上分析可以看出，尽管按照新的土地管理法，农村建设用地使用权流转的禁止性规定被打破，集体建设用地获得了与国有建设用地"同等入市、同权同价"的立法地位，但是由于土地管理法对集体建设用地施加了限制性条件，所谓的"同等入市"其实只不过是一种主观的想法。对此问题，有学者早在土地管理法修改之前就指出：泛泛讲集体土地入市是不对的，而是要不同的地入不同的市。即使集体经营性建设用地即乡镇企业用地也只能入工业用地的"市"而不能入房地产的"市"，否则就不是同地同权而是越权超权。[2] 就土地管理法修改的条文表述来看，这位学

---

[1]　高圣平：《论集体建设用地使用权的法律构造》，《法学杂志》2019 年第 4 期。

[2]　华生：《土地制度改革的焦点分歧—兼答天则经济研究所课题组的商榷》，《上海证券报》2014 年 3 月 12 日 A01 版。

者的判断显然是正确的。正因如此，陈小君教授认为，新法关于集体建设用地入市的让利有限，该制度的改革宣示意义大于实际效果①。一言以蔽之，启动农村集体建设用地的流转制度改革的目标——集体土地和国有土地的权利平等并未通过立法修改得以完成。

二 本轮集体土地制度立法改革的主要特征

1. 立法改革利益考量的复杂性

正如前文所述，几乎同时启动的农地"三权分置"改革和农村集体经营性建设用地制度的改革，二者的立法改革目标其实是完全不同的。农地三权分置的目标是通过农地经营权的独立，实现农业的规模效益，这是以效率为价值追求的改革举措。而农村集体经营性建设用地制度的改革则立足两种公有制形态的土地类型，力图在立法上实现二者的"同价同权"。所以，本轮以农村集体土地使用权的流转为总取向的改革进程，包含了非常复杂的利益考量，很难用一句话概括。正如习近平总书记所指出的，土地制度是国家的基础性制度，农村土地制度改革是个大事，涉及的主体、包含的利益关系十分复杂，必须审慎稳妥推进。改变分散的、粗放的农业经营方式是一个较长的历史过程，需要时间和条件，不可操之过急，很多问题要放在历史大进程中审视，一时看不清的不要急着去动。

应该看到，本轮农村集体土地使用权制度的改革是在我国新型城镇化加速、乡村振兴战略深入推进的进程中所实施的，这一进程既需要持续性的推进农村人口的市民化又要保证乡村振兴对人才的需求，既要挖掘和充分发挥农村各种要素的市场价值又要确保粮食安全和生态文明，既要解决城乡要素流动不顺畅、公共资源配置不合理等问题又要防止因工商资本下乡而带来的非农化对乡村生态和农业的破坏，既要破除城乡二元土地制度对农民利益的损害又要对地方政府的土地财政有所考虑……本轮集体土地使用权改革正是在这样一个错综复杂的利益格局中展开，因此，我们在对

---

① 陈小君：《新时代治理体系中〈土地管理法〉重要制度贯彻之要义》，《土地科学动态》2020 年第 2 期。

《土地管理法》的修改条文表述中便感受到了非常犹豫的态度，尽管改革大的方向是朝着更加有利于土地资源的市场化配置发展，但是又不得不对几十年来也已形成的计划色彩浓重的体系有所忌惮。显然，作为整个城乡二元架构改革中的关键一环，这一改革中所包含的异常复杂的利益格局也是必然的。

2. 立法改革内容的妥协性

本次《土地管理法》的修改，对农民利益的保护体现得非常明显，在该法第47条详细规定能够了被征地的农村集体经济组织和农民在整个征地过程的知情权、参与权和监督权。该法的第48条规定：征收土地应当给予公平、合理的补偿，保障被征地农民原有生活水平不降低、长远生计有保障。同时要求征收土地应当依法及时足额支付土地补偿费、安置补助费以及农村村民住宅、其他地上附着物和青苗等的补偿费用，并安排被征地农民的社会保障费用，应该说在立法上较好的保护了被征地农民的利益。本次《土地管理法》修改最大的进步就是删去了原来关于"从事非农业建设使用土地的，必须使用国有土地或者征为国有的原集体土地"的规定。同时明确：为了公共利益的需要，可征收农民集体所有土地的其他情形等六种情形。有学者认为：本次修法对公共利益范畴的明确界定压缩了政府权力对农村集体权利的挤占空间，为解决公权与私权冲突问题提供了源头治理的规范。① 但是，《土地管理法》第45条所对公共利益的列举式规定却引起了极大的争议，因为该条规定把"经省级以上人民政府批准由县级以上地方人民政府组织实施的成片开发建设"与军事和外交需要用地、政府组织实施基础设施建设、公共事业、保障性安居工程等情况并列为"为公共利益"的情况之一，这显示出本次征地制度改革极大的妥协性。有学者指出：（新《土地管理法》第45条的规定）不仅使得经营性建设用地集体土地征收得以保留，而且还披上了公共利益需要的外衣。从建立土地征收制度的国家和地区看，立法上普遍的做法就是为公共利益的识别和判断建立一个程序性的认定机制……由于我国公益性的土地征收制度一直没有建立起来，因此，土地征收中有关公共利益程序性的认定机制的建

---

① 刘艳：《〈土地管理法〉修法逻辑对农村集体经济发展的指引》，《中国合作经济》2019年第9期。

立也就无从谈起，现行的《土地管理法》没有有关公共利益认定程序的规定。① 把"成片开发"列入公共利益的范畴，与限制征地范围的立法初衷背道而驰，体现了本次立法修改对地方政府土地财政现实的妥协，这一结果的确是既在意料之外又在情理之中。

同样的情况也出现在了《土地承包法》的修法中。本来，农地"三权分置"概念的提出就自然包含着"经营权"是一种用益物权的含义，因为如果仅是一种债权完全可以通过合同进行规范，没有必要通过立法的修改进行专门的规定。同时，尽管有不少的物权法学者对经营权独立持有不同意见，但是"三权分置"已经经过了法学界的较为充分的讨论，随着决策层的力推以及在试点地区的推广，学界对"三权分置"的技术性难题已经达成了较为一致的共识。然而，令人遗憾的是，在《土地承包法》修改过程中，却回避了农地经营权的性质问题，这种做法显然不符合民商法学界的主流观点。有学者就此指出，"搁置土地经营权定性争议"只是一厢情愿的设想，该问题并无法被真正搁置。在立法中，立法草案在进行土地经营权的制度设计时，并无法摆脱土地经营权定性争议的影响，妥协折中的结果就是忽而物权，忽而债权，或者是将部分物权权能和部分债权权能全部收入囊中，从而使得该种权利之权能呈现出"既像物又像债""既不完全像物又不完全像债"的乱象。② 显然，尽管《土地承包法》在立法上确立了"三权分置"制度，但是由于其未明确农地经营权的法律性质，而使得这一改革的实效大打折扣，也为下一步民法典物权编的订正理下了难以理顺和回答的问题。

3. 立法改革成果的阶段性

立法的修改是一件十分严肃、程序相当烦琐的事情，一般而言立法不应频繁的修改，立法一旦颁布需要保持相当一个时期的稳定性。然而，我国本轮农村集体土地使用权制度的改革，在立法修改的背景和结果上都体现出较大的阶段性特征。关于这一点，主要体现为以下几个方面：一是作为民事基本法的民法典物权编，其修改并纳入整个民法典体系已经是迫在

---

① 王克稳：《〈土地管理法〉〈城市房地产管理法〉修改与经营性建设用集体土地征收制度改革》，《苏州大学学报法学版》2019 年第 4 期。

② 宋志红：《再论土地经营权的性质——基于对〈农村土地承包法〉的目的解释》，《东方法学》2020 年第 2 期。

眼前的事情，且早已以草案的形式向全社会公示，而《土地管理法》和《土地承包法》作为《物权法》的下位法，理应在民法典颁布后，再根据《民法典》《物权法》的规定进行修改。现在《土地承包法》率先修改，必然面临物权编的规范依据下位法的内容制定的反常情况，尤其是土地经营权是否是物权并未涉及的情况下，给民法物权编的立法额外带来了负担。一旦某一项制度寄希望于《民法典》，而《民法典》又没有纳入调整范围，则还需重新返回头来对专门法进行再次修改。对此问题，有学者指出：2019年12月公开征求意见的《民法典（草案）》第332条规定："耕地的承包期为30年，承包期限届满，由土地承包经营权人依照农村土地承包的法律规定继续承包。"这里将延包的依据明确限定为"农村土地承包的法律"，但问题是新修订的《农村土地承包法》并没有延包的具体规定，如果不对这条规定做出修改，就意味着中央关于延包的政策成熟后还必须通过修改《农村土地承包法》予以落实。[①] 二是农村宅基地的"三权分置"试点已经开始，本轮《土地管理法》的修改尽管增加了不少维护农民宅基地权益的条款，但是却未能将宅基地的"三权分置"包含在内。随着农村合村并居的大规模展开，农村宅基地使用权迫切需要获得立法的确认。因而可以预见在不久的将来我国将再次启动《土地管理法》的修改，以便把宅基地三权分置的试点成功纳入立法。三是本轮主要涉及农村集体土地使用权制度的改革，但是由于农村集体土地制度是一项牵一发而动全身的改革，必须从全局的高度进行系统性的改革，如果单纯地只是对农村集体土地制度的改革其实效将收效不大。从本轮改革的情况来看，应该说立法者也顾及到了这项改革的系统性，譬如在赋予农村集体经营性建设用地流转权利的同时，也对《城市房地产管理法》的相关规定进行了修改。在该法的第9条"城市规划区内的集体所有的土地，经依法征收转为国有土地后，该幅国有土地的使用权方可有偿出让"的基础上，增加了"法律另有规定的除外"，在理论上为城市规划区内的集体经营性建设用地的入市交易预留了空间。而事实上，《城市房地产管理法》第9条的修改只具有象征意义。因为按照《土地管理法》的规定，处于城市规划区内的集体经营性建设用地是不能用于房地产建设的。因此，如

① 刘锐：《土地制度建设应突出"五化"》，《中国土地科学》2020年第2期。

果要真正把《房地产管理法》的修改目的落到实处，还需要对《土地管理法》第63、64条的规定进行进一步修改。① 从以上三个方面的问题可以断言，本轮农村集体土地的修法只是阶段性的行为，未来我国在这一领域的立法和修法活动还将处于较为频繁的状态。

三 集体土地使用权立法改革的未来走向

本轮围绕着农村集体土地使用权进行的改革，随着《土地管理法》和《土地承包法》的修改而告一段落。根据上文的分析，本次改革的确存在着不少问题，而且改革后的立法条文与改革初衷设定的目标也出现了不小的背离。然而，并不能就此认为本轮以农村集体土地使用权为核心的立法改革是失败的，虽然具有妥协性和阶段性的问题，但修法后的诸多规范与改革前的立法规范相比还是取得了较大的进步。如：通过宣示性的规定使得城乡土地平等入市、公平竞争的观念开始深入人心，从而为实现土地资源的市场化配置打下了基础；通过对农业用地的"三权分置"立法，为农地利用效率的提高提供了制度保障；通过严格集体土地征收程序、缩小征地范围，规定被征地农民较高的多元保障措施，使得因征地而损害农民利益的状况得以根本扭转；通过建立农民对宅基地的内部自愿有偿退出和转让制度，保护了进城农民的财产权益，同时也较好地发挥了农村空置宅基地的价值，等等。值得一提的是：本轮农村集体使用权制度改革是党的十八大以来，党中央、国务院提出生态文明战略和乡村振兴战略，下大力气解决城乡二元结构问题，重塑城乡融合关系的大背景下展开的，城乡二元土地制度作为城乡二元结构中最为核心、改革难度最大的一环，必然成为宏观城乡关系改革进程的标杆，

---

① 我国《土地管理法》对可以入市的集体经营性建设用地进行了严格的限制，即只限"土地利用总体规划、城乡规划确定为工业、商业等经营性用途"的集体经营性建设用地。虽然新《土地管理法》第63条对集体经营性建设用地可否进入房地产建设市场未作规定，但该法第64条规定，集体建设用地的使用者应当严格按照土地利用总体规划、城乡规划确定的用途使用土地。依这一规定，集体经营性建设用地使用权人只能按土地利用总体规划、城乡规划确定的用途使用土地，由于规划为集体经营性建设用地主要是工业和商业用途，这也就意味着集体经营性建设用地不可能进入房地产建设市场。

而由于其中涉及的利益关系的复杂性，想要在这一问题上毕其功于一役是不现实的。可以预见的是，我国围绕着农村集体土地使用权制度的改革还将持续不断地进行下去，无论是立法、司法、政府、学界还是身处改革洪流中的农民自身，都会高度关注这项改革。在立法改革目标阶段性实现的当下，我们就未来一个时期农村集体土地使用权制度的改革可以作一个方向性的分析和研判：

（一）集体土地使用权应作为法定的用益物权类型纳入立法

"集体土地使用权"是与"国有土地使用权"相对应的概念，由于物权法上并未规定"国有土地使用权"，因此似乎也没有必要专门就集体土地使用权做出规定。这恐怕就是集体土地使用权并未作为一个统一的物权类型受到学术界关注的主要原因。对此问题笔者认为，尽管我国《物权法》上并没有专门规定"国有土地使用权"，然而我们从《物权法》的条文表述来看，《物权法》用益物权编所规定的建设用地使用权实际上就是国有土地使用权，按照该法第 135 条的规定："建设用地使用权概念：建设用地使用权人依法对国家所有的土地享有占有、使用和收益的权利，有权利用该土地建造建筑物、构筑物及其附属设施"。这一条文虽然名为建设用地使用权，但是，并未包含集体土地的建设使用权，所以《物权法》135 条名不副实，这是一条名为建设用地使用权实际为国有土地使用权的规范。有学者认为，《物权法》中"建设用地使用权"的前身，是我国《城市房地产管理法》中的"国有土地使用权""国有土地使用权"是在国家土地所有权基础上，利用国家土地所有权中的使用权能而派生出来的一项独立权利。将国有土地上的建设用地使用权上升为民法上的用益物权，而对集体土地上的非农建设用地使用权未加以规定，导致该项权利性质不明，也就直接造成农村集体土地制度改革中涉及的集体土地使用权流转受限问题。① 无论是从立法条文设计的逻辑规范要求，还是从农村集体土地的价值发现来看，均应在《物权法》上对集体土地使用权的概念进行专门的立法规范设计。表面上看，我国《物权法》以农村土地承包经营权、宅基地使用权等次级概念取代了集体土地使用权，因此，即使没有

---

① 魏秀玲：《我国土地权利法律体系改革的路径思考》，《政法学刊》2019 年第 8 期。

集体土地使用权的概念，对现实生活也没有很大的影响，这样的理解其实是相当有害的。因为，按照现行的物权法，无论是农村的经营性建设用地使用权还是城镇集体土地使用权，都难以受到物权法的调整。而这一制度恰恰又是与我国长期以来地方政府所倚重的土地财政相适应的，这也充分说明了为什么我国物权法上找不到关于集体土地使用权的制度设计，因为这个概念是有意地回避了。

从近年来法学界的讨论情况看，大部分学者主要围绕着三权分置的制度设计展开研究，焦点问题主要集中在耕地经营权的性质、宅基地资格权与经营权的性质等问题，缺乏对集体土地使用权的总体设计，这也造成三权分置理论在面对实践中各种具体的集体土地权利时，难以获得应有的立法改革指导。对此问题，有学者指出，"三权分置"指导思想下，农村集体土地改革普遍遵循"权利分立—权能流转—融资担保"的推进逻辑，对各类集体土地而言是可复制、可推广的路径。[①]但是，由于没有统一的集体土地使用权的制度设计，使得各种类型的集体土地使用权的权能流转和融资能力均处于混沌状态，相关的讨论每每受制于长期以来形成的具体制度的藩篱而不能完成有效的理论梳理。因此，农村集体土地的三权分置改革需要把集体土地使用权作为一个法定概念获得立法的规范，在此基础上进一步的探讨集体土地使用权用益物权性质和流转、融资能力问题。否则，抛弃集体土地使用权的概念直接进入经营性建设用地、宅基地和耕地等具体的具体土地形态，必将受困于各种专门立法的限制性规范，从而对集体土地使用权的权利属性无法做出合乎逻辑和法理的判断。《土地承包法》对于土地经营权属性的模糊规定，反映了我国在立法上对"三权分置"理论仍存在较大的分歧。面对三权分置理论在立法和理论上的困境，有学者认为，不应当仅将三权分置的理论局限于土地承包经营权和宅基地使用权，而是应当将这种做法扩张到所有的土地使用权，统一构建一个第三层次的土地权利——用益物权。将三权分置理论植入民法典物权体系内，并提出三层次土地权利体系：土地所有权（国家所有和集体所有）——土地使用权（国有建设用地使用权、宅基地使用权、土地承包

---

① 黄健雄、郭泽喆：《农村集体土地"三权分置"普遍性问题及其立法应对》，《宁夏社会科学》2019 年第 4 期。

经营权和集体建设用地使用权）——用益物权（地上权、土地经营权、地役权和限制的人役权）与担保物权（土地抵押权）。① 该学者虽然把国有建设用地使用权和集体土地使用权作为统一的土地使用权看待，但是实际上还是进行了区分，同时把所有的土地使用权均作为一类大的用益物权，因此与本文的观点比较接近。有学者提出对现行《物权法》的用益物权体系进行全面的解构和重构：应对土地使用权用益物权的完整体系进行考量修订完善，建立国有土地使用权、农村集体土地使用权、地役权3大用益物权体系，其中，国有土地使用权项下涵盖建设用地使用权、土地租赁权，集体土地使用权涵盖耕地权、承包经营权、土地经营权、宅基地使用权、非农建设用地使用权等。② 如果说，现行的物权法体系和农村集体土地的立法规范适应了从前的社会经济发展的要求，那么在新的三权分置土地架构下，却使得集体土地使用权的作为法定用益物权的立法设计问题变得越来越重要了。集体土地使用权入法不仅仅是出于概念的严缜和逻辑的顺畅考量，更重要的是，为了适应三权分置立法改革目标的实现。实践证明，在缺乏统一的集体土地使用权的概念设计情况下，农民和村组集体的利益更容易遭受外部的损害。

（二）宅基地"三权分置"改革的立法规范

由于宅基地的"三权分置"有助于农民财产性权益的保障和流转，进而促进宅基地土地资源的有效利用，避免空心村大量闲置土地的出现，因而宅基地三权分置改革符合各方的利益，必将深刻影响我国今后很长一个时期的乡村面貌。而本轮《土地管理法》的修改尽管突出了农民宅基地的财产属性，但是对于宅基地"三权分置"问题并未涉及。我国是否能像欧美国家那样制定专门的立法，促进和规范村庄的合并尚是后话，但是宅基地的三权分置改革已经被列入了最高决策文件。2019 年由中共中央、国务院发布的《关于坚持农业农村优先发展做好"三农"工作的若干意见》（中央一号文件）要求，"稳慎推进农村宅基地制度改革，完善

①　席志国：《民法典编纂中的土地权利体系再构造——三权分置理论的逻辑展开》，《暨南学报》（哲学社会科学版）2019 年第 6 期。

②　魏秀玲：《我国土地权利法律体系改革的路径思考》，《政法学刊》2019 年第 8 期。

制度设计，抓紧制定加强农村宅基地管理指导意见，研究起草农村宅基地使用条例，开展闲置宅基地复垦试点"。而事实上，在"宅基地所有权、资格权、使用权的三权分置"首次被 2018 年的中央一号文件确定之后，法学界对于宅基地三权分置的讨论已经渐次活跃，尽管学者们对此看法往往大相径庭。如韩松教授认为，"三权分置"并没有改变宅基地是农民住房用地的性质，解决农民宅基地闲置和房屋空余问题，提高资源配置效率，不只是宅基地使用权本身的改革，也不是单纯地对宅基地使用权赋权扩能的问题，而是从落实集体土地所有权，保障农民资格权和房屋财产权，适度放活宅基地和农民房屋使用权等方面的综合改革。[①] 而围绕着宅基地三权分置后的宅基地使用权的性质，刘凯湘、高圣平等学者都认为属于一种法定租赁权，而宋志红则认为，基于"房地分离"的宅基地法定租赁权设想在解决当前宅基地权利制度面临的挑战上存在很大的局限性。通过制度设计将农户享有的无偿无期限限制的宅基地使用权转变为有偿有期限限制的集体建设用地使用权，从而克服其拥有主体的身份限制，在土地用途管理分类上，宅基地被视为建设用地的一种类型；从实践操作看，宅基地向建设用地转变既便利又普遍。[②] 而长期从事三农问题研究的靳相木教授也持有相似的观点：一面是宅基地农户资格权的独立成权，让农民的身份性居住保障权找到新的权利载体；另一面就是将现行宅基地使用权转型纯化成为典型用益物权，可以转让、出让、出租和抵押。只有这两个方面改革的同步联动，形成全新的宅基地农户资格权、宅基地使用权，再加上中央一号文件讲的"落实宅基地集体所有权"，才称得上宅基地"三权分置"。而单纯将宅基地租赁权物权化，这其中的法理逻辑及立法例其实早已有之，实在没有必要冠之"三权分置"的新名词。[③]

法学界的目光显然大部分集中在了宅基地使用权的资格性、权利的有限性和享有主体的内部性等问题上，这些问题由于与一般的物权属性存在差别，因此当然具有极大的理论价值值得探讨。但是，与一般的对待物权的偏好相同，法学界更多地偏向于对宅基地归属的保护，而非是对宅基地

---

① 韩松：《宅基地立法政策与宅基地使用权制度改革》，《法学研究》2019 年第 6 期。

② 宋志红：《乡村振兴背景下的宅基地权利制度重构》，《法学研究》2019 年第 3 期。

③ 靳相木等：《宅基地"三权分置"的逻辑起点、政策要义及入法路径》，《中国土地科学》2019 年第 5 期。

流转的强调。而事实上，只有充分的流转才有意义，否则宅基地使用权可能一分不值。故此，各级政府在考量宅基地的"三权分置"制度设计时，其实主要是看到了通过农户对宅基地的退出，完成宅基地整理面积的增加，能够作为增量的建设用地（可能是通过复垦耕地后再经由增补挂钩的政策实现异地的增量建设用地）而进入市场，从而解决城镇化和经济发展所需的建设用地问题。有学者就此指出，通过大规模"撤村并居"式农民集中居住，复垦和整理农房所占的宅基地，结余的农村建设用地指标，通过"增减挂钩"交易机制，可以获得巨额的土地指标交易收益。正是"增减挂钩"实践运作的巨大发展效益和经济价值，"增减挂钩"这一隐秘的运作机制被各级政府极大化运用，造成了至今热度不减的乡村"土地整治"运动。① 因此，进入新世纪以来，在我国广大农村地区热火朝天的农民上楼运动，说到底是地方政府为获得集体建设用地指标和发展腾挪的空间而积极推进的，旧村改造、撤村并组的目的显然并非为了增加耕地面积。

笔者赞同宋志红、靳相木等学者的意见，在未来的立法中把宅基地使用权转化为一种建设用地使用权，而不要拘泥于宅基地与经营性建设用地的差异性，否则，如果继续沿用当前的耕地、宅基地和建设用地的分类标准，宅基地与经营性建设用地严格的区分，将难以达成宅基地三权分置的真正目的，反而容易作茧自缚，不利于乡村振兴事业的长远发展。

（三）集体土地使用权的主体立法问题

2017 年通过的《中华人民共和国民法总则》第一次以立法的形式确定了农村集体经济组织的市场主体地位，第 96 条规定农村集体经济组织法人为特别法人，这样我国的民事立法结束了农村集体经济组织长期以来法人地位缺失的局面，以特别法人的形式规定了其主体身份，充分体现了我国民法总则在法人制度方面的进步。但是，由于《民法总则》对农村集体经济组织法人只是原则性的规定，要真正实现对该类主体的法人化调整，必须尽快推动专门立法。近年来，上海市、江苏省、浙江省、广东省人大都颁布了《农村集体资产管理条例》，浙江省还颁布了《村经济合作社组织条例》、广东省制定了《农村集体经济组织管理规定》、湖北省也

---

① 周少来：《城乡土地交易的利益分配逻辑》，《中央社会主义学院学报》2018 年第 12 期。

制定了《农村集体经济组织管理办法》，已经为农村集体经济组织的地方立法积累了一定的经验。在 2018 年中央一号文件中要求，要"研究制定农村集体经济组织法"，目前该法已经由农业农村部牵头准备并已列入国家立法规划。

集体土地所有权作为我国公有制的一种类型，与国有土地所有权一样，受到宪法的保护。因此，在民事立法上需要更多的关注使用权（用益物权）问题，而这也是与各国物权法发展的"从注重所有到注重利用"的发展轨迹相一致的。按照我国《土地管理法》第 11 条的规定：农民集体所有的土地依法属于村农民集体所有的，由村集体经济组织或者村民委员会经营、管理；已经分别属于村内两个以上农村集体经济组织的农民集体所有的，由村内各该农村集体经济组织或者村民小组经营、管理；已经属于乡（镇）农民集体所有的，由乡（镇）农村集体经济组织经营、管理。这实际上是一个非常复杂的集体土地使用权主体的立法规范：首先，集体土地使用权既可以由集体经济组织行使也可以由村民委员会行使，究竟何时由集体经济组织行使何时有村民委员会行使并没有明确规定；其次一个行政村内的土地已经由两个或以上的集体经济组织所有，则其使用权也归属于各个不同的村内集体经济组织或村民小组；再次，已经属于乡（镇）农民集体所有的，则由乡（镇）农村集体经济组织行使使用权，这和《物权法》第 60 条第 3 款的规定："属于乡镇农民集体所有的，由乡镇集体经济组织代表集体行使所有权"是完全一致的，但是，目前在我国所谓的乡镇农民合作社组织在政社合一的体制废除后，已经很难找到这类组织的现实存在，更不用说乡镇集体土地所有者的法人地位问题了。另外，按照中共中央、国务院 2019 年 5 月颁布的《关于建立健全城乡融合发展体制机制和政策体系的意见》要求，"建立健全党组织领导的自治、法治、德治相结合的乡村治理体系，全面推行村党组织书记通过法定程序担任村委会主任和村级集体经济组织、合作经济组织负责人"，未来我国农村集体经济组织的负责人将与村支部书记高度重合，这也将对正在改革探索中的集体土地使用权的行使产生重大影响。

由于农村集体经济组织立法制度的建立涉及众多的现行立法，立法活动应该实现与《土地承包经营法》《土地管理法》《公司法》《破产法》《物权法》《合作社法》等现有法律制度规范的衔接和协调。另外，我国农村集体经济组织仍处于城镇化大潮的变革中，不同区域、不同发展阶段的农村集体经济组织对制度的需求也有着很大的差异。有学者指出：在农业大规模走向产业化经营的历史时期，我国仍处于立法产品供给不足的状态，制度体系尚不健全，无法适应当前以及今后相当一段时期的现实需要。[①] 正如该学者所言，党的十九大以来乡村振兴战略的实施，体制机制方面的阻碍越来越明显，其中缺乏农村集体经济组织的主体立法已经成为制约乡村发展的重要因素。总体上看，集体土地作为农村集体经济发展中最为重要的资源和财产，应该处于集体经济组织立法中的核心地位。学界应该以集体经济组织法的起草和制定为契机，对于集体土地相关的理论问题进行充分而深入的研讨，力争解决长期以来困扰理论界和基层管理人员的问题。这些问题主要包括：哪些集体土地应该划入集体经济组织法人？只能是《土地管理法》第63条规定的以工业和商业为用途的经营性建设用地，还是包括耕地、集体公益性建设用地？目前正在进行的村庄改造和土地整理节省出的宅基地能否部分的转为建设用地并划入集体经济组织所有？目前正在进行的集中社区化建设中，一个社区辖多个集体经济组织的情况将予以保留还是进行合并？合并的法律依据是什么？农民以承包经营权入股后，集体经济组织法人如何同时行使集体土地经营权和所有权问题？以村组为单位的集体土地应该建立什么样的集体经济组织问题等？另外，在近年来的集体建设用地流转及三权分置改革试点中，各地形成了一些特殊的集体土地使用权行使的探索途径，如北京大兴区的镇级土地联营公司的统筹入市，广东佛山南海区的区镇整备中心的统筹入市等，均是在保留原集体土地所有权基础上将使用权提级进行的改革探索，对于这些改革途径的合法与否也需要在集体经济组织的立法中予以回应。

四　结语

本轮农村集体土地制度的改革只是阶段性完成了目标任务，从大的立法体系看，它需要倚重相关立法的修改和完善，还需要进行更大范围、更

---

① 卢代富、邵海：《产业化背景下我国农业可持续发展的困境与法律对策》，《法律科学》2013年第5期。

宽视野的筹划。如《物权法》对于建设用地使用权制度的进一步充实和完善,有学者就此问题指出:集体建设用地使用权的"物权化",在我国仍是一项未完成的立法任务。为此,须对《物权法》做出适当修改,即把集体建设用地使用权纳入建设用地使用权范畴(而不是另立类型),从而实现国有和集体两类建设用地的"同地同权"。① 从新近颁布的《民法典》草案物权编的内容来看,集体土地和国有土地"同地同权"的制度设计并未被物权法所采纳,要实现决策当局启动集体土地制度改革的"同价同权"的目标,似乎还需要更长的一段路要走。而当前正在试点实施的宅基地的"三权分置"工作,并未纳入本轮土地管理法的修改议题,相关的立法、修法任务应该很快将列入具体日程,而宅基地三权分置中有关资格权和使用权的性质和特征的讨论已经成为民法学界的热点问题;从更为宏观的角度观察,人们发现要实现集体土地和国有土地的"同价同权",不能仅仅对于民事立法进行完善修改,还需要对现行的宪法规定进行修改。有学者认为,1982 年《宪法》第 10 条规定,城市的土地属于国家所有。这是宪法对城市土地所有权权属的规定,同时也意味着宪法实施后城市范围内那些非国有土地都必须实行国有化,理论上因此将该条解读为这是宪法为实现国家对城市土地的垄断所做的规定。② 因此,对于那些已经划入城市规划范围的集体土地,仍然只有国有化征收这一条流转的途径,这也正是人们所看到的城市近郊乡村不断进行拆迁改造的真实场景。如果不对宪法进行相应的修改,则集体土地使用权的价值也是难以得到应有的体现。反思近年来国家维护农民利益的诸多举措每每在现实中遭遇执行困境,除了地方政府土地财政的诉求较为顽固之外,体制机制上的掣肘恐怕是一个相当重要的原因。共和国已经走过七十多年的历程,而城乡二元结构尤其是城乡二元土地结构仍然极大地困扰着我们。在走向民族复兴的道路上,我们现行的财产权利体系和管理方法是否能够适应未来发展的要求?城乡融合发展的目标能否在一个较为合理的时期内得以实现?这恐怕将是未来集体土地使用权的建构和改革进程中,需要法学界认真思考的问题。

---

① 温世扬:《集体经营性建设用地"同等入市"的法制革新》,《中国法学》2015 年第 4 期。
② 王克稳:《我国集体土地征收制度的建构》,《法学研究》2016 年第 1 期。

第十一章 矿业用地集体处置权改革研究[*]

长期以来，我国按照建设用地国家征收的基本思路，在矿业用地制度的建构中采取了国有化的做法。这一制度设计虽然有利于矿产资源的高效开采，但是给当地的环境和农业发展带来诸多不利影响，我国的大部分矿业用地都伴随着污染、损毁、复垦率低（仅为 10% 左右）等问题，土地补偿数额不合理且被政府截留的现象也非常的普遍，矿业用地的国有化征收已经对农民利益、粮食安全和生态环境构成巨大威胁。因而，对矿业用地国有化体制机制进行深入的观察和检讨，是矿业用地制度改革的前提，也是解决当前我国能源安全与粮食安全矛盾的一个十分重要的环节。

一 矿业用地国有化的制度源起

在世界范围内，绝大多数国家的立法都规定矿产资源的所有权归国家，我国宪法和矿产资源法均明确规定矿产资源属于国家所有，因此有关探矿权和采矿权的取得和设置，我国和国外的通常做法是基本相同的。但是由于我国土地制度的特殊性，导致我国矿业用地的制度设计与国外出现了较大的差异。在我国矿产资源大多位于农村地区，土地属于集体所有，因而就出现了地表下的矿产资源所有权与地表土地所有权的冲突。为了解决这一矛盾冲突，我国在立法上比照一般建设用地的制度设计，建立了矿业用地的国家征收体制，也就是本文所探讨的国有化问题。

从我国立法体系看，并没有专门的针对矿业用地的立法，与矿业用地相关的法律问题一律适用有关建设用地的立法。按照《土地管理法》第

---

* 本文主要内容发表于《社科纵横》2015 年第 3 期。

四十三条的规定："任何单位和个人进行建设，需要使用土地的，必须依法申请使用国有土地"。第四十四条："建设占用土地，涉及农用地转为建设用地的，应当办理农用地转用审批手续"。由于从以上两个立法条文尚不能直接得出矿业用地就是建设用地的结论，也不能必然的认为矿产资源用地应当列入建设用地的范畴。实践中矿业用地的使用程序需按照《土地管理法实施条例》第 23 条的规定进行，按照这一规定，能源、矿山等建设项目确需使用农用地的，建设单位持建设项目的有关批准文件，向土地行政主管部门提出建设用地申请，由土地行政主管部门审查，拟订农用地转用方案、补充耕地方案、征收土地方案和供地方案。正是按照这一条文的规定，我国在管理上把矿业用地纳入建设用地范畴，申请取得矿业用地必须首先申请国有土地的使用权，对于申请使用的矿业用地范围内的集体土地，首先应通过征用变更为国有土地，这就是我国矿产资源开发中的基本用地制度。从国外矿产资源的立法看，矿业权的设立也会由于土地权属的差异而有所不同。在公地上设定的矿业权一般通过政府相关部门的审批程序取得，而在私人土地下矿产资源的勘探、开采则主要是矿业权人通过与土地所有人协商的方式进行，其中租赁是最多采取的一种方式。我国原本也可以采取国外的做法，在矿产资源所处的土地非国有的情况下，通过对集体土地的租赁方式取得，这样就不需变更矿业用地的土地权属。但是，很遗憾我们没有采纳这样的一种制度设计。

　　矿业用地国有化制度设计的实质在于国家对建设用地财产权的垄断，实践中人们对于土地的国有化征收问题更多的是出于对小产权房的关注，而矿业用地国有化较少引起人们的关注。一直以来，矿产资源对于国家经济发展和安全的重要性，又使得集体土地权利人的利益显得微不足道，矿产资源所涉土地的权益被完全的漠视。而矿产资源的国家所有导致人们产生了矿业用地也必须国有的误解，这种立法和思维模式与我国 1949 年以来的一贯做法是一致的——牺牲农业和农村、优先发展工业和城市，这样的发展模式下矿业用地的国有化就变成了天经地义，至于其中到底包含了多少合理的成分，它对于所涉农地的权利人形成什么样的损害，就鲜有人问津了。

　　我国《宪法》第 10 条规定，国家为了公共利益的需要，可以依照法律规定对土地实行征收或者征用并给予补偿。《物权法》第 42 条规定：

为了公共利益的需要，依照法律规定的权限和程序可以征收集体所有的土地和单位、个人的房屋及其他不动产。而在土地管理法实施条例中则列举了能源、交通、水利、矿山、军事设施等五种征收农用地的原因，但是是否所有的能源和矿山建设都属于"社会公益"，却很难获得统一的认识，随着国有矿业企业利润最大化的日益凸显以及私营企业和个人越来越多的介入矿产资源开发，所谓的社会公益为目的已经很难得到有效的证明。时至今日，如果把矿产资源的开采作为公共利益的一种，似乎很难自圆其说。

从我国矿业用地国有化制度的源起看，制度的形成具有非常多先入为主的认识论色彩，同时也体现了似是而非的立法态度。首先它存在两个前设式命题：一是农用地和矿业权的不可共存性，也就是说任何情况下只要农用地下发现了矿产资源，要进行开发的话必须把土地性质变为建设用地，无论该矿产资源的开发是否会影响农业生产；二是国有化的正确性和绝对性，任何其他的利益与国有的利益产生冲突时都要放弃，因此矿业用地国有化即使造成了一定的问题但是其基本的理念不容否认和怀疑。因而即使采矿权的行使已经很难和社会公共利益沾上边，也因为矿产资源本身的国有属性，以及国家对建设用地市场的垄断而不可撼动。但是问题在于，矿业用地的国有化本身是否具有理念的正确性，矿业用地的国家垄断究竟是出于社会公益还是效率考量？如果国家对于矿业用地的征收只是让个别的企业或者个人收益，国有化是否还能像以往一样理直气壮？假如这一系列的问题是存在现实意义的，我们就有必要对这一制度进行重新审视和评价。

二　矿业用地国有化的价值取舍与悖论形成

分析矿业用地国家垄断的原因，就会发现它不同于一般建设用地的国有化征收，因为在一般建设用地的征收过程中，政府能够获得巨额的土地出让金收益从而形成土地财政。矿业用地的国家垄断以矿产资源的国家所有权自然引发，以能源安全、国家利益和社会公益等价值诉求为道德基础，所以较少受到学术界的质疑。但是问题在于：粮食安全、农民利益、环境问题等同样与国事攸关，何以在矿业用地问题上被搁置从而形成价值悖论？目前，我国各地尤其是矿区社会矛盾十分突出，矿业用地国有化过程往往伴随着频发的冲突事件，同时矿业用地利用效率的低效和浪费已经到了触目惊心的地步。据统计，全国 113108 座矿山中，采空区面积约为 134.9 万公顷，占矿区面积的 26%；采矿活动占用或破坏的土地面积 238.3 万公顷，占矿区面积的 47%；采矿引发的矿山次生地质灾害累计 12366 起，造成直接经济损失 166.3 亿元，人员伤亡约 4250 人，面临的地质环境形势十分严峻。[①] 而这种状况的形成与矿业用地制度的国有化有着密切的关系，要改变目前矿业用地制度中存在的众多问题，就需要对国有化的价值取向进行深入探讨。

（一）能源安全与粮食安全的冲突

我国因为地下资源的采掘而改变地表土地权属关系、用途和利益格局的制度设计，体现出十分纠结的价值悖论。由于矿产资源与土地资源有着密切的联系，要进行严格的区分往往非常困难。有学者认为，矿产资源和土地的所有权归属不同，在客观上矿产资源与集体土地混同一体，在现实中要分为主次，必然会产生主体归属上的冲突。在立法上就"你中有我、我中有你"的现实状况，矿产资源与集体土地所有权难以界定。[②] 在这种情况下，必须确定一种解决冲突的基本方案，而矿产资源对于国民经济发展的能源价值就超过了一般意义上的粮食安全和农民生活的安宁，于是包含矿产资源的集体土地就需要做出牺牲。现实生活中，随着矿产资源的勘探、采掘，原居住地的农民或者背井离乡、或者忍受环境和农业生产条件的巨大变异，是个不争的事实。迄今为止，还很少听到有关采矿业通过征地进行采掘合理性的怀疑，这一方面说明农民利益向来不被重视；另一方面也印证了能源安全的利益高于粮食安全的一贯思维。今天，能源结构的变化、传统能源形态对自然和环境的破坏以及生物质能源的兴起，正在对以往的能源安全观产生颠覆性的影响，而在这个过程中，因为能源安全的原因而采取的矿业用地征收制度

---

① 《国土资源部政策法规司司长王守智谈〈矿山地质环境保护规定〉——保护矿山地质环境促进矿区可持续发展》，http://www.gov.cn/zwhd/2009-3-05。

② 康纪田：《矿业权理论研究评述》，《福建警察学院学报》2011 年第 4 期。

其合理性成分正在变得日益稀薄。

（二）国家利益与农民利益、国有大型企业与地方政府的冲突

我国矿业用地的国有化制度体现出了对于矿业能源事关国家利益的理念，矿业在过去对于工业化的推动是显而易见的，这不仅体现在对其他工业部门的原材料供应上，矿业企业本身就能够吸纳较多的就业。根据统计，矿企在有限的生命周期内将为当地解决大量的就业岗位，我国仅在矿业行业从事矿产资源勘查工作的职工就达 1400 万人[1]，正因为如此，很长的时间里，矿业的发展被赋予了较强的国家利益的色彩，矿业用地的国有化设计也就变得天经地义了。由于矿业用地大多位于农村，国有化过程中造成对既有农村土地权利格局的破坏，由此带来的问题包括：失地农民增加导致农民权益受损、社会不稳定因素加剧，农民和集体在土地补偿问题上的话语权缺失，矿业权与矿业用地使用权不能有效的衔接，土地复垦的积极性和利用效率较差，国有化后土地的置换和退出机制难以形成等等。矿业用地国有化的制度设计在过去的六十多年时间里，为国家安全和经济发展提供了廉价的能源，但是这一制度设计没有能够充分地考虑到农民和农村集体经济组织的利益。地下资源的开采而根本改变地上土地的权利归属形成了国家利益和农民利益的矛盾冲突，而这样的种冲突一旦形成就很难解决。

（三）社会公益与经济效率

从我国矿业用地国有化法律制度的立法逻辑看，其立法的出发点应是社会公益，因为按照我国宪法和土地管理法的规定，"土地征收"这一方式的适用范围被严格限制在"公共利益目的性"之内。显然这一问题又是和矿产资源对于能源安全和国家经济发展的重要作用相关联的，而如果矿产资源的价值不再像从前那样巨大，以至于可以和公共利益之间建立某种关联性，那么其存在的合理性就会受到质疑。如今有许多的个体私营业者介入了矿产资源的开采，其开采的目的是完全的营利行为，如果仍然坚持国有化的制度设计，则其社会公益性就失去了附着物，从而使得国有化

---

[1]　崔彬、邓军：《论运用集成思想进行商业性地质工作》，《资源与产业》2003 年第 5 期。

制度的逻辑体系变得荒诞不经。有学者指出，矿业权主体的多元化使矿业权的产生不能再像计划经济时期那样统统地强行排除土地使用权，从而制度上的缺陷致使矿业用地的取得无法可依，矿业权的正常行使得不到保障。①

矿业用地的国有化征收以"社会公益"为前提，实际上真正的作用力却是市场效率因素，因为矿业资源的国家垄断本身就包含着效率的因素在内，毕竟农民本身是无力开采或利用好矿产资源的。但是，矿业用地的国有化同样会带来不必要的成本和问题，假如在矿产资源的开采中，立法的考量可以包含着效率的因素，则目前我国学术界在立法和司法实践中更好的界定"社会公共利益"的做法就显得十分牵强。

（四）土地复垦与利用效率

矿业用地国有化的制度设计从源头上讲难以保证其社会公益的要求，而从结果上看也无法有效地实现矿业开发完成后土地的复垦与开发利用。矿产资源的有限性和开发的期限性，导致国有化后的矿业用地大量的荒废，即使《土地复垦条例》对此做出了严格的规定，但是由于矿业企业自身能力和主观愿望的缺失，使得矿业用地在开发行为完成后利用效率非常的低下。有学者指出，按照矿山生命周期理论，矿山闭坑或者报废是矿业发展的基本规律。随着我国矿业总规模的扩大，矿业用地总规模不断增加，但当前的矿业用地退出状况并不乐观，存在退出数量少、节奏慢、质量低等现象。矿业用地粗放利用的主要原因，是现行矿业用地制度不适应矿业权主体多元化引起的退出途径不全、期限不匹配、退出激励不当和退出监管不到位等。② 总体上看，当前的法律制度设计难以实现矿业用地的有效退出，难以调动用地企业复垦的积极性，难以实现矿业活动结束后的迅速农用化。

三　矿业用地立法的域外经验

在世界范围内，绝大多数国家的立法都规定矿产资源的所有权归国

---

① 武旭：《我国矿业用地相关制度的分析与完善》，《中国矿业》2012 年 10 月。
② 赵淑芹、刘树明、唐守普：《我国矿业用地退出机制研究》，《中国矿业》2011 年 10 月。

家，但是国外矿业权的设立由于土地权属的差异而有所不同。在公地上设定的矿业权一般通过政府相关部门的审批程序取得，而在私人土地下矿产资源的勘探、开采则主要是矿业权人通过与土地所有人协商的方式进行，其中租赁是最多采取的一种方式。在美国私有土地中矿产资源的开发中，以往的做法通常是地表权利人以一揽子陈述文书的方式（broad form conveyance instruments），赋予矿业物权人对地表下矿产品以任何必要或便利的方式进行开采。① 另外，美国实践中土地出租人和租赁人还可以采取合伙企业的方式（Cooperative venture）设定矿业权来实施，而这种方式则被认为是矿业权人和土地所有人之间的一种互益的（mutual benefit）行为②。正是由于矿业权、矿产资源以及土地所有权人的分离，造成土地所有者和矿业权人的冲突成为一种常态，法官创造了合理使用（reasonable use，Erickson，1883）和安置原则（accommodation doctrine），前者要求矿业权人不得在没有法律或土地所有人的授权的情况下以损害地表的方式获得矿产，后者则要求矿业权人必须尽可能地为地表权利人提供妥善的安置。③

与美国相类似，各国都根据其历史惯例和资源情况规定了矿业用地准入制度。日本在矿业用地的准入方面，并不是采取硬性的条文规定，而是将其交由公害调整委员会和通商产业局长决定。在矿业权申请中，如果通商局长认为，开采矿物会对健康有害、会破坏公益设施、文化遗产、温泉资源、会损害农业、林业等产业利益，以及明显损害公共利益的，必须做出缩小矿区或者取消矿业权的决定。④ 在德国，申请采矿，必须首先搞好事前调查，包括环境调查、土地利用情况调查、生物种群调查、自然条件调查等。作好测试工作，然后与采矿计划同步做好土地复垦规划设计，并一同报土地复垦主管部门批准，并且做到边采矿、边复垦。土地复垦主管部门有权监督土地复垦实施，对不进行土地复垦的，有权决定关闭采矿作

① Michelle Andrea Wenzel：The Model Surface Use And Mineral Development Accomodation Act：Easy Easements For Mining Interests，*American University Law Review*，Winter，1993.

② Bruce Pardy：The Failed Reform of Ontario's Mining Laws，*Journal of Environmental Law and Practice*，October，2011.

③ Richard J. Garcia、Paula K. Manis："Across The Great Divide"：Surface Owners V Severed Mineral Owners – What is "Reasonable Use"？*Michigan Bar Journal*，February，1999.

④ 国土资源部地质勘查司：《各国矿业法选编》，中国大地出版社2005年版，第111—117页。

业。① 加拿大的许多州近年来也修改了矿业立法，但是并没有改变矿业法上一贯的忽视土地权利人和原住民利益的做法，相比土地所有权和使用权，矿业权人享有优先权利，同时政府机关往往在其中拥有较大的裁量权②。截至 2002 年年末，世界上有 120 多个国家修改了矿业法。有学者对加纳、马里、坦桑尼亚、智利、委内瑞拉、玻利维亚、秘鲁等富矿国矿业法的修改情况进行了研究，指出这些矿业资源丰富国家在近三十年来不断地强化矿业权人的权利，通过赋予矿业权人以对矿产资源安全的保有权（security of tenure），来更好地吸引矿业资本的投入从而增强国家的竞争力。③

　　进入新世纪后，美国法学界围绕着 1872 年矿业法进行了广泛而持久的讨论。主要的争论在于这部法律赋予矿业权人以独占的财产利益是否合理，联邦政府对公地（包含矿业权）的处分是否基于社会公益最大化的考量，矿业法实施一百多年来对郊区社会环境的破坏，矿业法奉行的免费使用公地的政策对公共财政以及环境治理带来的灾难性后果等。④ 总体而言，由于各国所处的发展阶段不同，对于矿业活动的重视程度以及处理矿业权与土地权利人冲突的解决思路也存在着较大的差异。因此，尽管国外的立法和学术主张能够为我国提供借鉴和参考，但是根本的解决思路还是要立足自身的国情，对当前的制度设计进行较大幅度的改革。

四　我国矿业用地制度改革的指导思想

　　围绕着矿产资源的开发和利用之所以发生越来越严重的冲突，原因在于传统的物权法上的土地权利是一种基于下至地心上至天空的排他的独立权利，而随着金银等矿产资源价值的不断被强化，国王对任何土地中所包

---

① 潘明才：《德国土地复垦和整理的经验与启示》，《国土资源》2002 年第 1 期。

② Wesleyan Bruce Pardy, Annette Stoehr: The Failed Reform of Ontario's Mining Laws, *Journal of Environmental Law and Practice*, October, 2011.

③ Martin Kwaku Ayisi : Ghana's New Mining Law: Enhancing the Security of Mineral Tenure, *Journal of Energy&Natural Resources Law*, February, 2009.

④ Andrew P. Morriss: Homesteading Rock: A Defense of Free Across Under The General Mining Law of 1872, *Environmental Law* Summer 2004.

含的金银矿石都享有所有权的观念开始出现，于是在土地财产中分割所有权的概念就产生了。较早在英国产生的国王的矿产所有权随着其殖民扩张被带到了广大的殖民领地。有学者指出，分割所有权概念的出现其实是有利于各方权利人利益的实现的，矿业企业通过合同购买位于私人土地之中的矿产权能够获得大规模开发矿产品的机会而不必对不相干的土地支付大量的花费，而地表权利人则处于发展土地状况的动机而愿意他人来开发土地以获得资金。因此从经济上和现实上，矿产资源的分割状态是有利于对多样化岩层所组成土地的高效利用的。①

我国立法上虽然不承认土地的私有制，但是同样存在农村土地中矿产资源与地表土地的分割所有问题，今天随着空间权、采矿权等概念的出现，同样的一块土地按照垂直空间划分为多种权利且为不同的人所有。分割所有权概念对于解决目前我国矿业用地制度设计中存在的理念性困境有借鉴价值。矿业用地的国有化征收实际上是要解决矿产资源和地表权利人不统一的问题，但是表述上却采取了以"社会公益"为前提的理由，这样就势必造成矿产资源的开发等同于社会公益的现象，从而使国家所有权在制度设计中得到了神化，无形之中农村集体和农民个体的权利就被忽略了。长期以来，包括学术界在内极少有人对矿业用地国有化本身进行反思，在一定程度上也印证了以国家的名义便可以所向披靡的制度理念，而对于其中所包含的合理性成分究竟几何则鲜有问津了。实际上，在矿业用地国有化的制度设计中，更多的考量并非是社会公共利益，而是市场效率因素——通过把地表权利人和土地中蕴含的矿藏统一于国有，能够确保矿业活动的高效进行。但是，由于制度设计的步骤遵循的是土地征收的一般原理，因而人们不得不纠缠于如何在立法和司法实践中更好地界定"社会公共利益"这一具有极高难度的问题，进而使得我们的国有化制度往往难以自圆其说。

我国土地制度的形成具有历史的必然性和合理性，作为后发国家能否本着发展的态度正视我国土地制度的问题并吸收国外有益经验着手机制的创新，是目前摆在我们面前的一个有着非凡意义的课题。笔者认

---

① Michelle Andrea Wenzel：The Model Surface Use And Mineral Development Accomodation Act：Easy Easements For Mining Interests, *American University Law Review*, Winter, 1993.

为，我国未来在矿业用地的改革中，基本的思路应该坚持在尊重矿产资源土地权属原有格局的前提下实现矿业用地的集体处置权。矿业用地的集体处置权的合法化不仅事关集体和农民土地权利的保护问题，而且对矿业用地利用效率、环境保护、复垦效果有着重要影响，是解决目前矿业权制度成本过高的关键所在。这一改革思路的意义在于：在农用地向矿业用地转换的过程中，集体土地的所有权人和使用权人都能够拥有充分的话语权，而不是由国家垄断非农用地的处置权。因此，矿业用地集体处置权的立法改革将一定程度上解决目前立法体系下，集体建设用地使用权的流转问题。由于相关的改革只围绕着矿业用地进行，因此不会导致农业用地的锐减从而危及 18 亿亩耕地红线，更不会因为非农用地的集体处置权而导致小产权房的爆炸性增长。其实，只需稍加分析就会发现目前我国对所有矿业用地和一般建设用地一视同仁的做法，立法的态度和技术都显得十分草率和任性。几乎所有的矿业活动其着眼点都不是对地表土地的利用，而是关注于地表之下矿藏价值，既然如此矿业活动本身与一般所谓的建设用地就存在本质的差别。只要不需要破坏地表土地的现状就能实现其矿产权利，自然会尽可能保护地表的现状，因为对地表现状的破坏并不会使其获得更高的利益。当然，如果是已经通过地表所有权的国有化而使原集体土地权利人丧失了对土地农业用途维持的主张权利，则矿业权人必然不需考虑地表利用的破坏成本，但由于国家所有权本身就存在严重的多重代理和监督缺位的问题，致使矿业用地一旦完成国有化，就很难再恢复到从前的地力和产出水平。由此可见，矿业用地的国有化制度设计无论是其制度的合理性还是规则的公平性都明显的缺失，赋予集体土地所有权人矿业用地的处置权应该尽快地提上立法设计的日程。

五　矿业用地集体处置权改革中需解决的问题

由于矿业用地集体处置权改革涉及当前的立法的系统性修改，同时鉴于个别对国家安全有着重大价值的矿产资源应当作为例外对待，在这一制度改革的过程中应该解决好以下问题：

1. 矿业用地立法理念的重新审视

从我国目前的立法体系看，并没有直接规定矿业用地必然就是建设用地，而在土地管理法实施条例所列举的能源、交通、水利、矿山、军事设施等五种征收农用地的原因中，后四种显然必须改变地表土地的用途，而至于作为能源的矿产资源是否必须改变地表用途以及对原权利人的影响程度需根据其地下采掘活动的强度、对地面现状的破坏等因素综合判断。这就好比是在农田之上的管线架设，甚至是农田内管道的铺设，由于对于农业用途的影响比较小，因此不需要因为存在建设行为就要改变土地本身的用途和权属。同样，如果是矿产资源的开发，其在地理属性上位于土地之中，法律性质属于地下空间权的范畴，只有在矿产资源的开发导致地表土地无法正常使用的情况下才有必要对其所有权进行征收。由此可见，我们从前把矿业用地不加区别的视为建设用地因而必须国有化的理念是认识上的误区。如前所述，我国在立法和管理过程中，之所以不加区分的实施了矿业用地国有化的做法，是因为在过去我们的意识中认为矿产资源的价值远远大于土地价值，而国有的财产权利优先于集体和农民的利益，这样的理念指导下没有人怀疑矿业用地国有化制度的合理性，事实上，在无论是国外的经验还是我国目前所处的发展阶段，都不宜继续坚持这样陈旧的发展观和违背权利平等的立法观，矿业用地的集体处置权应该得到立法的确认。

2. 进一步明晰矿业权的法律属性，解决理论和实践操作的困惑

在我国物权法上对探矿权和采矿权进行了专门的规定，但是把矿业权简单地分解为探矿权和采矿权并规定为用益物权，使得矿业权本身的特质被掩盖：矿业权的取得和处分必须经由行政许可，而一般物权的取得均不具备这样的特征。探矿权和采矿权被纳入物权法主要解决的是矿业权人自身的权利保护问题，而矿业权与其他土地权利人的矛盾冲突并不会因此而缓解。笔者认为，我国应该基于矿业权的多样性特质赋予其独立的权利属性，是我国在矿业用地制度的改革中应当一并考虑的问题。有学者认为，矿业权属于特许权，而特许权是某物在普遍禁止利用条件下的特别准许，是行政机关依法对于可能给社会和他人造成重大损害的行业所进行的直接

性社会管制，属于产业的市场进入管制或严格的市场准入制度。① 只有直面矿业权作为特许权的独特性质才能解释为什么矿业权人有着优于一般物权人开发矿产资源的权利，也才能更好地体现矿产资源的国家所有。如果不能及时的解决矿业权的法律性质问题，则会使我们目前围绕着矿产资源和农村土地而试图进行的理论和制度梳理都继续处于混乱的状态，相关的理念更新和制度完善都将遇到阻碍。

3. 建立矿业用地分类管理的制度

有学者认为，我国不区分损毁土地的可逆性和不可逆性，均采取"一刀切"的征地审批模式，不仅加大了矿业用地取得难度，而且不利于耕地保护政策实施和节约与集约用地，且与土地差异化利用的趋势相悖。② 随着环境保护和农业人文观念的普及，矿产与土地资源开发利用及环境保护相互兼顾、协调的观念正在得到认同，这使矿业用地的分类管理成为可能。对于关系国计民生和国家战略需要的重要矿产，因此应当赋予矿业权人优先权，只要矿业权人遵循相关法律法规的规定和程序，原土地使用权人不能拒绝矿权人提出的矿业用地要求。而一般矿产的矿业权行使过程中，如果其开采活动破坏土地表层和用途，就不能获得优先使用土地的权利。应在赋予集体矿业用地处置权的基础上，将矿业用地作为单独一类土地用途进行管理。结合当地土地利用总体规划和矿产资源规划，对拟作矿用的土地进行经济评价和环境评估，包括逐步建立听证会制度以听取地方政府及周边地区居民的意见，最后根据勘查采矿活动占用土地的类型、用地方式及其对土地的影响程度等确定供地方式。

4. 关注矿业权人和土地所有权人利益的平衡，抑制过高的改革成本

赋予集体土地权利人以矿业用地的处置权之后，如何有效地降低矿业权人的成本，避免因采矿成本过高而导致能源价格的上涨，如何实现矿业企业和农民利益的平衡，如何避免对环境的损害，更好地实现土地的复垦与利用，是必须认真对待的问题。应当学习和借鉴国外在这一矛盾处理中的经验。如美国一些州的地表权利法案规定，他人对地表的破坏可以要求

① 康纪田：《矿业权理论研究评述》，《福建警察学院学报》2011年第4期。

② 赵淑芹、刘树明、唐守普：《我国当前矿业用地制度绩效及其完善研究》，《国土资源情报》2010年12月29日。

赔偿，但土地所有权人、承租人不能够完全拒绝对土地的勘探和开发。如果石油开发人无法达成土地的租赁协议，则可以向地表权利局申请，那些拥有或控制土地的人可以得到补偿，如果是油气的勘探、开发，则按油井的数量进行补偿。[①] 我国在国有土地上的矿业权应当建立与矿业用地的使用权一并拍卖的制度，拍卖矿业权时，连同土地使用权一同拍卖。矿业权人在取得矿业的同时，就取得了土地使用权。在赋予集体矿业用土地的处置权之后，应该为规划为矿业用地的土地使用权提供一个指导性价格，以防止集体土地所有权人漫天要价，致使矿业开发成本过高，从而导致效率的丧失。除租赁以外，集体矿业用地所有权人可以探索共同开发、入股和出让等方式，从而使矿业权人和地表权利人形成更加紧密与合作的关系，最大限度地减少因权力的冲突而带来的效益损耗。

六　结语

赋予农村集体经济组织以矿业用地的处置权，意味着矿业用地国家垄断的结束，矿业权人不必再经由政府完成对农村土地的征收之后，才能从政府手中实现对矿业用地的占有和使用。集体经济组织可以对其享有所有权的土地进行处置，使得所有权的内容名副其实，也实现了国家所有权和集体所有权的平等保护。这一改革的完成也将减少矿业用地流转过程的环节，使矿业权人直接与土地所有权人进行协商，从而节省交易成本。同时，集体所有权人可以根据情况，选择对矿业用地处置的具体方式，灵活地采用租赁、入股、合作开发等方式进行，而不需要进行土地所有权的变更，最大限度地维持了集体土地所有权的原状，为矿业活动完成后土地的迅速农用化和复垦提供了可能。

---

① Curtis Eaton, Allan Ingelson, Rainer Knopff: Property Rights Regimes TO Optimize Natural Resource Use—Future CBM Development And Sustainability, *Natural Resources Journal*, Spring, 2007.

第十二章　双层经营体制的嬗变及其立法应对

　　双层经营体制是我国农村实行联产承包制以后形成的家庭分散经营和集体统一经营相结合的经营形式。按照这一经营形式，集体经济组织在实行联产承包、生产经营，建立家庭承包经营这个层次的同时，还对一些不适合农户承包经营或农户不愿承包经营的生产项目和经济活动，诸如某些大型农机具的管理使用，大规模的农田基本建设活动等由集体统一经营和统一管理，从而建立起一个统一经营层次。这一经营体制形成于20世纪70年代末80年代初，并在1982年的《宪法》修改中被载入宪法，从此逐渐被各种立法所确立从而变为法律规范。然而，值得回味的是：双层经营体制作为宪法所规定的经营体制却似乎经常受到各种观点的挑战，以至于最高决策当局必须不断地强调坚持这一经营体制的重要性。如1991年，中央和国务院强调："在农村改革中，通过实行以家庭联产承包为主的责任制，建立了统分结合的双层经营体制，为集体经济找到了适应生产力水平和发展要求的新的经营形式"。1998年，党的十五届三中全会又一次指出："家庭承包经营是集体经济组织内部的一个经营层次，是双层经营体制的基础，不能把它与集体统一经营割裂开来。农村集体经济组织要管理好集体财产，协调好利益关系，组织好生产服务和集体资源开发，壮大经济实力，特别要增强服务功能，解决一家一户难以解决的困难"。新世纪以来，随着我国农村经营模式的多元化，尽管双层经营体制仍然具有毋庸置疑的合法性，但是政策层面似乎已经不再坚持双层经营体制的唯一正确性。相反，由于实践的变化开始出现立法和实际的不适应。于是，对双层经营体制的立法改革便逐渐变成了一个需要认真对待的问题。

一　双层经营体制由政策到法律的变迁史

回溯中华人民共和国成立以来的历史，我国的农村基本经营制度，先后经历了以土地私有制为基础的农户经营、以合作化运动为导向的合作经营、以人民公社制为基础的集体经营，发展到改革开放之后的以家庭承包经营为基础、统分结合的双层经营，理论上基本可以分为四大发展阶段。

中华人民共和国成立后，曾经历过短暂的农户（家庭）自主经营，由于在 1952 年之前农村土地制度是农户私人所有，农民自主开展农牧业、手工业和其他家庭副业的自由经营。之后的合作化运动迅速消灭了土地的私有制，经过互助组、初级社到高级社三个发展阶段，农民逐渐失去了直接控制、支配、利用土地的权利，由互助合作的经营方式转变为合作统一的经营方式。1958 年之后，以 "一大二公" 为特点的人民公社制，在所有制方面表现为完全的生产资料公社所有制，剥夺了农民的自留地保有资格。建立了 "三级所有、队为基础" 的经营管理制度，三级分别是公社、生产大队、生产小队；全社的生产安排、资源分配由公社统管；同时，人民公社实行政社合一的政权组织形式，公社既组织生产经营、又拥有基层政权，统管工、农、商、学、兵。我国农村基本经营制度的前三个阶段主要是通过党的政策性文件推动完成，如合作化经营的推进中 1955 年《关于农业合作化问题》的报告起到主要的引导作用，而 1958 年 8 月中共中央发布的《关于在农村建立人民公社问题的决议》则为全民大搞公社提供了依据和方向，成了农村经济改革、经营方式转变的重要契机，声势空前浩大的人民公社化运动席卷全国农村，仅用了 3 个月，全国的农村地区基本完成了公社化转变。虽然后来曾因公社化高潮而引起了严重的经济问题，中央不得不在三年困难时期对其做出适当调整，但人民公社 "三级所有、队为基础" 的基本经营制度，在随后的十几、二十年内都未曾改变。① 人民公社制是基于配合国家工业化发展而做出的实践探索，高度集

---

① 《中共中央关于在农村建立人民公社问题的决议》的最后一部分写道："在现阶段我们的任务是建设社会主义。建立人民公社首先是为了加快社会主义建设的速度，而建设社会主义是为了过渡到共产主义积极地做好准备。看来，共产主义在我国的实现，已经不是什么遥远将来的事情了，我们应该积极地运用人民公社的形式，摸索出一条过渡到共产主义的具体途径"。

中的人民公社化违背了生产关系适应生产力的经济规律，严重损害了农民群众的根本利益，引起农民的强烈不满和对农业经济发展停滞、农村生活极度贫困的恐慌。改革开放之前的农业经营模式先后从"农民所有，劳动互助"的互助组模式发展到"农民所有，统一经营"的初级社模式，再发展到"集体所有，统一经营"的高级社模式，最终经过调整形成"三级所有，队为基础"的集体经营体制。在人民公社中，由于"干和不干一个样、干多干少一个样、干好干坏一个样"，因而缺少有效的激励措施，农民缺乏生产积极性，农业劳动效率较低，虽然在农村建设方面取得了一定成就，但也付出了较大代价。

"文化大革命"结束后，农村经济态势异常严峻，对生产责任制的探讨与发展推动了家庭经济的崛起。农民在政策的夹缝中，不断探索和尝试新的体制变革，"包产到户"经过几次起落后又重新兴起，从 1979 年到 1984 年，经历了从法律禁止到局部适用，最终到政策和法律的完全肯定。1980 年，家庭联产承包这种生产责任制得到了党和国家的肯定后，农村土地的所有权与使用权相分离，农民获得了一定程度的土地承包经营自主权，并能从家庭生产中获取部分剩余生产成果，农民的生产积极性得到了重新激发。1982 年的"中央一号文件"对"包产到户""包干到户"进行了系统阐释，这种以"包干到户"为核心的联产承包制，被理论地概括为社会主义农业经济的组成部分，是集体经济的生产责任制，可以认为这是双层经营体制的雏形。1984 年中央首次在正式文件中使用了"统一经营和分散经营相结合的体制"这种政策表述，这意味着"双层经营"已被正式确立为一种经营"体制"。

从 1982 年至 1986 年的五个"中央一号文件"以及《土地管理法》的颁布和修订、《宪法》的修订、《农业法》的颁布、若干中央政策文件的强调，土地承包经营权必须得到长期稳定这种认知和观念成了现实。政策的表述也以"家庭承包经营"取代了"家庭联产承包责任制"，农民家庭的生产自主权进一步扩大，农民对土地的预期收益有了长期的保障。1982 年我国《宪法》第 8 条确认我国农村实行家庭承包经营为基础、统分结合的双层经营体制。这条规定为我国现行宪法所确认，表述为"农村集体经济组织实行家庭承包经营为基础、统分结合的双层经营体制"。《中华人民共和国农业法》第 5 条亦规定："国家长期稳定农村以家庭承包经营为基础、统分结合的双层经营体制，发展社会化服务体系，壮大集体经济实力，引导农民走共同富裕的道路。"《农村土地承包法》第5条将家庭承包经营制度法定化：统分结合中的"分"是指家庭承包、分散经营；"统"至少包括两层含义：集体直接对集体农用地进行经营；集体解决农民一家一户由于其自身规模的狭小性、不完全性和局限性而无力单独解决的问题，如基础建设、农田灌溉、生产与流通的联结，抗御严重自然灾害等生产、技术、信息服务。2007年颁布的《物权法》第124条也对双层经营体系进行了规定：农村集体经济组织实行家庭承包经营为基础、统分结合的双层经营体制。农民集体所有和国家所有由农民集体使用的耕地、林地、草地以及其他用于农业的土地，依法实行土地承包经营制度。该条规定在民法典颁布后，成为民法典第330条的内容。

二　新世纪以来我国农业经营体系的发展与变迁

20世纪80年代以来，随着我国农民土地承包经营制度的确立，立法上双层经营体系受到了包括宪法在内的各种立法的确认。在这种经营体制中，以农村土地集体所有为基础的家庭自主经营模式处于中心地位。但是，随着家庭联产承包责任制的施行，双层经营体制的另一层次——集体经营层次，在不少农村地区已名存实亡。我国广大的农村在计划经济向市场经济过渡的20世纪八九十年代经历了短暂的乡镇企业蓬勃发展之后，农村集体经济进入新世纪以后逐渐式微，即使是在东部沿海发达的省份，大部分的村庄集体经济也非常薄弱。在这种情况下，《土地承包法》对农村集体在统的方面的含义："集体在基础建设、农田灌溉、生产与流通的联结，抗御严重自然灾害等生产、技术、信息服务"的作用几乎根本不存在。与此同时，随着农村改革深入，在政策不断倡导健全农业社会化服务体系的背景下，许多新的经济联合组织建立了，家庭经营、新经济组织经营、集体经营仿佛已经打破了"双层经营"这一制度框架，形成了多样化的经营组织方式。

应该说，自改革开放之后，我国在农业发展的经营体系构建过程中，主要强调的是农民和农户的利益，而对集体统一经营问题极少受到决策层和理论界的关注。一方面，由于我国农村和农业发展长期受到高度集中的人民公社化统一经营所累,统一经营长期存在的集体经济组织缺位、代理成本等问题令广大农民深受其害,统一经营的弊端和对农民利益的损害令人谈"统"色变;另一方面,家庭承包经营在20世纪后20年显示出巨大制度优越性,深刻地改变了我国乡村社会。虽然统一经营仍然写在政策和法律中,但农民关注的都是家庭承包经营的方式方法与扶持政策,并将家庭承包经营认为是解放和发展生产力、获得生活保障、实现财产权益的最主要甚至是唯一途径,集体统一经营在绝大部分农村的经营实践中已经基本上名存实亡。这中间虽然不乏大邱庄、华西村、南街村等集体经济的典范,但是,这些代表性的村庄大多享有极好的区位优势,难被绝大多数村庄所学习借鉴。而进入新世纪以后,有不少曾经的典范也迅速衰落,似乎从反面印证了集体经济走向没落的必然性。自农村经济改革开始,政策和学界都在致力于研究农户家庭分散经营的责任制,农村基本经营制度确立后,家庭承包经营一度持续显示出其制度优越性,虽然统一经营仍然写在政策和法律中,但农民关注的都是家庭承包经营的方式方法与扶持政策,并将家庭承包经营认为是解放和发展生产力、获得生活保障、实现财产权益的最主要甚至是唯一途径,集体统一经营在绝大部分农村的经营实践中已经基本上名存实亡。也可以说,政策与法律层面的双层经营体制依然被倡导,但实践中的集体统一经营地位已经悄然下降。这种统一经营层面虚置、集体经济组织缺位的现状,导致本应建立起生产资料共有、组织成员联合经营的集体经济局面,也因集体经济式微而无法有效带动农民群体实现经济发展、生活富裕的目标,不仅失去了集体所有制保障农民成员共享集体经济发展成果的意义,而且削弱了农民土地财产权的实现。

统分结合的双层经营体制由于是建立在家庭分散的小规模经营基础之上,生产经营方式谈不上专业化和商品化,更无法适应现代市场经济的要求,而集体统一经营作为弥补家庭经营不足的优势也没有充分发挥,两个层面的经营方式缺少良性互动,到了20世纪末双层经营体系逐渐成为僵化的体系,失去了曾经对农业和农村发展的推进作用。随着这种单一的、固化的经营体系的优势效用发挥殆尽,农民无法再从土地生产经营中获取更多财产收益、实现更多财产权利,农地就会大量抛荒,农民从土地上获得收益并实现财产权利的梦想就会随之破灭。所以说,传统的经营体系过于封闭,随着市场经济的进一步发展,将会出现阻碍农民土地财产权利实现的困境。进入新世纪以来，伴随着中国农村经济社会的整体发展，大量农民开始走出农村、进城打工，这种机会大大增加了农户的家庭收入，以基本生存保障功能为目的的单纯土地种养逐渐弱化，农民更加看重土地的社会保障价值和财产收益功能。再加上市场竞争力对农业产业的高要求，实现集约化、规模化经营成了新时代农业和农民共同的诉求，这都使得土地使用权流转必然成为新时期的农业经营战略重点。这直接体现在 2001 年《关于做好农户承包地使用权流转工作的通知》中，该通知强调农户的土地权益不仅包括直接经营的收益，也包括流转土地的收益，这一表述意味着承包地使用权流转具有财产权属性。随后 2003 年又颁布了《农村土地承包法》，以法律的形式将政策中的农民土地权益固定下来，在保障农民土地财产权实现方面增强了约束力；2007 年正式实施的《物权法》将土地承包经营权定义为用益物权，明确指出了土地承包经营权流转的具体形式和原则，提出了发展多元化的规模经营主体，还做出了承包期届满后可以继续承包土地的法律规定。

在政策和法律允许承包地流转后，一开始大部分地区的采取的做法是农民将土地租赁给集体经济组织成立的合作社或农业组织，以便把集体经营的优势重新发掘出来，但是农民实质上仅以获得的微薄地租而取代了能够获取高额增值收益的机会。仅仅依赖传统的经营体系，农民土地承包经营权的财产性收益不能有效增加，农民土地财产权的充分实现更是征途漫漫。在这种情况下，有人又开始重新为机体的统一经营寻找理由和办法。李昌平提出，为奠定集体统层服务的物质基础，应尊重并做实集体土地所有权及其利益实现，集体土地所有权是集体所有制的基石，土地是集体最主要的资产，也是集体提供公共产品和公共服务的物质基础。但近年来，集体土地所有权面临着被土地承包经营权吞没的危机，其实农地问题不仅是农民权利问题，找回村社集体，找回农民的集体行动能力，以解决单家独户、办不好和不好办的共同事务，这是农民在狭小承包地上从事有效率农业生产的唯一可选道路。[①] 法学界的学者也有人开始探讨集体统一层面的法权基础问题，陆剑认为，集体土地所有权及其实现是增强集体经济实力、真正实现统分结合的双层经营体制的法权基础，为奠定集体统层的法

---

① 李昌平：《大气候》，陕西人民出版社 2009 年版，第 32 页。

权基础，立法应充实集体对承包地的发包、调整权和收回权。① 尽管统分结合的双层经营体系仍然在立法上被确认，但是随着时代的发展，双层经营体系的内涵也已经有了新的变化。

党的十七届三中全会和2008年的"中央一号文件"均强调了必须完善农村基本经营制度，构建新型双层经营体制，并首次明确对家庭经营与统一经营做出了创新性指引，对土地承包经营权的市场流转、政府管理做出了更具体的规定，为切实保障农民的土地权益奠定了政策基础。自此开始，新型农业经营体系慢慢进入党和国家各种政策性文件中，学术界也逐渐把新型农业经营体系的构建作为一个重要的问题加以讨论。然而由于我国包括宪法在内的各种立法都对统分结合的双层经营体系进行了确认，因此学界真正明确提出放弃和改革统分结合的双层经营体系的观点并不多见，学者们的观点也主要是在维持原有双层经营体制的前提下的创新。如有学者提出：（更合理的）经营模式大体上表现为四种：一是政策制度确立的家庭经营与集体统一经营相结合，二是呈上升趋势的家庭经营与社会化服务相结合，三是将家庭经营引入乡、村企业共同发展，四是家庭经营农村基本经营制度确立之后的农民土地财产权实现随着农村基本经营制度的确立和不断完善，农民的土地权利实现的路径不断扩大、方式不断丰富，权利的实现更加充分。②

三　新型农业经营体系的探索与构建

传统的家庭经营为基础的双层经营体系逐渐暴露出其小农经济的弊端，而对土地承包经营权的诸多限制不仅没有实现其保护农民利益的初衷，反而成为限制农民土地财产权利的桎梏。随着农民实现土地集约化、规模化经营愿望的提升，通过土地承包经营权的流转提高土地资源配置效率，实现土地的财产权价值成为全社会的共识。在这种背景下，决策当局开始考虑对传统的双层经营体系进行战略性调整。2013年中央农村工作

---

① 陆剑：《我国农村集体统层法律制度缺失及其完善》，《南京农业大学学报》（社会科学版）第2015年1月。

② 谭贵华：《农村双层经营体制法律制度完善研究》，博士学位论文，西南政法大学，2012年。

会议提出，"要加快构建以农户家庭经营为基础、合作与联合为纽带、社会化服务为支撑的立体式复合型现代农业经营体系"。2014 年"中央一号文件"《关于全面深化农村改革加快推进农业现代化的若干意见》提出，以解决好"地怎么种"为导向加快构建新型农业经营体系，引导发展农业专业合作社联合社，鼓励发展混合所有制农业产业化龙头企业。随后，九部委联合下发《关于引导和促进农民合作社规范发展的意见》，进一步引导规范农业合作社发展。2015 年"中央一号文件"《关于加大改革创新力度加快农业现代化建设的若干意见》提出创新土地流转和规模经营方式，积极发展多种形式适度规模经营，引导农民以土地经营权入股合作社和龙头企业。2016 年"中央一号文件"《关于落实发展新理念加快农业现代化实现全面小康目标的若干意见》在坚持农户家庭经营基础上，进一步强调发挥多种形式农业适度规模经营的引领作用，培育家庭农场、专业大户、农民合作社、农业产业化龙头企业等新型农业经营主体，支持新型农业经营主体和新型农业服务主体成为农业现代化骨干力量。同年，原农业部发布《关于促进家庭农场发展的指导意见》，提出了扶持家庭农场发展的具体措施。2017 年"中央一号文件"《关于深入推进农业供给侧结构性改革加快培育农业农村发展新动能的若干意见》提出加快发展土地流转型、服务带动型等多种形式规模经营，并提出研究建立农业适度规模经营评价指标体系，引导规模经营健康发展。2018 年"中央一号文件"《关于实施乡村振兴战略的意见》强调巩固完善农村基本经营制度，同时提出"农村承包土地经营权可以依法向金融机构融资担保、入股从事农业产业化经营"，重点强调促进小农户和现代农业发展有机衔接。2019 年"中央一号文件"《关于坚持农业农村优先发展做好"三农"工作的若干意见》强调坚持家庭经营基础地位，并赋予双层经营体制新的内涵，"突出抓好家庭农场和农民合作社两类新型农业经营主体，启动家庭农场培育计划，开展农"统"和"分"的各自优势。但在实践中，由于过分强调"分"的职能，又造成了"统"与"分"的失衡，农村集体经济组织功能弱化，农村集体经济逐渐走向衰弱，导致分散的小农户不能有效融入统一的大市场。

为探索创新"统"的职能，各地出现大量股份合作经济。党的十五大提出了劳动联合和资本联合的"两个联合"为主的集体经济，进一步创新了集体经济实现方式。党的十七届三中全会从"统"和"分"两个层次提出"两个转变"方针，强调家庭经营要向采用先进科技和生产手段的方式转变。同时，需要注意的是，由于集体资产产权界定滞后，跟不上市场经济发展需要，以及农民对集体经济认知不足，村集体存在随意处置集体资产的问题，集体经济组织功能错位问题不容忽视。部分地区甚至存在村干部通过处置集体资产"中饱私囊"的现象，对农村集体经济造成较大破坏，降低了集体成员对集体经济组织的信任。在双层经营体制下，集体经济的缺位阻碍了现代农业技术的推广，侵害了农民的财产权益，影响了农村经济长期稳定发展。[①]

在政策支持下，新型农业经营主体迅速发育起来，但普遍存在规模较小、资源缺乏、运营不规范、带动能力弱等发育不足问题圈。在实际政策实施中，由于过分强调"数量型增长"，新型农业经营主体虚化异化问题严重，未能有效发挥好其主体带动作用。就家庭农场而言，各地政府普遍从土地经营规模上认定家庭农场，大多设定了经营规模下限而忽视上限要求，导致部分家庭农场的土地经营规模过大，依靠家庭成员已经无法满足生产经营活动，实际经营方式中存在使用雇工等企业化倾向。就农民合作社而言，"名不副实"问题较为严重，部分农民合作社成立后便成为"僵尸社"，未能发挥合作社的基本功能，仅仅作为一个虚化主体以应对上级政府检查，即使在实际运营的合作社，也由于内部治理结构不合理其经营方式也存在异化问题。针对所存在的问题，有学者认为，新型农业经营体系具有三个层次的特征：一是产业体系特征，主要体现为区域化布局、集约化生产、规模化经营、组织化分工、多元化服务和市场化运营的"六位一体"与相互协同。二是组织体系特征，新型农业经营体系的组织特征是以合作组织为核心的农业产业组织体系，是农户组织、合作社组织、公司（企业）组织和行业组织的"四位一体"与有机衔接。三是制度体系特征，集中体现为家庭经营制度、合作经营制度、公司经营制度、产业化经营制度和行业协调制度的"五位一体"与优势互补。[②]

---

① 董志勇、李成明：《新中国70年农业经营体制改革历程、基本经验与政策走向》，《改革》2019年第10期。

② 黄祖辉、傅琳琳：《新型农业经营体系的内涵与建构》，《学术月刊》2015年第7期。

党的十八大将新型农业经营体系的特征概括为四个方面，即要实现集约化、专业化、组织化、社会化，也就是说需要从双层经营体制的两个层面上均实现对农村基本经营制度的创新和发展。从宏观来看，首先在"分"的层面上，需要转变家庭经营的发展方式，通过科学技术的投入提高集约化、专业化水平；其次在"统"的层面上，需要形成多元化的发展方式，通过联合与合作提高组织化、社会化程度。具体到微观视角，就是通过培育专业大户、家庭农场、农民合作组织等新型经营主体，发展规模化、产业化新型经营方式，提高农民的财产性收益。由此来看，新型经营体系的构建核心就是培育新型经营主体、发展新型经营方式，通过这种方式拓宽农民的财产收益渠道，是充分实现农民土地财产权的重大举措。党的十九大以来，乡村振兴战略的提出为农村经营体制的建设提出了新的要求，有学者认为，构建新的农村经营体制，必须以服务和服从于发展现代农业为出发点，以提升农业效率和农产品品质为目标，依照我国社会主义的本质特征和生产力发展的现状，以农地制度的深化改革为突破和主线，最为关键的是要构建起小农户与现代农业有机衔接的体制和机制，形成权责明确、经营有效的规模化企业经营格局。[①] 党的十九大以来，官方对双层经营体制的内涵界定已有了重大转变。即在"统"的层次，拓展从前传统的、单一的以集体经济组织为依托的统一经营，创新发展为以农民新合作组织、农业社会化服务组织为载体的统一经营。2015 年"中央一号文件"强调"加快构建新型农业经营体系"，发展多种形式规模经营的建议，可以认为是对十七届三中全会"统一经营"发展方向的继续实现与深化，更加指明了稳定和完善农村基本经营制度、创新双层经营体制的现实路径。

四　民法典规范对构建新型经营体系的指导意义

2020 年通过的《中华人民共和国民法典》对于我国广大农村地区集体经济的发展和农民权益的保护具有极大的制度价值。民法典一方面肯定

---

① 汪发元、叶云：《乡村振兴战略背景下的农村经营体制改革》，《学习与实践》2018 年第12 期。

了农业用地的三权分置，使得经营权从承包经营权中独立出来；另一方面民法典采纳了农村集体经济组织作为特别法人的规定，从而改变了从前集体经济组织地位模糊不清的局面，使得双层经营体系中"统分结合"的关系向着法人与成员权的现代法人制度的内部治理结构转化。因此，农地的三权分置改革和农村集体经济组织的法人化将共同为我国广大农村地区的农业经营体制的现代转型发挥重要的推进作用。

改革开放后形成的以家庭承包经营为基础，统分结合的双层经营体制正在逐步消解，所谓的"统""分"结合在新的时代呈现出新的含义，而这种变化可以总结为三句话：新的"统"就是政府的统筹支持；新的"分"就是农户分享参与农业现代化进程；新的"营"就是新型农业经营主体发展农业。在当前全面深化农村改革、实施乡村振兴战略、构建新型农业经营体系、推进农地"三权分置"改革的大战略下，提出农业"统、分、营"三层经营体制的构想，是全面深化农村改革的要求，也是新型农业经营体系具体的抓手，同时还是推进农地"三权分置"改革的体现。在当前所形成的新的农业经营制度中，农户家庭仍然是这一新型农业经营制度的基础和保障，特别是承包权长期不变仍是需要坚持的重点，只是经营的任务更多要向新型农业经营主体过渡转移，这也说明农业"统、分、营"三层经营体制具有制度的承袭性。

农村土地"三权分置"的产权结构，能够有效解决传统农业经营体系下集体经济式微、双层经营体制僵化、农业经营体系封闭、土地承包权权能不完整等缺陷，农业经营体系从传统向新型过渡的局面成为大势所趋。孟勤国教授认为，"三权分置"本身是现实生活逼出来的特殊对策，只是表述了农户家庭承包权和土地经营权分离的事实，不涉及农户家庭承包权的去向或位置，不具有建构农村土地产权结构的普遍意义。决定农村土地产权结构依然是财产的客观属性和基本原理，物尽其用是财产的客观价值，财产的占有是物尽其用的客观基础。因而财产利用只有两种方式：一种是财产所有权人自己占有利用，另一种是财产所有权人以外的人占有利用。孟勤国教授进一步指出，"三权分置"必须警惕土地私有化借道农户家庭承包权登陆我国社会，因而，农户家庭承包权只能回归集体所有权，农户家庭承包权是农户成员权，成员权在财产意义上就是集体所有权，其享有和行使始终以农民共同利益和集体意志为准。"三权分置"没有改变农村土地的产权二元结构，但能防范集体土地所有权落空的风险，长期稳定土地承包关系。[①] 李国强教授也持相同的观点："如果不尊重农村土地产权二元结构的客观规律，人为建构农村土地产权的三元结构，可能引发农户家庭承包权架空集体土地所有权的社会风险。按照集体所有权限缩为公法意义的归属权利，农户家庭承包权成为私法意义上的归属权利"[②]。

农地三权分置改革进一步深化了集体和承包地农户间的权利配置关系，在原集体和承包地农户权利主体的基础上，要求进一步培育新型农业经营主体成为相对独立的农地产权主体。农地三权分置改革的深层政策内涵，也应旨在形成农地三权的合理配置，实现农地集体所有权、农地承包经营权和农地经营权的协调平衡应成为我国农地集体产权制度变革的主要取向。农地经营权权能的实现要靠农业经营主体。而中国农村多元并存的农业经营主体必然产生多样化的经营模式，体现了经营权的多种实现形式。十九届四中全会《决定》指出："健全劳动、资本、土地、知识、技术、管理、数据等生产要素由市场评价贡献、按贡献决定报酬的机制"。经营权的各种实现形式的探索是否成功一是要看要素配置能否提高经济效益，二是看各种生产要素的贡献与回报是否相称。农民专业合作社与农村社区集体经济组织、各种农业社会化服务组织以及农业龙头企业一起，构成了农业生产多元化、多层次、多形式的经营服务体系，为家庭经营提供了全方位的服务，夯实了农村基本经营制度的基础，确保了我国的粮食安全，同时为经营权的多种实现形式提供了选择的可能。2019 年 10 月底发布的中共十九届四中全会《决定》指出，"深化农村集体产权制度改革，发展农村集体经济，完善农村基本经营制度"。只有巩固和完善农村基本经营制度，逐步构建现代农业产业体系、生产体系和经营体系，发展现代农业、促进农村产业振兴才有深厚的底蕴。构建新的农村经营体制，必须以服务和服从于发展现代农业为出发点，以提升农业效率和农产品品质为目标，依照我国社会主义的本质特征和生产力发展的现状，以农地制度的深化改革为突破和主线，最为关键的是要构建起小农户与现代农业有机衔

---

① 孟勤国：《论新时代农村土地产权制度》，《甘肃政法学院学报》2018 年第 1 期。

② 李国强：《论农地流转中三权分置的法律关系》，《法律科学》2015 年第 6 期。

接的体制和机制，形成权责明确、经营有效的规模化企业经营格局。①

民法典对农村集体经济组织法人地位的立法规定，也将对我国今后的农业双层经营体系产生根本的影响。中办、国办 2019 年 4 月印发的《关于统筹推进自然资源资产产权制度改革的指导意见》提出："推进农村集体所有的自然资源资产所有权确权，依法落实农村集体经济组织特别法人地位，明确农村集体所有自然资源资产由农村集体经济组织代表集体行使所有权，增强对农村集体所有自然资源资产的管理和经营能力，农村集体经济组织成员对自然资源资产享有合法权益"。农村集体经济组织是农村集体所拥有的各类资产和资源的管理运营主体，是农村集体所有权权能的行使主体，是农村集体经济的组织载体。而随着这类组织获得特别法人的主体地位，村集体经济组织将向着产权归属清晰，流转顺畅的方向发展。集体所有权的权能将由集体成员通过民主程序所达成的共同意志的体现，所有权权能的体现最终由成员说了算，而不是由集体之外的主体或集体成员的代理人实际控制。要建立健全农村集体经济组织的组织架构。组织架构包括理事会和监事会两个机构。由集体成员或成员代表大会选出理事会成员。理事会是所有权权能实施的主体，是集体成员的代表。村民小组的代表构成行政村集体经济经济组织监事会的成员；监事会要行使制衡权力，确保理事会对集体所有权权能行使的正当性、合理性，确保理事会行使的权力不会损害成员的利益。②

陈小君教授认为，农村集体经营性建设用地入市本质上仍是以财产流转为核心的民事行为，市场经济体制下，以行政管理为主要身份属性且长期作为农村集体"内部部门"的村委会并不适宜充任土地入市流转的"出让方"，相比而言农村集体经济组织更为恰当（但仍需进一步廓清农民集体—集体财产—农村集体经济组织之间关系）。由此不难预见，随着农村改革事业持续推进，过往以财产安全为主导理念的农民集体，在未来会不断萌发财产逐利性需求，鉴于农民个体分散性与理智经验局限性，借

---

① 汪发元、叶云：《乡村振兴战略背景下的农村经营体制改革》，《学习与实践》2018 年第 12 期。

② 参见张晓山《发展壮大农村新型集体经济刍议》，转引自《中国农村经济形势分析与预测（2017—2018）》，社会科学文献出版社 2018 年版。

助农村集体经济组织来推动集体财产营利性管理将是不错的选择方向。①
但是，就农村集体经济组织的法人化是否是改革必然的方向，在学术界也
存在着不同的意见。如韩松教授认为，"许多学者总是认为主体不明，一
定要论证只有集体组织法人才能作为集体所有权的主体，一味地否定成员
集体作为集体所有权的主体，实际上只是回归到集体组织所有而无较大的
创新"。② 韩松教授的担忧不无道理，因为在集体经济组织实现法人化的
同时，如果不能及时的建立一套完整的法人治理结构，确保集体经济组织
成员参与法人治理的立法程序，则集体经济组织的法人化很可能为个别人
对集体资产实施控制提供便利和合法的借口。

　　因此，在《民法典》确立农村集体经济组织特别法人地位的同时，
应尽快制定农村集体经济组织的专门和基本法律，清晰界定农村集体经济
组织的职能，尽快对农村集体经济组织的法律（法人）地位进行专门的
立法，而在这一立法过程中，集体经济组织的成员权问题应该作为一个核
心的问题进行全面而详尽的规定。对此问题，温世扬教授认为，集体土地
成员权的内容应包括自益权和共益权。集体成员通过自益权实现其收益，
通过共益权来行使集体所有权。一方面，自益权是集体组织成员取得个人
权利或财产权的基础。集体成员只能在拥有成员权，特别是其中的自益权
的前提下，才能通过法定或约定程序，现实地作为基于集体土地所有权分
离的土地承包权的权利主体，并进而享有经营权，所以自益权显然是该结
构的核心；另一方面，自益权也是集体成员对于集体财产的利用，如对道
路、水利灌溉设施等公共财产的利用。共益权主要体现于参与决策权与监
督管理权，前者主要体现为集体组织重大事务决定权，而所谓重大事务即
为实质上对集体成员自益权产生重大影响的事务；后者主要体现为知情权
以及请求司法救济的权利。③ 在农村集体经济组织法人治理结构建立起来
之后，传统的统分结合的双层经营体系，转化为法人成员与法人之间的关
系，集体经济组织成员的权益主要在法人治理的过程中得以保障和体现，

---

① 陈小君：《民法典"特别法人"入法动因、功效与实践》，《检察日报》2020 年 7 月 15 日。

② 韩松：《我国民法典物权编应当界定农民集体所有权类型的本质属性》，《四川大学学
报》（哲学社会科学版）2019 年第 3 期。

③ 温世扬、吴昊：《集体土地"三权分置"的法律意蕴与制度供给》，《华东政法大学学
报》2017 年第 3 期。

而不再区分为功能价值相互分割的"统"或者"分"，因此，传统意义上的双层农业经营体制其实已经失去了其固有的维护农民的土地承包经营的自主权和集体所有制的功能价值。而近年来我国在各地积极推行的农村资源变资产、资金变股金、农民变股东的改革实践，也正是为建立农村集体经济组织法人治理结构积累经验，其中所谓的"农民变股东"的身份变化，就是对农村集体经济组织成员权的探索，集体经济组织本身的法人化与集团及经济组织成员的股东化，是一个问题的两个方面。虽然在这个过程中，仍然有"家庭承包，统分结合"的双层经营体制的印痕，但是，这一双层经营体系在农村集体经济组织法人化实现的进程中，已经不再享有主流的话语权。

五 结语

我国民法典对于农村集体经济组织法人地位的确立以及对农地三权分置改革的立法确认，为农村集体经济发展的现代转型提供了有利的立法保障。随着党的十九大提出乡村振兴和农业与农村优先发展的口号，我国农业经营体制改革迎来了新的历史机遇。纵观我国农业国际竞争力所面临的巨大压力以及乡村经济社会发展的历史，原有的双层经营体制越来越难以适应农业现代化对生产力发展的要求。农业双层经营体制的组织规范和理论归纳都已经无法完整而准确地反映当前农业生产经营方式的新特征，需要对农业双层经营体制进行新的理论概括和组织创新。在农村集体经济组织法人化的语境下，农地三权分置改革得到立法确认的新的农地权利格局下，宪法上所规定的双层经营体系是否仍然具有不可撼动的农业基础地位？这需要随着新的时代的命题做出全新的诠释。当然，这样说并非就是要否认"双层经营体系"的现代意义，集体作为公有制的一个类型，在我国社会主义基本制度之下，具有不可置疑的合法存在。而民法典所确立的农村集体经济组织法人地位和农地的三权分置立法，其根本的法权来源仍然是宪法所确立的集体所有制以及农民的家庭承包经营权，只不过民法典时代的农业经营主体已经发生了巨大的时代变迁，按照法人治理结构建立起来的农村集体经济组织已经不能简单地用"分散经营和统一经营"的功能价值进行解释，农民的家庭承包经营权也将伴随农村集体经济组织法人的设立而融入成员权，并成为农民深度参与集体经济组织法人治理结构的基础性权利。这是一个集体和个体、法人与成员相互关系重新解构重组的过程，这一过程与中央对集体产权改革提出的"农村资源变资产、资金变股金、农民变股东"的三个转变的要求是相一致的（《国家乡村振兴战略规划（2018—2022）》）。我国农村集体经济组织法人立法完成之后，对于现行立法上所规定的统分结合的双层经营体制需要进行重新审视，即使从保护农民承包经营权的角度出发予以保留，也需要对双层经营体系的内涵进行重新界定。这一问题将随着我国农村集体经济组织法的立法进程变得越来越迫切。

第十三章　农村集体产权流转机制的
构建与立法完善

　　2016 年 12 月 26 日，中共中央、国务院发布《关于稳步推进农村集体产权制度改革的意见》，要求适应健全社会主义市场经济体制新要求，不断深化农村集体产权制度改革，探索农村集体所有制有效实现形式，盘活农村集体资产，引导农村产权规范流转和交易。鼓励地方特别是县、乡依托集体资产监督管理、土地经营权流转管理等平台，建立符合农村实际需要的产权流转交易市场，开展农村承包土地经营权、集体林权、"四荒"地使用权、农业类知识产权、农村集体经营性资产出租等流转交易。这就是人们通常所说的"农村资源变资产、资金变股金、农民变股东"的"三变改革"，而要完成这样的改革就必须探索建立农村集体产权的交易流转机制，使农户的"静"产权能够形成"动"效益，使资产转化为资本成为可能，否则农民的财产性收入将无从实现。秘鲁著名经济学家赫尔南多·德·索托在《资本的秘密》一书中认为，农民往往拥有比较丰富的资产，农民不是缺少资本而是缺少一套使资产转化为资本的产权制度安排。[①] 索托所指的农民固然是主要实行土地私有制国家拥有土地所有权的农民，但是他所指出的情况在我国同样存在，因为农民手里的土地承包经营权、宅基地使用权和房屋所有权也都具有物权特性。相比城市里一般的市民，我国广大农民同样拥有比城里人更为丰富的资产类型。而之所以农民的财产性收入较低，原因则主要来自我国以往设立了一套限制农民财产权益的制度体系。因此，尽快建立起我国农村集体产权和农民财产权的流转机制，关系着我国广大农民利益的实现和城镇化目标的达成，同时也

---

　　① ［秘鲁］赫尔南多·德·索托：《资本的秘密》，于海生译，华夏出版社 2007 年版。

将为最终解决制约经济和社会发展的城乡二元结构问题打下坚实的基础。

一　农村集体产权流转机制的基本内涵与现状

在我国广大农村，除较小部分的村庄因为地处城乡接合部或者20世纪乡村企业兴盛时期打下了较为雄厚的集体经济基础，绝大多数的村庄集体产权主要体现为集体土地的价值。集体土地所有权是农地权利构成中的核心和基础，是农民土地财产权的主要来源。但是，由于集体土地所有权的公有制性质，所有权不可能通过流转改变土地的性质。因此，所谓农村集体产权的流转问题，主要表现为土地承包经营权、宅基地使用权等农民个体权利的流转，集体共有产权的流转主要是集体建设用地使用权。随着我国《民法典》的颁布施行，农地的三权分置得到了立法确认。农地的三权中，集体土地所有权和农民的农地承包权不存在流转的问题，进入流转环节的主要是农地的经营权。而我国民法典之所以能否较为顺利的突破物权法上所规定的农地两权分离，对农地的三权分置进行了确认，一方面是增加农民的土地财产性收益；另一方面则是出于提高农业的规模效益的考量。

一项学者对湖北省武汉市的调研成果显示，自2009年4月30日至2013年年底，武汉农交所累计办理农村产权交易项目1669宗，交易金额99.69亿元，流转土地面积98.16万亩，涉及农户16万户。目前，武汉农交所十类交易品种，分别是土地经营权、"四荒地"使用权、养殖水面承包经营权、集体林地使用权和林木所有权、农业类知识产权、农村集体经济组织股权、农村房屋所有权、农村闲置宅基地使用权、农业生产设施使用权和二手农机具所有权。这十大类交易品种中，交易最活跃的是土地经营权，流转面积为78.12万亩，占武汉农交所成交面积的79.58%，成交金额73.46亿元，占武汉农交所成交总额的73.69%。各种土地类型都以出租方式流转为主，其中，耕地99.41%，养殖水面96.23%，集体机动地87.52%，四荒地72.80%。[①] 从武汉市的实践来看，目前我国农村集

---

① 陆剑：《农村产权交易市场建设的私法议题与创新路径》，陈小君主编：《私法研究》（第20卷），法律出版社2016年版。

体产权的流转主要还是农户为单位的农地权利的流转，而不是以集体为单位的对于集体土地使用权的市场交易。

从字面意义进行解释，集体产权的流转应该是集体土地所有权的代理人（村民小组、村农民集体以及乡镇政府）作为入市主体对其所属集体产权的流转。目前来看，这个意义上的流转主要是集体经营性建设用地的流转。对此，有学者认为：目前中央政策对集体土地所有权的主体乃至对集体经营性建设用地入市的主体未作明确规定，集体土地所有权主体的实现形式不明问题尚未完全解决，这一问题有赖于在《民法总则》第99条规定集体经济组织为特别法人的制度框架下，结合农村集体资产股份权能改革试点的探索情况，由民法典物权编予以彻底厘清①。对于这一问题，从立法角度看，随着《土地管理法》的修改已经得到了解决。该法第63条规定："土地利用总体规划、城乡规划确定为工业、商业等经营性用途，并经依法登记的集体经营性建设用地，土地所有权人可以通过出让、出租等方式交由单位或者个人使用，并应当签订书面合同，载明土地界址、面积、动工期限、使用期限、土地用途、规划条件和双方其他权利义务"。这就是人们所说的立法层面上对农村集体土地经营性开发禁止性规定的突破，尽管按照《土地管理法》的规定，农村集体经营性建设用地可以不必经过从前的国有化征收或征用而进行自主的开发，但是由于农村集体建设用地并不能进行商品房的开发，因此农村集体经营性建设用地的流转在土地用途上仍然受到了较大限制。

就占据当前集体产权流转最大比例的土地经营权而言，其立法的价值目标也存在着顾此失彼的问题。陈小君教授认为，新修正的《农村土地承包法》对农村土地承包经营权的制度完善的具体设计少之又少，甚至限缩了修正前的若干条款，例如，第5节"土地承包经营权的流转"中的流转形式包括出租、互换、转让或其他方式，但目前仅保留了限于承包地的村内互换、村内转让和自愿有偿交回的流转形式，出租可以对外，即成立土地经营权，然而第46条对土地经营权的流转形式却没有限制；第47条对土地经营权解禁了融资担保，明确规定其可以在金融机构抵押贷

---

① 陆剑、陈振涛：《集体经营性建设用地入市改革试点的困境与出路》，《南京农业大学学报》（社会科学版）2019年第2期。

款，但出现了指代不明的"承包人的土地经营权"一词，实际将承包经营权拦在门外。立法修正案草案对此重大问题未作任何解释，其制度设计明显欠缺科学性，在适用时难以产生积极效应。若实践运行溢出土地经营权的担保，成立后产生纠纷，裁判就可能偏离公正，这与本立法平衡多方主体利益的价值目标相去甚远。[①] 针对我国目前绝大部分地位的农业发展主要还是依靠农民自己耕种，耕地面积超过仍然有 14 亿亩未流转的状况，不得不说农地的三权分置的立法制度设计，还需要更为具体和灵活制度才能够很好地实现立法的而改革目的。

目前，我国正在部分地区试点宅基地的三权分置，通过设置农村宅基地的所有权、资格权和使用权，试图实现农村宅基地的有效利用。而宅基地的三权分置试点客观上能够促使广大农村的旧村改造及合村并居，进而对乡村的传统村庄格局产生较大的影响。同时，这一进程会使农户个体的宅基地权利转化为集体经营性建设用地的开发和流转。有学者就此指出："虽然国家并未放开宅基地使用权的自由转让和租赁权，但是通过设计宅基地的有偿使用和自愿退出补偿机制间接实现了宅基地使用权和房屋财产权的收益权能，其可通过集体统一回购、宅基地使用权入股、一次性货币化补偿等多元方式体现。同时，通过宅基地的退出机制改革和土地整治规划，节约出来的宅基地建设用地指标大部分被复垦置换后，成为打包待处理的经营性建设用地，被纳入入市改革，给予集体成员一定的股权分红激励，因此也可被视为宅基地用益物权间接实现的一条可行路径。"[②]

农村集体土地是一个非常复杂的权利体系，尽管在土地所有权意义上只能由集体经济组织或者村民委员会（村民小组）所有，但是其中除了集体建设用地的使用权和公益用地的使用权归集体经济组织或全体村民享有以外，农地承包经营权和宅基地的使用权已经法定物权化为农户的个体性权利，因此集体产权的流转不单是专属于集体组织的权利流转，更大部分是农民个体性权利的流转。而从农地和宅基地的三权分置的改革目的看，增加农民的财产性收益，促进城镇化和农业的规模效益都是制度设计

---

① 陈小君：《〈农村土地承包法〉2018 年修正版再解读》，《中德法学论坛》2019 年第 1 期。

② 王林梅、段龙龙：《农村集体建设用地入市改革：基本导向、认识误区与未来趋势》，《财经科学》2018 年第 12 期。

者的重要考量，且三项目标具有顺序性，不能因为城镇化或农业效益的提高而损害农民的财产性权益。因此，集体产权流转制度的改革就要始终秉持改革的初衷，把农民的权益放在第一位，即使在集体产权的流转过程中需要对农民的个体权益进行限缩，也要取得农民的同意并最终有利于农民利益的实现。否则，借口土地的公有制而任意剥夺农民在集体产权流转中的权益，必将走向改革的反面，难以获得合法的结果。

二　集体经营性建设用地的流转主体问题

如前所述，集体经营性建设用地的使用权归集体经济组织，因而其流转的主体应该属于集体经济组织，对此并无异议。我国新颁布的《民法典》并未对农村集体建设用地进行专门的规定，而是在第 361 条规定："集体所有的土地作为建设用地的，应当依照土地管理的法律规定办理"。而按照《土地管理法》第 60 条的规定："农村集体经济组织使用乡（镇）土地利用总体规划确定的建设用地兴办企业或者与其他单位、个人以土地使用权入股、联营等形式共同举办企业的，应当持有关批准文件，向县级以上地方人民政府自然资源主管部门提出申请，按照省、自治区、直辖市规定的批准权限，由县级以上地方人民政府批准；其中，涉及占用农用地的，依照本法第 44 条的规定办理审批手续"。单纯从这一条文看，似乎农村集体建设用地的流转主体是农村集体经济组织，但是结合该法第 63 条则不能得出这样的结论。该条文规定："土地利用总体规划、城乡规划确定为工业、商业等经营性用途，并经依法登记的集体经营性建设用地，土地所有权人可以通过出让、出租等方式交由单位或者个人使用，并应当签订书面合同，载明土地界址、面积、动工期限、使用期限、土地用途、规划条件和双方其他权利义务。前款规定的集体经营性建设用地出让、出租等，应当经本集体经济组织成员的村民会议三分之二以上成员或者三分之二以上村民代表的同意"。实践中，因为许多村落并没有设立专门的集体经济组织，因而土地所有权人就是村委会或村民小组，故而集体经营性建设用地的流转主体并不统一。

根据我国各地的试点情况，农村集体经营性建设用地主要的入市主体有四种，分别是村民委员会、股份经济合作社（联合社）、土地股份合作社或土地专营公司、集体资产管理公司。一般来说，尚未成立集体经济组织的地区由村民委员会作为入市主体，比如贵州省湄潭县等；已经推行产权制度改革，成立相应集体经济组织的地区通常是由股份经济合作（联）社作为入市主体，比如浙江省德清县、广东省佛山市南海区等；而土地股份合作社是农民集体的授权组织，只能按照委托授权开展经营，土地股份合作社、土地专营公司通常是针对此项改革组建的专门机构，而像四川省郫县的资产管理公司则不仅针对此项改革，也负责其他资产管理；此外，部分地区由村集体委托授权组建了专门机构作为入市主体，比如北京市大兴区以镇为单位组建了土地联营公司，四川省郫县则由以村为单位的集体资产管理公司行使入市主体职能。

　　各地不同的经营性建设用地入市主体大体可以分为两大类：一是股份经济合作社（联合社）、土地股份合作社或土地专营公司等集体经济组织，一类是传统的村民小组、村民委员会和乡镇集体。随着我国《民法典》对农村集体经济组织法人地位的确立，未来农村集体经济组织法也将对农民对本集体经济的成员权做出详细的规定，因而改革大的方向应该是逐渐结束村民小组、村民委员会和乡镇集体等传统集体经济代理模式，采取法人化的治理形式。建立和完善合作社、农村集体财产入股成立的公司等集体经济组织，彻底解决主体虚设、经济与行政权力融为一体、自律组织与经济组织混为一体的弊端。

　　刘守英教授对我国当前的农村制度改革进行了全面的分析和研究，并提出应该撤销以传统村落的治理结构来作为集体经济代表的做法。他认为：随着工业化、城镇化的加速推进，发达地区的村庄被卷入这股洪流，传统农村劳动力和人口则不断离开村庄，由此带来村庄治理结构的变化。一是村庄归并加剧。改革以来，在经济力量和行政力量的双重推动下，各地并村、并组势头加快。一是行政村数量锐减。根据中国统计年鉴的数据，1985年时，全国行政村数量为94.1万个。到1994年，减少到80.2万个。到2004年，又减少到65.3万个。2014年时已经减少到58.4万个。在不到30年的时间里，全国行政村数量减少了35.7万个，减少了35.5%。二是村民小组数量大幅缩减。根据相关统计数据，1997年全国农村村民小组535.8万个，到2004年减少为507.9万个，到了2013年，进一步减少到497.2万个。十六年的时间里，村民小组减少了38.6万个，减少了 7.2% 。拆村并组的推行，更多是从变化环境下农村治理成本的考虑。但是，在中国现行土地集体所有制下，无论是拆村还是并组，即意味着其土地所有权边界的改变，村与村之间、组与组之间的人口规模不同、土地数量各异，对应的权利和利益也不一样，因此，大量村组归并中的纠纷大多因此而起。二是集体土地所有权主体上收。由于"三级所有、队为基础"的模糊性，近些年来，村庄治理结构的变化中，事实上又加剧了土地所有权主体的上收。在改革初实施包产到户时，除了少数地区的土地所有权在行政村以外，绝大多数村庄的土地分配单位在生产队（即自然村）一级，但是，按照农业部经管司的统计，2013 年，全国集体所有耕地 14.13 亿亩，归村所有的面积达 5.81 亿亩，超过耕地总面积的四成，归组所有的耕地为 7.28 亿亩，占 51.52% ，归乡镇集体经济组织所有的耕地仍有 1.04 亿亩，占集体所有耕地的 7.36% 。从近年来的变化趋势来看，归村所有的比例仍在快速增加，从 2010 年的 37.79% 上升到 2013 年的 41.12% ，增长了 3.33 个百分点；归乡镇集体经济组织的耕地呈现下降趋势，从 2010 年的 11.35% 下降到 2013 年的 7.36% ，下降了 3.99% ，很显然，原本作为土地集体所有权主体的村民小组（即原生产队），在村庄治理结构变革中，越来越失去土地的所有权。[①]

实践中，以集体经济组织作为流转主体的模式，大都以农民集体委托授权的具有市场法人资格的土地股份合作社、土地专营公司等作为入市实施主体，代表集体行使所有权。如四川成都郫都区围绕"委托代理"机制进行探索，确定成立农村股份经济合作社（联社）等形式的新型农村集体经济组织作为集体经营性建设用地入市的实施主体；陕西西安高陵区结合农村产权制度改革，成立农村集体经济合作社作为入市主体，村民小组土地可委托村合作社代理入市；浙江德清县明确三级入市主体，即镇集体土地由镇资产经营公司等全资下属公司或其代理人实施入市、村农民集体由村股份经济合作社实施入市、村民小组可委托村股份经济合作社等代理人实施入市。有学者认为：按照改革部署，代表土地所有权的农民集体由农民集体委托授权的具有市场法人资格的机构都可以作为入市主体，对这项改革本身来说，入市主体类型对改革效果影响不大。但从长远看，通

---

①　刘守英：《中国农地权属与经营方式的变化》，《中国经济时报》2016 年 2 月 19 日第 10 版。

过产权制度改革组建股份社以及股份公司作为入市主体，有利于改革的稳步推进并减少风险，似更为可取。① 2008 年 12 月，全国首家农村土地交易所——重庆农村土地交易所挂牌成立，重庆土交所主要交易的是城乡建设用地挂钩指标，就是人们常说的"地票"。地票包括农村宅基地及其附属设施用地、乡镇企业用地、农村公共设施和农村公益事业用地等农村集体建设用地，经过复垦为耕地后，并经土地管理部门严格验收后可用于建设的用地指标。因此，"地票"其实是"指标"的"票据化"。"地票"交易实质是指标交易，指标"从法律上来讲就是一种授权性政策规定，即如果拥有某种指标，则有资格有权利做某种行为"。"指标是一种资格，一种权利。"有学者一针见血地指出，"地票"是产生了增加城镇建设用地的"资格"和"权利"。② 重庆市在农村集体建设用地的地票改革实践，目前在全国已经具有一定的普遍性，只不过其他地方的改革不一定采取地票方式，但是原理实质上是一致的。近年来，个别地方开始突破了原有的行政层级和所有权的状况进行建设用地的流转。如北京大兴区在全国率先推出集体经营性建设用地入市的"镇级统筹"模式，成立集体所有制的联营公司，将集体经营性建设用地登记至联营公司名下，并委托其统一进行园区建设、经营管理和收益分配。这种流转模式从法理上讲，已经改变了固有的建设用地使用权的权利人，不论是权利人的主体范围和权利的边界都发生了巨大的改变，而原集体成员和组织的权益则通过联营公司章程的形式进行界定。在北京市大兴区的实践中，镇级政府所起到的作用已相当大。

三　土地经营权和宅基地使用权的流转

为充分发挥农村集体土地的利用效率、提高农民的财产性权利，近年来，我国先后展开了承包地和宅基地的"三权分置"改革。房绍坤教授认为，《民法典》增设土地经营权就是一个重要的创新点，实现了土地经

---

① 陈明：《农村集体经营性建设用地入市改革的评估与展望》，《农业经济问题》2018 年第 2 期。

② 郭振杰、曹世海：《"地票"的法律性质和制度演绎》，《政法论丛》2009 年第 2 期。

营权由政策提出到单行法确认，最后纳入法典的历史跨越，充分显示了土地经营权的重要地位，也彰显了土地经营权所具有的时代价值。在承包地"三权分置"改革中，从土地承包经营权中分离出土地经营权，这使承包地上并存着土地承包权和土地经营权，从而丰富了农地权利体系。而土地承包经营权人在保留土地承包权的情况下，可以自主决定向他人流转土地经营权，这就使承包户通过流转土地经营权获取了更大的收益，优化了集体土地所有权的实现方式。[①]

推行农地三权分置的主要目的在于提高农业的规模效益，克服多年来困扰我国农业发展的土地细碎化问题。然而，如果在制度上完成农地的三权分置之后，仍然是单个家庭的分散流转土地经营权，则也很难实现规模农业的目的。近年来，全国有35%左右的家庭承包地得到流转，转包和出租是我国农地流转的主要方式，占比分别约为47%和35%，农地转入方主要是农户（专业大户、家庭农场）、专业合作社和农业企业，其中农户和专业合作社农地流转占比分别为58.4%和21.6%。由于我国农地流转市场不够健全、完善，流转运行方式大多表现为"基层政府（或村、组）与企业""农户与农户""农户与种粮大户或者企业"之间的自发流转，村集体农地流转权的行使仅限于其所有的"四荒地"土地经营权的发包和流转，集体土地所有权主体丧失了流转过程的决策知情权和流转后的监管职能，现实中常常出现农地流转交易不畅、流转规范性不够，流转纠纷频发等诸多问题。因此，有学者建议推动目前以农户主导的自发、松散的流转方式，向村集体—农户之间委托—代理的农地流转方式的转变：有流转意愿的农户将流转土地委托给村集体，再由村集体代理农户统一流转给经营主体，村集体—农户—经营主体之间构成一种农地流转的委托与代理关系。[②]据笔者观察，在山东省各地农村的实践中，许多村庄的村社组织、集体经济组织在土地经营权和宅基地的流转中实际上扮演了重要的中介作用。一般的做法是首先承包户将自家分散的承包地流转给村民小组集中参与土地整理，然后村民小组或村委会再将集中连片的土地流转给各

---

① 房绍坤：《土地经营权入典的时代价值》，《探索与争鸣》2020年第5期。

② 程久苗：《农地流转中村集体的角色定位与"三权"权能完善》，《农业经济问题》2020年第4期。

类经营主体。有学者调研后分析认为：从河镇的土地集中利用实践可以发现，在三种权利的关系中，土地经营权的实现是目的，而土地所有权和土地承包权的整合是手段，即通过土地所有权对土地承包权的整合保证了土地经营权的实现。这一思路在土地整理和土地流转两个关键环节中都是一以贯之的，以合并地块为核心的土地整理为土地的集中利用奠定了重要基础。但是如果没有后续以村社组织为中介的土地流转，可能仅能保障耕种自家承包地的承包户的土地可以集中连片利用，将难以实现"中坚农民"和新型农业经营主体所经营土地的集中连片，且难以应对不同农户不同时期变动的耕种意愿。①

宅基地的流转情况与土地经营权的流转存在一定的差别。在开展宅基地三权分置的试点地区，主要采取两种思路盘活闲置宅基地，一种是利用闲置住宅和宅基地，发展符合乡村特点的产业，比如休闲农业、乡村旅游、餐饮民宿、文化体验等产业。另一种则是采取整理、复垦、复绿等方式，开展农村闲置宅基地整治，依法依规利用城乡建设用地增减挂钩、集体经营性建设用地入市等政策。前者在城市化程度较高的地区，"逆城市化"现象比较突出的地区，需求比较明显。在北京等一些发达地区，由于盘活闲置宅基地的政策制定较早，市场需求较大，现在已经有闲置宅基地和农房的租赁产业出现。近年来，北京、上海等地已经有多个专门提供闲置农房出租的信息平台和企业出现。不仅是提供租赁信息服务，有的还深度参与农房改造、维修，甚至有平台先与农户或集体组织签订宅基地长期租赁合同，再向市场提供租赁。一位北京闲置农房租赁平台的企业负责人介绍，对于如何处理房屋所有权和宅基地使用权的问题，采取了多种方式。一是从农户租赁部分宅基地或全部宅基地，而房屋则由公司出资推倒重建或改装，房屋所有权在合作到期后免费赠送给农户。二是由农户自己出资改装，其中前一种更受合作农户的欢迎。对于后一种模式，由于涉及宅基地与城市建设用地的转化，且涉及土地二级市场和土地极差收益分配，被认为能够显著增加地方财政收入，因此也更为各界所关注。

2019 年，中共中央、国务院在《关于建立健全城乡融合发展体制机

① 孙新华、柳泽凡、周佩萱：《"三权"分置中的地权整合与土地集中利用——以皖南河镇为例》，《南京农业大学学报》第 20 卷。

制和政策体系的意见》提出，允许村集体在农民自愿前提下，依法把有偿收回的闲置宅基地、废弃的集体公益性建设用地转变为集体经营性建设用地入市。2020 年 4 月，中共中央、国务院印发《关于构建更加完善的要素市场化配置体制机制的意见》，明确提出实施年度建设用地总量调控制度，增强土地管理灵活性，推动土地计划指标更加合理化，城乡建设用地指标使用应更多由省级政府负责；探索建立全国性的建设用地、补充耕地指标跨区域交易机制。在一些市场派人士看来，连续两份重磅文件的推出，就从顶层设计的角度，打通了通过闲置宅基地复垦形成建设用地指标，再通过全国性交易机制入市的体制机制障碍，从而达到增加中心城市建设用地供应，提升土地资源富集地区土地价值，增加当地土地收入的目的。因此，目前正在全国掀起的新一轮撤村并居的运动，正是在这一大背景下展开。表面上看，似乎是通过旧村改造，把农户的宅基地通过流转来增加农民的财产性收益，克服以往因宅基地禁止流转而形成的农村房屋的价值贬损。而实质上，这一问题与增减挂钩的建设用地指标结合后，就把原本没有多少市场价值的宅基地盘活，变成了建设用地。这在我国地方政府高度依赖土地财政的情况下，必然受到各级地方政府的推崇。

其实，宅基地的流转在个别地区的实践远远早于国家公开推出的宅基地三权分置试点。如重庆市 2008 年开始试点的地票制度改革，目标就是指向农村的宅基地，所谓地票是指包括农村宅基地在内的农村集体建设用地经过复垦后所产生的指标。在重庆市农村土地交易所开展"地票"交易后，绝大部分收入归农民家庭所有，而企业购得的"地票"，可以纳入新增建设用地计划，增加相同数量的城镇建设用地。浙江诸暨等地也从 2017 年开始尝试地票制度改革，退出土地的农民所持有的"地票"，甚至可以直接抵押商品房购房款。上海市则在全国率先推出了宅基地"股权化"的尝试。在上海市奉贤区南桥镇宅基地流转试点中，对于退出宅基地、选择相对集中居住的居民，既可选择直接领取补偿资金，也可以选择以此资金参股投资项目，保底收益率不低于 5%。当地由镇一级政府成立了一家专门用来运作宅基地股权化的公司，对项目收益进行兜底。

四　农民集体资产股份有偿退出机制的建立与完善

《国家乡村振兴战略规划（2018—2022）》指出，深入推进农村集体产权制度改革，推动资源变资产、资金变股金、农民变股东，发展多种形式的股份合作。完善农民对集体资产股份的占有、收益、有偿退出及抵押、担保、继承等权能和管理办法。随着我国城镇化的加快发展，农民的退出权逐步成为农村集体产权改革的目标之一，已经引发学界的高度关注。但是，从目前情况看，农村集体资产股份的有偿退出问题在我国学界的研究还比较薄弱。这是因为集体资产的股份化主要是党的十八大以来积极推行的改革，目前理论界的研究时间还比较短，还未形成较为系统的研究成果。

韩松认为，集体成员对集体资产股份的有偿退出的权利是指在取得集体资产股份权的情况下，集体成员如果退出集体可以取得其所享有股份的对价。一般来讲，集体成员退出集体可以有两种方式：一是转让其股份，二是由集体回购其股份①。韩松因此提出，要将土地农村集体经济组织所有制明确界定为农民按份共有制，农村集体经济的每一个成员都拥有按份分割农地所有权的权利，农民按份共有的农地权利可以合法继承或转让、抵押、赠送等。从各地的实践来看，在位置较好的城市周边地区，农民通过股份合作社（公司）将农地重新入股的比例较高，入股后改变土地用途，用于第二产业、第三产业的较为常见，像深圳、广州的城中村便是明证。此种情况下要有田可退，除非建立土地储备制度。"简单地说，就是由集体组织用储备的土地换取农民入股的土地。储备的土地可以是土地整理多出的面积，也可以是土地功能划分时预留出来的。"另外，也可以是未入股的农民以土地置换退股农民已入股的土地。不过，这种可能性建立在入股的农民想退股，未入股的农民想入股，且已入和未入的土地大小、价值等要素符合双方意愿的基础上。总体看来，这种交易达成的概率比较小。所以，对要求退股的农户来说，折价退出是较为现实的选择。在限制土地自由流转的前提下，受让方可以是社区成员、集体组织未入股的成员

---

① 韩松：《论农民集体成员对集体土地资产的股份权》，《法商研究》2014 年第 3 期。

和集体组织。

目前，我国在农村广泛推广的股份合作制度已经把农民手中的土地承包经营权"再集体化"，在《民法典》通过农地三权分置的立法之后，原先已经将土地承包经营权入股的土地是否要重新进行入股就是一个问题。如果按照从前的做法，则当股份合作企业解散时，入股土地应该如何处理？对股份合作公司破产或解散后土地承包经营权的处置问题，目前学界有两类观点：一种是认为应该对土地承包经营权实行特殊保护，在农村土地股份合作制发展中，暂时应规定"农村土地股份合作经济组织负债，不得以任何形式直接或间接用土地承包经营权进行抵押"①；另一种是将土地承包经营权视为一般的财产权，和其他权利一样，在入股之时就已经让渡给股份合作企业，股份合作企业具有处分权，土地承包经营权可以继承、转让、抵押，可以当作破产财产用来偿债。黄河等学者就此提出"国家收购论"，当股份合作企业破产时，国家应当对土地承包经营权享有优先购买权。从我国民法典规定农地三权分置的目的来看，这种观点似不足取，因为显然之所以将承包权和经营权分离，就是要保证承包权的稳定性，而将经营权进行单独的流转。从这个意义上来说，以往所进行的土地承包经营权的入股，在农地三权分置入典的背景下，都需要对从前的入股行为重新进行制度设计。

二是集体经济组织的类型化及其股东退出的不同途径。目前，我国存在集体企业改制而形成的股份合作企业、以农地为核心资产组建的农地股份合作企业和社区型股份合作企业三种类型。第一种股份合作企业大多经过第二次改制，改造成了有限责任公司或股份有限公司，仍然保持股份合作制企业形态的已不多见，这一类型的股东依照公司法规定行使股权的转让；而后两种形态的股份合作组织中的股东则面临非常复杂的情况。对于已经完成了城镇化的社区型股份合作组织，农民的土地承包经营权也已经事实上终止，因而股东的退出权基本能够自由行使。而仍然主要从事农业经营地区设立的农地股份合作组织，股东的退出受到其成员权的影响。

---

① 隋文香：《农村土地股份合作制中保护农民利益十大规范要点》，《中国集体经济》2010年第2期。

农民在退出集体经济组织时需要搞清楚的一个前提性问题。农民虽也称股东，但此"股东"非彼"股东"。集体经济组织的发展中大多赋予农民股东"保底分红权""退股权""土地承包经营权的回购请求权"，这些权利均是公司法上股东所不可能享有的，虽然按照《民法总则》的规定可以取得法人资格，但是当这类组织不能清偿到期债务时能否适用破产法的问题尚面临着非常大的理论挑战。因此，欲探讨农民作为股东的退出权必须先对股东权有清醒的认识。吴越、吴义茂认为，"要赋予入股农民于股份合作企业破产时对其所入股的土地承包经营权的优先购买权，同时构建类似于存款保险的'土地承包经营权入股保险'，解决入股农民行使优先购买权的资金来源"①。此类观点由于是在民法典颁布之前，农民以土地承包经营权入股，所以股份合作公司如果破产，必然影响承包权的归属变更问题，而这又是按照《土地承包法》等立法专属于集体成员的权利。在民法典确立农地三权分置制度之后，农民主要是对经营权的入股，而不涉及承包权的问题，这一担心将随着未来相关制度设计的完善而消除。

一般认为，宅基地和承包地的基础是村民身份，而身份又是与户籍相关。三权分置改革的目的是实现农地和宅基地的使用权转让，其中包含着承包权和宅基地资格权不能转让的问题。所以一般认为，承包权和宅基地资格权只能由村集体收回，被动的退出而不是主动的退出，通过三权分置实现经营权或使用权的退出，而对农地的承包权和宅基地的资格权是不能通过转让退出的。农民享有退股权是防止团体对农民利益的侵害。然而，在农村集体经济组织取得法人资格之后，农民的股权就不能任意地退出，否则即会损害法人财产的完整性。但是，与公司的股权是通过对内或对外的转让不同，农村集体股份只能对内转让或由集体回收，一般不能通过对外转让实现。而这就引发一系列问题，诸如股权的抵押、担保、继承等法律问题。所以，从这个角度来看，对于法人的股权的退出主要是通过股权转让的方式。随着城镇化进程的不断加速，我国农村的人口是处于不断减少。农民的死亡、婚嫁、收养、上学、入伍、进城等都会使相关农民丧失集体成员资格，进而导致这些特殊群体人员的退出。而这些特殊群体或者

---

① 吴越、吴义茂：《农地赋权及其土地承包经营权入股范式》，《改革》2011 年第 2 期。

其继承人应否继续享有原集体经济组织成员资格从前的标准是户籍，随着户籍制度的淡化，什么情况下应该保留资格，什么情况下应该退出？相关主体有无行使退出权的自由等问题，成为实践中极易引发纠纷的问题，这类问题的解决均有赖于我国正在制定的《农村集体经济组织法》予以厘清解决。

随着我国城镇化的加速发展，未来还将有数以亿计的农民告别农村进入城市生活，农民集体经济组织成员权的退出将是一个频繁发生的常态事件，而退出必然发生成员权的变动。为更好地解决和规范这类问题，我国在农村集体经济组织法的起草过程中要重视对于农民退出权的程序性保障。在章程中规定退出的条件和程序，并预设股东退出的条件及方式，如果是法人则需要办理变更登记，在非法人的情况下，也要对成员资格变化情况进行记载，以防日后发生纠纷时不能提交证据。为防止集体经济组织违法或违反章程侵犯成员的合法权益，应对申请人的退出申请，退出表决和变更程序、民事、行政的救济程序等进行详细的规定。

相比更多与宅基地使用权挂钩的有偿退出，与资格权紧密联系的宅基地有偿使用问题，虽然市场关注度较小，但也一直被各界反复探讨，并成为各地试点的重点领域。在宅基地制度改革的路径探索上，应该以有偿为核心。对退出宅基地资格权的农民，可自愿选择货币补偿、置换商品房、养老和社保等多种置换方式，探索完善宅基地资格权多种实现形式。并且，应当探索宅基地使用由永久无偿向分类有偿转变，清晰宅基地有偿使用、有偿退出实现路径。当前大多数地区对宅基地有偿使用的探索，主要集中在对历史形成的农村宅基地超标准占用和一户多宅的收缴有偿使用费上。

五　政府在农村集体产权流转中的引导与约束

农村土地流转需要在政府的引导和扶植下才能够依法、规范、有序地进行，但是地方政府在农村土地承包经营权流转过程中的越位争利和缺位不作为行为，都会对农村土地流转的更进一步发展形成制约和阻碍。为了解决"三农"问题促进农村土地流转，就应该明确界定政府的地位和角色，还应该积极完善土地流转的法律法规建设，建立健全关于土地流转的监督管理机制，不断加强对地方政府在土地流转过程中引导行为的法律规制。

政府在农村集体产权流转改革中，通过设立政府的产权交易平台极大地促进了农民和集体产权的流转。如武汉市建立了以农交所为核心的农村产权交易体系，农交所下辖的区级农村产权交易服务中心、乡镇（街、场）农村产权交易服务站，被定位为武汉农交所的分支机构。区分所按照武汉农交所的"六统一"（统一监督管理、统一交易规则、统一信息发布、统一收费标准、统一交易鉴证和统一平台建设）的管理模式组建，为区筹资设立的非营利性公司制企业法人机构，区分所的主管部门为区农业局，业务上接受武汉农交所的垂直领导。在市场培育期，各区财政对分支机构实行定额补贴。各区根据实际情况可在乡镇（街、场）便民服务中心或经管站（财政所）建立信息服务站。根据交易品种的性质、规模和额度，武汉农交所对区、乡分支机构给予不同的授权。目前已批准成立5个区、24个乡镇的农村产权交易分支机构。武汉市农交所体系建设具有一定的创新性，但是也存在着不少法律问题。有学者指出，（农交所存在）强制性和任意性的矛盾。武汉市范围内所有农村产权交易是否均需在武汉农交所进行，经过农交所的产权交易行为产生何种法律效力，如土地经营权流转经武汉农交所鉴证并出具鉴证书，能否使债权性流转产生物权性效力，另外，未进入农交所公开进行并出具鉴证书的农村产权交易的法律效力如何。[①] 南京市主要以区政府为平台，以实施城乡建设用地增减挂钩来获得投资渠道，指标成本在50万元/亩以上，实践地点有六合、溧水、江宁地区。针对农村集体经营性建设用地量大分散、低效以及配套设施不足的状况，广东省佛山市南海区建立了农村集体经营性建设用地整备制度，成立集体土地整备中心，通过所有者托管的方式，集体土地整备中心将符合入市条件的集体经营性建设用地进行集中连片整理，统一招商入市，有效解决了以往集体土地零星分散，难以利用的问题，实现集体土地开发利用的规模经济效应，提升了土地利用效率。南海区建立统一的土地交易平台，出台了《佛山市南海区农村集体资产管理交易办法》，在区、镇两级构建"一个平台""两级交易"的集体土地公开交易服务体系，完

---

① 陆剑：《农村产权交易市场建设的私法议题与创新路径》，陈小君主编：《私法研究》第20卷，法律出版社2016年版。

善农村集体经营性建设用地区级交易的审批流程和平台建设，明确划分区级交易和镇级交易的业务范围，要求入市土地面积达到一定标准（租赁100亩及以上或出让50亩及以上）或具有较大影响的项目用地入市，必须进入区级中心公开交易。同时，南海区还建立了农村财务监管平台，将农村集体经营性建设用地入市取得的收入纳入该平台监管，有效防止未经公开交易私下流转集体建设用地的行为。①

农村集体经营性建设用地入市流转是当前建立健全城乡统一的建设用地市场的难点，背后是利益机制在起作用，主要是地方政府担心入市流转冲击征地出让的利益格局。因此，如何在政府、集体与农民之间合理分配土地收益，是入市流转制度建立健全的关键。从农村土地制度的系统性与整体性出发，协调平衡农村集体经营性建设用地入市制度与土地征收制度，均衡农民从入市与征收中的获得感。区分社会管理者和土地所有者代表的两种政府角色，从法律上规范政府通过税收参与土地增值收益分配调节，乡镇政府从该级农民集体所有的建设用地运营中退出，由专门代表该级农民集体所有的农村集体经济股份合作社以地租地价的形式主张分配。对村组集体所有的经营性建设用地的收益分配，政府以税收和发展基金的形式取得财政收入，村组集体以所有者身份取得集体收入，农民以集体收益分配权益或分红从农村集体经济股份合作社获得收入。根据江苏省经验，苏州地区的股份制起到了较好的作用，但是考虑到日后新型城镇化发展推进，农村人口将有较大的变化，股权、集体成员权的继承、转让等问题仍然是个需要进一步探究的问题。值得注意的是，农民在集体经营性建设用地入市前期不知情，中期用地谈判时没有决策权，后期收益分配过程中的收益权也就难以保证甚至遭到剥夺，容易引发群体性事件。苏州市曾经提出政府按30%参与分配，但目前已经实现了出让收益全部让利给集体；宿迁市规定市政府不参与收益分配，镇一级可以在有投入的前提下参与上限为30%的收益分配，成交价格由交易双方协议决定，必须经过2/3以上村民代表的同意；南京市收益分配由各个区决定，大部分归转出方所有，区政府按一定比例抽取；南通市出让集体土地时，市、乡、村分别享

---

① 赵祥：《"再集体化"与政策协同：集体建设用地入市改革的路径分析》，《岭南学刊》2019年第4期。

有 10%、15%、75% 的份额。① 与江苏的做法形成鲜明对比，广东佛山则采取了土地增值收益调节金的办法，南海区制订出台了调节金与税费征收管理办法，从制度层面对入市环节的调节金及税费征收问题予以规范，但在实施中要扭转农村集体从流转免费到入市收费的观念还需要一个适应过程，同时该收益调节金的收取比例究竟应该如何设置也需要进一步探索。

政府在集体产权流转中的作用体现在很多方面，尤其是在政府交易平台、产权登记和集体经营性建设用地的整合等方面。而随着政府日常性的介入农村集体产权的流转工作，地方政府极易利用自身的权力和信息等优势对于农民和村集体的权益造成侵害。对此问题，有学者提出，鉴于地方政府在当地农村土地流转过程中的失范行为，有必要建立健全关于土地承包经营权流转市场化运作的监管约束机制。首先，要从内部加强对于土地流转的管理与监督，明确界定涉及土地流转的地方机构的财政、执行和监督职责，明确界定他们的权力范围，提高国土部门关于土地执法的权威性，杜绝多头管理多头执政却又多家缺位的现象发生，要把保护耕地上升到国策来执行，从而加大对农村用地转变为建设用地的督察力度。在有条件的地区要设立专门针对土地流转的监管机构，规范土地流转程序和土地流转过程中相关主体的行为，严格监管流转土地的利用情况。其次，还要建立健全关于土地流转的外部监管机制，充分发挥新闻媒介和广大人民群众对于土地流转的监督作用。对于在土地流转过程中利用政府行政权力侵害农民利益的行为，要予以依法查处严厉打击。② 为尽快解决因农地流转而产生的纠纷，政府还应当建立调解、仲裁土地流转纠纷处理机制，各级政府应当积极的成立农村土地纠纷调解委员会，及时地处理土地承包与流转过程中存在的农户土地承包纠纷问题。政府应当出台相应的措施来鼓励与培育发展种养大户、家庭农场等方式，将资本农业、科技农业以及规模农业作为农业发展的主要类型，完善农村经营体系建设。政府引导与鼓励农业产业化的龙头企业，积极推动农村土地流转。不断完善金融融资行为规范，建立健全农村贷款机制，保障农民的融资需求得以实现。

---

① 陈会广、李丽：《农村集体经营性建设用地入市流转的江苏实地调研及对下一步改革的启示》，《上海法学研究》集刊 2019 年第 19 卷。

② 杨彬：《承包经营权流转中政府引导行为的法律规制研究》，《农业经济》2020 年第 4 期。

第十四章　乡村振兴背景下的农村集体 经济产权改革：困境与展望[*]

2016 年 12 月 26 日，中共中央、国务院发布《关于稳步推进农村集体产权制度改革的意见》，要求有序推进经营性资产股份合作制改革将农村集体经营性资产以股份或者份额形式量化到本集体成员，作为其参加集体收益分配的基本依据。改革主要在有经营性资产的村镇，特别是在城中村、城郊村和经济发达村开展。2017 年中央一号文件提出"稳妥有序，由点及面推进农村集体经营性资产股份合作制改革，确认成员身份，量化经营性资产，保障农民集体资产权利"。2018 年中央一号文件《关于实施乡村振兴战略的意见》再次提出了"加快推进集体经营性资产股份合作制改革"的要求，作为整体深入推进农村集体产权制度改革的重要组成部分，要求在进行该项改革时要防止内部少数人控制和外部资本侵占集体资产。连续两年的中央一号文件聚焦农村集体产权的股份合作制改革，说明最高决策当局已经认识到农村集体产权改革的重要性和紧迫性。

党的十八大提出实施乡村振兴战略，其中明确提出，乡村振兴，产业兴旺是重点。而产业兴旺除了一家一户的小农产业的行为，更主要的则是农村集体经济的发展与壮大。从现实情况看，凡是农民生活比较富裕、产业兴旺的乡村，几乎都是集体经济发展比较好的村庄。根据课题组的调研：即使是在山东省这样的东部沿海省份，全省农村集体经济也普遍薄弱，集体经济组织有待进一步完善、加强。调研统计显示有集体经济组织、村集体经济年净收入稳定达到 5 万元的行政村比例不到 30%，部分

---

* 本章主要内容发表于《农业法律研究论丛》（2019 年卷），法律出版社 2020 年版，第 42—52 页。

村靠自我发展而取得的年集体经济收入为零，集体经济空壳现象较为普遍。因而，对于许多较为贫困的乡村而言，如何实现产业的发展和振兴才是最根本的，对于那些集体经济空壳的乡村讲求集体产权的股份化是不切实际的，因为道理很简单：先得有果实才会有果实的权利归属和分配问题。党的十九大以来，党中央、国务院提出了乡村振兴和农业农村优先发展的口号，这成为指导我国新型城乡关系的原则性纲领。孔祥智认为，（2019 年一号文件）坚持农业农村优先发展的实质就是要在资金投入、产业布局、劳动力就业、基础设施建设、公共服务等方面向农业农村倾斜，逐渐矫正城乡之间的失衡状态，最终实现均衡发展。可以预期，在未来相当长的时期内，农业农村优先发展将会是中国农业农村政策的基本点。①如果说城市的发展是依托了国有土地和国有企业的支柱作用，那么在乡村振兴的背景下，乡村集体土地的高效利用以及集体经济的发展则是关系乡村振兴目标能否实现的关键问题。长远来看，我国正在展开的集体产权的股份化改革将会持续进行，同时随着我国总体社会经济结构的变化而展现出新的特点。

一　当前我国农村集体经济产权面临的改革困境

1. 农村集体产权改革需解决集体产权的主体性问题

与国有企业正在进行的混合所有制改革不同，集体经济组织的产权制度改革并不是要改变其集体所有制的产权模式，其中也不存在混合所有制的问题，而主要是将集体所有的财产通过股份化变为集体成员共同或者按份共有，也就是实现集体产权在成员内部的共享。这一产权改革模式在经济学界几乎成为一种共识，如有学者认为，股份量化改革以农村集体经济组织为发生场域，将集体资产以股份形式量化到本集体成员，是对内部产权关系和治理关系的再调整。从改革过程看，农村集体经营性资产的股份合作制改革，不同于工商企业的股份制改造，要体现成员集体所有和特有

---

① 董峻等：《确保如期完成"三农"硬任务的总部署——透视 2019 年中央一号文件四大信号》，http：//health. chinanews. com/gn/2019/02 – 19。

的社区性，只能在农村集体经济组织内部进行。① 然而，这一解释与我们长久以来对于集体所有权的理解并不一致。如《中华法学大辞典·民法学卷》认为："集体组织所有权又称劳动群众集体组织的财产所有权，是劳动群众集体组织占有、使用、收益和处分其财产的权利，是劳动群众集体所有制在法律上的表现。集体所有权没有全国性的统一的主体，其主体是工业、农业、商业、修理和服务业等各方面的劳动群众集体经济组织。各个集体经济组织具有独立的法人资格……集体所有权的主体是集体组织，而不是组成这个集体的成员。"

笔者注意到，在经济学界和法学界对于集体产权的性质问题始终没有达成一致的看法。② 由于经济学界在农村改革和集体产权发展中的主导作用，很长时间内法学界的声音非常的微弱。而近年来随着对集体产权改革模式立法的呼声渐高，又由于《民法总则》中把集体经济组织规定为一种特别法人，对于集体产权的立法表述才逐渐被提及。按照大陆法系标准的定义：共有的法律结构是一种财产所有权的结合，而非一种所有权的类型。而我国《宪法》和《物权法》的规定均否定了土地所有权为自然人享有的可能。尽管我国农村土地的承包经营权本身也是以家庭这样一个非法人组织为主体，但是由于家庭财产最终可以通过分割、继承变成个人财产，因而把集体土地所有制解释为村集体组织成员的共同共有的确就导致了土地私有的结局。这样的结果，显然在我国目前的法律和政策框架内不可能出现。

因此，当土地公有制的政治经济学思维转换为立法的具体制度设计时，并不是一个简单的话语过渡问题。这正如人们在公司法理论上所看到的，国家所有制不能理解为国家对于国有公司的财产仍然享有所有权，"国有"的客体变成了股权，而国家出资的所有权则只能由公司享有一样。当然，土地公有制在国有土地上所体现出来的问题并不明显，因为国

---

① 赵新龙：《农村集体资产股份量化纠纷的司法实践研究》，《农业经济问题》2019 年第 5 期。

② 徐勇教授认为，集体经济并不直接等同于集体共有经济，它还包括集体所有权基础上的集体成员的个体经济。集体共有经济是集体所有权基础上集体共同享有的经济，而由集体所有权派生和延伸出来的承包经营权所产生的个体经济也属于集体经济的范畴。徐勇：《创新集体：对集体经济有效实现形式的探索》，《土地股份合作与集体经济有效实现形式高端论坛论文集》2014 年 9 月。

家本身在法学理论上即被视为一个特殊的法人组织，国有土地的所有权只能由国家享有。但是，集体土地所有制要变为物权法上的所有权概念，则必须居寄于一个具有独立主体身份的组织，正是从整个意义上说，民法总则对于农村集体经济组织法人的规定具有非凡的价值。按照《民法总则》第99条和第101条的规定：农村集体经济组织依法取得法人资格。设立了村集体经济组织的，村民委员会不应继续代行村集体经济组织的职能。

显然，我国正在进行的农村集体产权的股份化改革与农村集体经济组织的法人化不谋而合，将最终实现农村集体经济组织内部以成员权为基础的治理结构，外部则以法人身份呈现的主体构造。无疑，这一改革进程的顺利与否对于我国乡村振兴目标的实现有着十分深远的现实意义。

2. 集体经济面临的外部环境有待进一步的改善和清晰化

在股份合作制广泛推广的过程中，如何摆脱以往政社合一的集体经济运营模式是困扰农村集体经济发展的一个问题。尤其是在党的基层组织作用不断得到加强的情况下，集体经济组织的主体地位受到一定的限制，这与集体经济组织法人化的趋势发生一定程度的背离，对于这一矛盾和问题尽管学术界也多有探讨，但是结果并不能令人满意。

2018年6月，农业农村部、中国人民银行和国家市场监督管理总局共同发布了《关于开展农村集体经济组织登记赋码工作的通知》，通知中明确各级农业农村管理部门作为农村集体经济组织建设和发展的主管部门，是农村集体经济组织登记赋码的管理部门，要落实好中央有关"现阶段可由县级以上地方政府主管部门负责向农村集体经济组织发放组织登记证书，农村集体经济组织可据此向有关部门办理银行开户等相关手续"规定，认真履行职责，承担起农村集体经济组织登记赋码责任。这样，农业和农村部成为我国农村集体经济组织管理的一类新的登记机构，而鉴于市场主体行为的复杂性和农村集体产权的特殊性，农业农村部作为行业主管机关将面临更加繁重的任务，其中如何实现农村集体经济组织的独立性，最大限度地实现民法总则赋予的法人地位，是摆在行业主管机关面前的一个难题。

3. 农村集体经济产权改革与既有法学理论的衔接问题未能很好地解决

股份合作组织的发展中大多赋予农民股东"保底分红权""退股权"

"土地承包经营权的回购请求权",同时农地的集体属性和用途的不可变更都会对债权人的利益产生损害,从而损害其法理上的正当性,使得股份化的立法规范设计面临挑战。同时,产生于中国特色农村集体所有制和成员权的新型的股份合作组织,虽然《民法总则》的规定可以取得法人资格,但是当这类组织不能清偿到期债务时能否适用破产法的问题,尚面临着非常大的理论挑战,还需要在今后的研究中更深的研究。农村集体产权改革的目标是通过股份量化改革,逐步构建归属清晰、权能完整、流转顺畅、保护严格的中国特色社会主义农村集体产权制度,保护和发展农民作为农村集体经济组织成员的合法权益,形成有效维护农村集体经济组织成员权利的治理体系。① 从农村集体经济组织长远发展来看,既要尽量地克服农村集体产权的意识形态化,又要尽快地建立农村集体产权的自主理论,避免因为既有法学理论的冲突而产生困惑进而走向国有化或者私有化的两极,最终避免损害我们经过艰苦的历史探索才建立起来的集体产权,出现大的社会动荡。

4. 农地的流转问题未能提出一条有效的改革思路

近年来,我国在农村土地制度方面的改革探索一直没有止步,随着《中华人民共和国农村土地承包法》对所有权、承包权和经营权分离的"三权分置"理论的入法,农村土地的流转问题似乎得到了解决。但是在我国现行《农村土地承包法》《物权法》《土地管理法》等涉及农村土地产权的法律中,并未对农村土地所有权、农村土地承包权、农村土地经营权的权利内容进行较为详细的界定,也未对其权能边界进行明确划分。同时由于我国集体土地的复杂性和农地用途的管制,目前集体土地绝大部分仍不能自由的流转,这使集体资产股份化的现实意义大打折扣,这一问题需要随着我国乡村振兴事业的不断推进而逐步地解决。

调研中发现,目前在各地农村存在大量土地荒废现象。其中耕地表现为土地荒废、闲置;建设用地主要是空心村、闲置厂房等。在现有建设用地审批管理制度下,各级政府对土地建设用地指标的争夺,成为制约乡村振兴战略实施的焦点问题。一方面城市扩张、工业发展需要越来越多的建设用地;另一方面建设用地受制于耕地保护"占补平衡"等中央政策机

---

① 赵新龙:《农村集体资产股份量化纠纷的司法实践研究》,《农业经济问题》2019 年第 5 期。

制的约束，建设用地获得途径更加困难。由于三权分置后经营权的流转也只能维持农业用途，因而农地流转并未产生短时间的井喷，农业规模化经营的目的也存在较大的难度。农地经营权的转让如何与农地的股份合作相互衔接，是经营权的股权化还是直接的转让都有待于进一步的研究。

二　农村集体经济产权改革展望

对于我国农村集体经济产权制度改革的研究，是一个具有较大的不确定性的课题。之所以如此，是因为从大的经济与社会发展周期看，我国仍处于城镇化加速的阶段，在未来的一个相当长的时期内，农村的人口、布局、产业形态和组织结构等都仍将处于不断的变化状态，因而人们今天所面对的问题可能会随着时间的推移而不再成其为问题，同时随着新的格局的出现，农业和农村所呈现出的新问题则必须以发展的眼光来对待。这种变化的恒常状态，造成了对农村集体产权改革进行立法的困难。但是，我国农村集体经济经过半个多世纪的发展，已经展现出其特有的演化轨迹和理论脉络，这一流变的进程尽管看似随意其实则是具有很强的内生的逻辑性。在对我国农村集体经济产权改革进行研究和阐释的过程中，能否把握好这样的逻辑原理，正确地看待变与不变关系，对于今后一个时期内我国集体经济的发展和改革具有十分重要的现实意义。

1. 集体产权的公有制属性将长期存在

近年来，围绕着农村集体产权的股份化问题，学术界存在着一些不同的看法。有的学者认为通过股份化集体产权将逐渐确权到农民个体所有从而将实现事实上的"私有制"。这其实是对我国当下正在进行的农村集体产权改革的错误认识。2014年，习近平总书记在中央农村工作会议上提出"四个不能"：土地制度改革怎么改都不能把农村集体经济组织给改垮了，不能把耕地给改少了，不能把粮食给改滑坡了，不能把农民的利益损害了。他强调土地制度改革要有"三条底线"：（1）不能改变土地所有制，就是农民集体所有；（2）不能改变土地的用途，农地必须农用；（3）不管怎么改，都不能损害农民的基本权益。中央全面深化改革领导小组第七次会议明确指出，推进城镇化和农业现代化"坚持土地公有制性质不改变、耕地红线不突破、农民利益不受损三条底线"。2016年12月发布的《中共中央、国务院关于稳步推进农村集体产权制度改革的意见》要求，坚持农民集体所有不动摇，不能把集体经济改弱了、改小了、改垮了，防止集体资产流失；坚持农民权利不受损，不能把农民的财产权利改虚了、改少了、改没了，防止内部少数人控制和外部资本侵占。

目前，我国对农村集体资产的股份化改革主要涉及经营性资产和部分资源性资产，对于教育、体育等公共服务的非经营性资产并无进行股份化改革的必要。就集体资产的确权和股份化并不能认为是集体所有属性与所有权状态的变化，而只是集体所有权内部权利配置方式和格局的改变，这一改变并未创设一种新的所有权类型或是产生了混合所有制。有学者就此指出：集体资产股份化并量化到成员名下后，其所有权仍属于该集体，没有也不能分割为成员个别所有，成员所享有的集体经营性资产的股份权，成员股东可根据所赋予的权能依法行使。这种制度安排，在产权结构方面，既保持了集体资产的整体性，又确立了成员个人建立在虚划的集体资产股份基础之上的收益权，这种产权结构不仅能够让成员股东的个人资产与集体资产同步增长，而且也能在成员股东与外部股东之间的分配关系上，兼顾按劳分配与按股分红的合理配置。①

2. "合作"始终是农村集体经济组织的本质特征

由于农村集体产权的股份化采用了类似股份公司的产权结构，因而在20世纪刚刚在农村出现股份化改革的实践时，无论学术界还是实务界都曾经把农村集体产权的改革等同于企业的改革，有不少的观点都认为经过股份化之后，农村集体经济组织应该按照公司法的要求改造为股份有限公司。实践中的一些地方，针对深化改革的方向，个别人简单地把集体经济组织的特点视作弊端，要求将其全部完全改造为独立的公司制企业。② 这种观点在一段时期内曾经相当盛行，尤其是在某一些具有明星效应的农村地区，如江苏的华西村、上海的九星村、山东的南山村等，由于这些经济强村大都对村办企业实行了股份制的公司改造，因而以股份公司的方式进行公司化改造曾经一度被认为是农村集体产权改革的灵丹妙药。今天看

---

① 林晓东、陈荣文：《农村集体经营性资产股份合作制改革若干问题研究》，《福建论坛》（人文社会科学版）2019 年第 1 期。

② 程渭山：《探索农村集体经济有效实现形式》，《中国合作经济》2016 年 2 月。

来，这一观点忽略了农村集体产权的固有属性和特征，显然是错误的。农村集体经济组织虽然属于市场主体的一种，但它并非是营利性的组织，按照我国《农民专业合作社法》第 2 条的规定：农民专业合作社是指在农村家庭承包经营基础上，农产品的生产经营者或者农业生产经营服务的提供者、利用者，自愿联合、民主管理的互助性经济组织。1995 年 9 月，国际合作社联盟通过了《关于合作社特征的宣言》，明确指出：合作社的基本价值是"自助、平等、公平和团结"，并据此宣示了合作社的七项原则：自愿和开放的社员，社员的民主控制，社员的经济参与，自治、自立，教育、培训和信息，合作社之间的合作，关心社区。上述原则的核心精神有三点：开放的社员资格、社员的民主控制和按照惠顾额返还，只要具备这些核心精神的组织就可以称为合作社。①

从世界范围看，合作社是农业发展中十分倚重的一类互益性组织，它作为产业化的市场经营主体，是加强农户与市场联系，提高农户市场适应能力，推动传统农业转型的重要桥梁。正因如此，在美国农产品总量的 80% 以及出口农产品的 70%，都是来自农业合作社。针对我国当前的农村集体经济组织的现状，黄祖辉教授总结认为：我国的农村集体经济组织主要存在三种类型：一是传统合作社；二是股份合作社，包括土地股份合作社和其他要素入股的股份合作社，其中土地股份合作社是以集体土地与农户承包地入股，截至 2015 年年底，全国已有 8.52 万家土地股份合作社，占当年合作社总数的 6.4%；三是联合社，包括专业合作与专业合作相联合的联合社，生产合作、供销合作、信用合作三位一体的联合社，专业合作与社区合作相联合的联合社等，近年来都得到了不同程度的发展。② 由此可见，我国的农村集体经济组织的股份化只是对农民和集体之间的产权配置方式进行了变革，并未改变合作社的本质属性。当然，随着我国乡村振兴战略的深入推进，农村集体产权的改革必将突破现有的理论和体制机制的束缚，体现出许多新的特点。从国外来看，市场主体的创新也从未停驻。20 世纪 90 年代，在美国的北达科他州和明尼苏达州出现一

---

① 施春风：《农民专业合作社的定义及其基本原则》，《中国农民合作社》2018 年第 5 期。

② 黄祖辉：《改革开放四十年：中国农业产业组织的变革与前瞻》，《农业经济问题》2018 年第 11 期。

种新的合作社形式：即在保持合作社基本特征的基础上，以股份形式确立社员的权利与义务，坚决反对少数人控制股份，被称为"新一代农业合作社"，并在全国迅速发展。2001 年，《怀俄明州加工合作社成文法》的实施标志着美国进入"有限合作社"时代，即由惠顾成员（享受合作社提供服务的成员）和投资成员（不享受合作社提供的服务但提供创办资本的成员）共同组成的合作社，其通过吸引社会资本投资，丰富了合作社的资金来源，兼顾了传统合作社的建立原则与现代融资机制。[1] 上述美国新型合作社的出现与我国近年来的资本下乡极为相似，对于我国相关立法的完善具有极强的借鉴意义。

3. 集体产权的"三变"要求对基层是挑战更是机遇

《国家乡村振兴战略规划（2018—2022）》指出，深入推进农村集体产权制度改革，推动资源变资产、资金变股金、农民变股东，发展多种形式的股份合作。完善农民对集体资产股份的占有、收益、有偿退出及抵押、担保、继承等权能和管理办法。"资源变资产、资金变股金、农民变股东"的三变是对当代农村经济社会发展和基层治理提出的更高的要求。为此，需要构建并完善集体资产的整体性与量化股份"两权分离"结构下股份权能体系，切实保障并落实集体成员对集体经营性资产的权利，建立集体成员财产利益与集体经营性资产保值增值的利益联结，使集体成员能够通过量化股份方式切实增加财产性收入，共享发展成果[2]。

2019 年 5 月 5 日，《中共中央、国务院关于建立健全城乡融合发展体制机制和政策体系的意见》发布并指出，"建立健全党组织领导的自治、法治、德治相结合的乡村治理体系，发挥群众参与治理主体作用，增强乡村治理能力。强化农村基层党组织领导作用，全面推行村党组织书记通过法定程序担任村委会主任和村级集体经济组织、合作经济组织负责人"。从该通知的精神看，我国今后一个时期，农村基层党组织仍是农村集体产权改革的主导力量，而基层党组织，尤其是党支部书记能否适应集体产权改革的"三变"要求，将是一个很大的考验。对此，笔者认为不能单纯

---

① 赵冉、苏群：《美国、日本农业合作社发展特点及启示》，《世界农业》2016 年第 5 期。

② 林晓东、陈荣文：《农村集体经营性资产股份合作制改革若干问题研究》，《福建论坛》（人文社会科学版）2019 年第 1 期。

地靠无偿奉献和党性原则，为了让能人、大户，让有市场意识、经济基础、创业能力的基层党员、干部，愿意、积极地参与到村集体经济建设，参与到带领基层群众发展致富行动中来，应当建立起党员、干部带头人合法报酬、合理利益有效获得的激励制度，让那些在村集体合作社、集体企业等集体经济组织中贡献大、带领效果明显的带头人、负责人获得合理、稳定的报酬和激励机制。

4. 警惕政策和资本诱导下的集体经济异化现象

进入新世纪以来，我国的农村集体经济组织面面临着双重的"挤压"，致使农业产业组织出现了主体性扭曲和异化。一方面，社会资本和工商业组织不断地以各种形式浸入农业领域，从而使原本以"自我服务"和"民主控制"为特征的合作社呈现出极强的资本控制的异化现象。根据一项调查研究发现：在 442 家合作社中第一大股东出资额占合作社出资总额的比例平均为 29.4%，其中有 25% 的合作社中第一大股东的出资额所占比例超过了 30%，有的甚至达到了 100%。[①] 资本属性的增加以及少数人对合作社的控制已经非常接近公司等营利性组织，而与传统的合作社已相去甚远；另一方面，随着各类合作社和农业产业组织发展扶持政策的出台，各地各类合作社、家庭农场等主体井喷式发展，其中有许多都是为了套取政策红利的虚假主体，并无实际运行的能力和作用。黄祖辉教授认为，政府在鼓励家庭农场和合作组织发展的过程中缺乏对这些产业组织的本质内涵的科学认定，致使有利可图但却异化的组织应运而生，产业组织的异化将会引致不利后果导致组织制度失效、组织利益失衡、主体行为扭曲和组织创新受阻，因此，如何在农业产业组织发展中既鼓励组织创新又防止组织异化，是一个亟待研究与解决的问题。[②]

从长远来看，来自工商业等资本对于农业的投入将是必然的过程。问题并不是合作社本身容易遭受外来资本的侵扰，而是我国目前的农村合作社没能实现自我的创新发展。时至今日，我国农村的专业合作社一直受困于规模、农产品种类和行政区域因素，未能真正发挥小农户和大市场的纽

---

① 郭红东、张若健：《中国农民专业合作社调查》，浙江大学出版社 2010 年版。

② 黄祖辉：《改革开放四十年：中国农业产业组织的变革与前瞻》，《农业经济问题》2018 年第 11 期。

带和桥梁作用，同时一部分专业合作社没有严格按照合作社法设立和运行，也极易受到社会资本的控制。党国英就此主张，农民专业合作社应该严格按照国家关于合作社的相关法律组建、认定和监管。应鼓励建立跨行政区划合作社，把合作社做大做强。从国家农业在国际市场竞争的要求看，未来全国只需要几十个合作社，而不是现在的180多万个。① 本课题研究认为：我国农村集体经济的改革在微观上要通过股份化实现成员对集体产权的量化明晰，而宏观上则应当积极推进农村集体经济组织的重组与联合，克服一直困扰我国农村的小农户与大市场之间的矛盾，尽快实现农业的高效发展，为我国的粮食安全和农村的全面振兴打下坚实的基础。

结语——正确处理好集体经济组织演化进程中的"变与不变"

从哲学意义上说，任何事物都是处于不断的变化中，变化是绝对的，不变是相对的。我国集体经济诞生于暴风骤雨般的土地革命与改革，历经"大跃进"、人民公社再到承包经营责任制、统分结合的双层经营体制和三权分置改革，可以说，集体经济的变革始终没有停止。今天，我国关于农村集体经济组织的主体立法仍然付之阙如，部分原因就在于我国农村集体经济的实践仍处于变革的活跃期，随着我国城镇化的加速推进，农村经济社会的内部结构和外部环境都在发生着巨大的变革，这种情况下，匆忙推出农村集体经济组织的立法，极易发生立法的滞后，从而与实践相脱节。但是，如果一直缺乏立法的顶层制度设计，则我国农村集体经济组织的发展将继续延续当前特征模糊的、容易被各种力量侵害的弱势地位。因此，在研究我国集体经济组织的演进过程中，一定要正确处理好"变与不变"这一对矛盾，才能真正实现乡村振兴战略所制定的宏伟蓝图。

当前，我国农村经济社会面临的矛盾和问题仍然很多，面对雄关漫道，需要在不断变化的纷繁表象中，总结和归纳出那些具有普遍规律性的特征并尽快予以制度化，就农村集体经济组织的主体而言，也应该尽快制定出以农村集体经济组织法人为基本规范对象的立法，尽快修改专业合作社法，制定综合性、跨行业和区域的合作社法，同时，不断强化相关行政

---

① 党国英：《农村集体经济制度研究论纲》，《社会科学战线》2017年12期。

主管机关在土地承包经营权、林权等基础性权利确权和流转中的作用，提高股份化的规范运作水平，确保各种权利的合法运行，最大限度地避免农业产业组织在各种外部因素挤压下的异化，使我国的农村集体产权能够在现代农业产业组织体系中发挥其应有的制度价值，为我国乡村振兴战略目标的实现发挥关键作用。

本课题认为：我国农村集体产权改革将持续一个较长的历史时期，这一改革以集体产权对成员的确权量化为基本特征，以股份合作为主要的结构方式，是我国广大农民群众在当代社会为实现集体所有制而探索出的一条适合中国农村实际的改革道路，这一改革进程并未改变我国农村以土地为核心资产的集体所有制。当前，我国农村社会仍处于城镇化的进程中，农业人口的减少和乡村格局的变迁都将对农村集体产权的边界、格局和组织形态产生巨大的影响。可以预言：随着工商业资本对农业的不断介入，随着农村人居环境的不断改善，逆城镇化思潮也将会在不远的将来成为一种普遍的社会现象，农村集体经济组织将始终面临剧烈的社会变迁，而有关农村集体产权私有化抑或国有化的主张必然仍然会以各种面目呈现出来。面对如此复杂的社会变迁，只有牢牢把握农村集体产权的公有性质和农村集体经济组织的合作本质，才不至于在未来的农业与农村社会经济的剧烈变化中迷失前进方向，也才能真正实现乡村振兴的宏伟目标。

党的十九大以来，随着最近两年中央一号文件关于乡村振兴和农业与农村优先发展口号的提出，本课题研究成果对正在进行的乡村振兴事业发挥了积极的促进作用，对近年来全国范围内开展的集体经济组织的主体性改革和集体产权股份化改革实践发挥了积极的指导意义。众所周知，乡村振兴的基础是产业和经济组织的振兴，而要实现产业和经济组织的振兴离不开产权制度的改革，通过改革赋予农村集体经济组织以更加清晰的产权制度安排、更加灵活的运行机制和更加科学的管理体系。本课题研究通过对我国农村的股份合作组织深入的调研，总结和归纳出当前我国农村集体产权制度改革的基本特征、所存在的问题以及立法规范的框架与脉络，试图为农村集体经济的发展和变革找到正确的道路。从近年来我国农村集体经济组织的发展与改革走向看，本课题的诸多观点已经被管理部门所认可，变为改革实践的依据之一。本课题的研究成果近年来在各类学术会议讨论交流，受到了农业与农村部主要领导的肯定，本课题研究成果在一定范围内为地方立法机构和行政主管机关近年来涉及农村集体经济的立法、管理机构对农村集体经济组织的登记管理制度改革和纠纷解决提供了决策依据，为各地集体资产股份化改革提供理论指导，产生了一定的社会效益。

附录：关于农村集体资产股份化问题的调查问卷

省/自治区/直辖市＿＿＿＿＿＿＿＿＿＿＿＿＿＿＿＿＿

市、区、乡/镇/街道＿＿＿＿＿＿＿＿＿＿＿＿＿＿＿＿

社区/村＿＿＿＿＿＿＿＿＿＿＿＿＿＿＿＿＿＿＿＿＿＿

尊敬的基层管理者和农民朋友们：

您好！为调查了解农村集体资产股份化的现状，总结集体资产股份化过程中的经验，更好的解决有关问题，我们设计了本问卷。问卷以无记名的方式填写，您的回答只为研究所用，请您按照实际情况和真实想法填写，耽误您宝贵的时间，对此给您带来的不便，我们深表歉意。同时，也希望您能够理解与配合，谢谢合作！

山东农业大学"中国农村集体资产股份化研究"课题组

2016.1

答题说明：请在所选项目上打√号

1. 您的村庄主要属于以下哪种类型？

A. 城中村　B. 城乡接合部　C. 偏远农村

2. 您村的经济发展方式有哪些？（此题可多选）

A. 农业　B. 工业　C. 建筑业　D. 旅游服务业　E. 其他＿＿＿＿＿＿

3. 您家有耕地吗？

A. 有＿＿＿＿＿亩　B. 没有

4. 您村旧村改造进行到哪个阶段了？

A. 已完成　B. 进行中　C. 未进行

5. 您对上楼的态度如何：

A. 非常愿意　B. 愿意　C. 没感觉　D. 不愿意

6. 您认为村民和市民最大的区别是什么？

A. 户籍性质变更　B. 耕地面积改变　C. 居住地点变化

D. 工作性质改变　E. 其他_____

7. 村改居前后您家庭主要经济来源：

（1）村改居前：

A. 务农　B. 打工　C. 自主创业　D. 子女供养

E. 政府补助　F. 集体组织　G. 其他

（2）村改居后：

A. 务农　B. 打工　C. 自主创业　D. 子女供养

E. 政府补助　F. 集体组织　G. 其他

8. 在村改居、城镇化过程中您的收入水平的变化：

（1）您在村改居、城镇化过程中收入水平是提高还是降低了？

A. 提高了　B. 降低了

（2）提高或降低了多少？

A. 1000 元以下　B. 1000 元—2000 元　C. 2000 元—3000 元

D. 3000 元—4000 元　E. 4000 元—5000 元　F. 5000 元以上

（3）收入水平的变化体现在哪些方面？

A. 收入增加　B. 居住环境改善　C. 公共设施完善

D. 医疗卫生条件改善　E. 养老环境改善

F. 教育资源优化　G. 其他_____

9. 您认为村庄改造建设应当做好哪几方面的工作？（此题可多选）

A. 大规模的农村住房规划改造与建设　B. 村庄的街道硬化建设

C. 安装路灯　D. 沼气建设　E. 改厕　F. 建设公共自来水

G. 公共图书馆　H. 公共娱乐活动场所　I. 公共体育活动场所

10. 在居住方式上您喜欢

A. 几十户农民在一起的楼房　B. 独门独院的平房

C. 没有庭院的独户小楼房

11. 您的房屋是否有产权证明？

A. 是　B. 否

如果有，您的房屋产权是哪种类型？

A. 大产权　B. 小产权　C. 宅基地使用证

12. 当地村改居、城镇化的过程中社会保障的变化：

（1）您是否参加了社会养老保险？

A. 否　B. 是

（2）如果是的话是下列哪一种？

A. 城镇职工基本养老保险　B. 城镇居民养老保险

C. 农民社会养老保险　D. 农民工养老/综合保险

E. 其他社会养老保险

（3）您当前主要靠什么养老？

A. 养老保险金　B. 个人积蓄　C. 以房/地养老　D. 家人供养

E. 社会救助　F. 股份合作企业（社）保底分红　G. 其他_____

（4）您是否参加了社会医疗保险？

A. 否　B. 是

（5）如果是的话是下面哪一种？

A. 城镇职工基本医疗保险　B. 城镇居民基本医疗保险

C. 新型农村合作医疗　D. 其他_____

13. 您认为村改居后农民对于集体组织的依赖程度：

A. 降低　B. 增强　C. 没变化

14. 您认为您村对周边地区的经济辐射带动作用：

A. 很大　B. 比较大　C. 很小

15. 您村外来迁移人口多不多？

A. 几乎没有　B. 有，但不多　C. 非常多

16. 您村外来人员享受本村哪些福利待遇？（本题可多选）

A. 不享受　B. 入股分红　C. 公共设施　D. 医疗、养老、就业

E. 其他各种形式补贴

17. 您村集体资产总额大约多少？

A. 1000 万元以下　B. 1000 万元—5000 万元

C. 5000 万元—1 亿　D. 1 亿元以上

18. 当地本集体的财产由谁最终控制？

A. 书记　B. 村主任

19. 您村目前集体资产主要包括哪些？

A. 耕地林地　B. 集体企业　C. 沿街商铺　D. 公共设施

E. 养老院、幼儿园等　F. 其他

20. 您所在村的集体经济组织采取的是什么形态？

A. 合作社　B. 股份公司　C. 股份合作公司　D. 不清楚

21. 您听说过法人吗？

A. 没听说　B. 知道一些，就是法定代表人

C. 知道，就是独立承担责任的组织

22. 您觉得村集体经济组织是法人吗？

A. 不是，它是村民大家的　B. 可以是，要不永远搞不好

C. 应该是，否则摆脱不了村支书和主任的干涉

23. 您所在村的集体经济组织每年是否进行分红？

A. 按月分红　B. 年底一次性分红

24. 分红一般采取什么形态？

A. 现金　B. 实物

25. 所在村的集体经济组织分红是以村委会的名义还是以公司或合作社的名义？

A. 村委会　B. 公司、合作社　C. 无所谓，反正是一回事

26. 保底分红的承诺如何确保？

A. 口头承诺　B. 内部协议　C. 签订合同　D. 其他_____

27. 村集体经济组织的经营情况是否公开？是否属于村务公开的内容？

A. 是，属于　B. 不公开，不属于

28. 如果子女不能通过考学进入城市，未来您希望自己的孩子还继续留在农村吗？

A. 既然没本事，也只能留在农村

B. 无论如何也不能留在农村，太苦了

C. 还是和父辈一样，当农民工，节假日在村里，平常在城里打工

29. 如今城里的房子都卖不出去，如果国家有政策能很低的价格卖给您城里的房子，但是前提是必须放弃土地和村里的房子，您是否愿意？

A. 愿意　B. 不愿意，到城里能干什么？靠什么生活？

C. 不愿意，不喜欢城里的生活

30．（1）您认为土地承包权与所有权是否相同：

A. 是　B. 否

（2）您认为农民对土地的权利是一种所有权吗：

A. 是　B. 否

（3）村集体对土地承包权是否可以改变或者终止：

A. 是　B. 否

31．（1）目前正在搞的土地确权确的是什么权：

A. 土地承包权　B. 所有权

（2）确权后与确权前农户权利有什么不同＿＿＿＿＿＿＿＿＿

32．如果允许土地承包经营权抵押贷款，您会去贷款吗？如果贷款还不上，您认为对您的承包经营权会有什么影响？

A. 会，还不上就没地了

B. 会，还不上也不能把我怎么样，反正土地已经确权了

C. 不会，因为风险太大

33．如果允许宅基地进行抵押贷款，您会去贷款吗？如果贷款还不上，您认为对您的生活会有什么影响？

A. 会，还不上就没地方住了

B. 会，还不上也不能把我怎么样，还能让我住大街上吗？

C. 不会，因为风险太大

34．您是否赞同承包权入股：

A. 赞同　B. 不赞同

35．您对入股的要求有哪些：

A. 保底分红　B. 年底受益　C. 禁止外来人口入股

D. 允许继承转让　E. 其他

36．您村的并村工作情况：

A. 没有并村　B. 实行并村，但居民点没有合并改造

C. 实行并村，并对居民点进行合并改造

37．如果有一天您所在的村和其他的村合并了，您的地也要被收走了，您觉得应该如何保护自己对从前集体经济的付出和利益？

A. 集体资产分到个人手里　　B. 可以搞股份合作

C. 可以搞股份制，当股东

38. 作为股东，您享有哪些权利：

A. 选举权/被选举权　　B. 表决权　　C. 知情权　　D. 收益权

E. 转让权　　F. 优先购买权　　G. 监督权

39. 作为股东，您应该履行的义务：

A. 遵守法律法规　　B. 执行股东大会和董事会决议

C. 缴纳出资义务　　D. 以出资额为限承担债务

E. 股东不得抽回投资

40. （1）您认为超生子女，服役军人，大学生，外嫁女等特殊群体是否应获得集体的宅基地：

A. 是　　B. 否　　C. 不清楚

（2）您认为他们是否应该获得集体资产股份化中的利益：

A. 是　　B. 否　　C. 不清楚

41. 当地农户入股是按照户还是自然人？

A. 户　　B. 自然人

42. 如果配偶一方去世或者离婚，是否发生股权继承：

A. 继承　　B. 不继承

43. 子女不是本集体组织成员的是否可以继承股权：

A. 是　　B. 否

44. （1）当地股份合作制企业设立过程中是否设置了集体股：

A. 否　　B. 是

（2）是的话集体股占多大的比例：

A. 10% 以下　　B. 10%—20%　　C. 20%—30%　　D. 30%—40%

E. 40%—50%　　F. 50% 以上

（3）您认为占多大比例合适＿＿＿＿＿＿＿＿＿＿＿＿

45. 村集体经济组织如果出现了经营亏损，您将采取什么行动？

A. 找村里讨个说法　　B. 经营总得有挣有亏，接受

C. 要求开股东会，选个有本事的人当头

46. 如果您所在的村集体经济组织经营不好，您考虑过退股吗？

A. 没考虑过，也不知道怎么退股　　B. 考虑过，但是被告知不能退股

C. 其他

47.（1）集体股份合作企业是按份共有还是共同共有：

A. 按份共有　B. 共同共有

（2）如果是按份共有可以分家吗：

A. 是　B. 否

48. 您认为股份合作制企业属于哪种类型的所有制？

A. 集体所有　B. 私有

49. 当地集体股份合作企业股份的设置有没有以下几种类型？

A. 人口股　B. 劳龄股　C. 特殊贡献股　D. 其他_____

50. 在股份化过程中，债权债务纠纷如何处理？

A. 双方协商解决　B. 第三方调解　C. 仲裁

D. 诉讼　E. 其他_____

感谢您的配合，谢谢！

参考文献

中文著作

《农村集体产权制度改革实践与探索》，中国农业出版社 2014 年版。

《中国农村经济形势分析与预测（2017—2018）》，社会科学文献出版社 2018 年。

安锐：《上市公司治理规则多样化研究》，博士学位论文，西南政法大学，2012 年。

陈天宝：《农村社区股份合作制改革及规范》，中国农业大学出版社 2009 年版。

陈晓军主编：《农事法研究·第一辑》，中国法制出版社 2006 年版。

高飞：《集体土地所有权主体制度研究》，法律出版社 2012 年版。

郭红东、张若健：《中国农民专业合作社调查》，浙江大学出版社 2010 年版。

国土资源部地质勘查司：《各国矿业法选编》，中国大地出版社 2005 年版。

国务院发展研究中心农村经济研究部：《集体所有制下的产权重构》，中国发展出版社 2015 年版。

贺雪峰：《地权的逻辑：地权变革的真相与谬误》，东方出版社 2013 年版。

侯希红：《农村集体资产管理》，中国社会出版社 2010 年版。

江平：《新编公司法教程》（第二版），法律出版社 2004 年版。

瞿立人：《苏南村级集体经济股份合作制改革研究》，博士学位论文，江苏大学，2007 年。

柯芳枝：《公司法论》，中国政法大学出版社 2004 年版。

李昌平：《大气候》，陕西人民出版社 2009 年版。

梁上上：《股东表决权——以公司控制权争夺为中心展开》，法律出版社 2005 年版。

刘道远：《集体地权流转法律创新研究》，北京大学出版社 2011 年版。

刘俊海：《现代公司法》，法律出版社 2011 年版。

梅夏英：《当代财产的发展及财产权利体系的重塑》，转引自王利明主编《民商法前沿论坛》，人民法院出版社 2004 年版。

潘维：《农民与市场：中国基层政权与乡镇企业》，商务印书馆 2003 年版。

钱忠好：《中国农村土地制度变迁和创新研究（续）》，社会科学文献出版社 2005 年版。

曲福川、黄贤金、司顺等：《中国土地制度研究：土地制度改革的产权经济分析》，中国矿业大学出版社 1997 年版。

孙宪忠：《争议与思考——物权立法笔记》，中国人民大学出版社 2006 年版。

谭贵华：《农村双层经营体制法律制度完善研究》，博士学位论文，西南政法大学，2012 年。

汪丁丁：《退出权、财产所有权与自由（代译序）》，转自《财产与自由》，中国社会科学出版社 2002 年版。

王军：《中国公司法》，高等教育出版社 2015 年版。

王利明主编：《民商法前沿论坛》，人民法院出版社 2004 年版。

王欣新：《公司法》，中国人民大学出版社 2008 年版。

姚洁：《农村社区股份合作制改革的研究》，博士学位论文，上海交通大学，2008 年。

叶兴庆：《农村集体产权权利分割问题研究》，中国金融出版社 2016 年版。

由嵘：《日耳曼法简介》，法律出版社 1987 年版。

张广荣：《我国农村集体土地民事立法研究论纲》，中国法制出版社 2007 年版。

张民安主编：《公司法》，中山大学出版社 2003 年版。

［法］孟德斯鸠：《论法的精神》（上），张雁深译，商务印书馆 2005

年版。

［美］西奥多·威廉·舒尔茨:《改造传统农业》，商务印书馆 1999 年版
　　(2006 重排)。

［秘鲁］赫尔南多·德·索托:《资本的秘密》，于海生译，华夏出版社
　　2007 年版。

《公司法律法规全书》，法律出版社 2014 年版。

主要中文文章

《中国改革面临的深层问题——杨小凯、江濡山谈话录》，《战略与管理》
　　2002 年第 5 期。

陈会广、钱忠好:《土地股份合作制中农民土地财产的剩余权与退出权研
　　究》，《中国土地科学》2011 年第 7 期。

陈甦:《籍合组织的特性与法律规制的策略》，《清华法学》2018 年第
　　5 期。

陈小君:《〈农村土地承包法〉2018 年修正版再解读》，中德法学论坛
　　2019 年第 1 期。

陈小君:《土地改革之"三权分置"入法及其实现障碍的解除》，《学术月
　　刊》2019 年第 1 期。

陈晓敏:《论大陆法上的集体所有权——以欧洲近代私法学说为中心的考
　　察》，《法商研究》2014 年第 1 期。

房绍坤:《土地经营权入典的时代价值》，《探索与争鸣》2020 年第 5 期。

高富平:《重启集体建设用地市场化改革的意义和制度需求》，《东方法
　　学》2014 年第 11 期。

高海、杨永磊:《社区股份合作社集体股改造:存废二元路径》，《南京农
　　业大学学报》(社会科学版) 第 16 卷第 1 期。

高圣平:《论集体建设用地使用权的法律构造》，《法学杂志》2019 年第
　　4 期。

高圣平:《农地三权分置改革与民法典物权编编纂》，《华东政法大学学
　　报》2019 年第 2 期。

顾功耘:《股份合作企业立法的若干疑难问题研究 (上)》，《法学》1997
　　年第 8 期。

管洪彦：《农村集体经济组织法人立法的现实基础与未来进路》，《甘肃政法学院学报》2018 年第 1 期。

韩松：《坚持农村土地集体所有权》，《法学家》2014 年第 2 期。

韩松：《论农民集体成员对集体土地资产的股份权》，《法商研究》2014 年第 3 期。

韩松：《我国民法典物权编应当界定农民集体所有权类型的本质属性》，《四川大学学报》（哲学社会科学版）2019 年第 3 期。

韩松：《宅基地立法政策与宅基地使用权制度改革》，《法学研究》2019 年第 6 期。

侯作前：《土地股份合作制与农民权益保障》，《法治研究》2007 年第 11 期。

黄祖辉、傅琳琳：《新型农业经营体系的内涵与建构》，《学术月刊》2015 年第 7 期。

靳相木等：《宅基地"三权分置"的逻辑起点、政策要义及入法路径》，《中国土地科学》2019 年第 5 期。

康纪田：《矿业权理论研究评述》，《福建警察学院学报》2011 年第 4 期。

李海平：《论农村土地属于集体所有的宪法解释》，《政治与法律》2017 年第 6 期。

李永军：《集体经济组织法人的历史变迁与法律结构》，《比较法研究》2017 年第 7 期。

李忠夏：《"社会主义公共财产"的宪法定位："合理利用"的规范内涵》，《中国法学》2020 年第 1 期。

刘连泰：《"土地属于集体所有"的规范属性》，《中国法学》2016 年第 3 期。

刘守英：《中国农地权属与经营方式的变化》，《中国经济时报》2016 年 2 月 19 日第 10 版。

龙卫球：《民法典物权编"三权分置"规范的体系设置和适用》，《比较法研究》2019 年第 6 期。

卢代富、邵海：《产业化背景下我国农业可持续发展的困境与法律对策》，《法律科学》2013 年第 5 期。

陆剑：《农村产权交易市场建设的私法议题与创新路径》，《私法研究》，

第 20 卷。

陆剑、易高翔：《论我国农村集体经济组织法人的制度构造——基于五部地方性法规和规章的实证研究》，《农村经济》2018 年第 2 期。

孟勤国：《论新时代农村土地产权制度》，《甘肃政法学院学报》2018 年第 1 期。

戚建刚：《论股份合作企业立法科学性取向》，《法律科学》1998 年第 5 期。

屈茂辉：《农村集体经济组织法人制度研究》，《政法论坛》2018 年第 3 期。

宋志红：《乡村振兴背景下的宅基地权利制度重构》，《法学研究》2019 年第 3 期。

孙宪忠：《推进农地三权分置经营模式的立法研究》，《中国社会科学》2016 年第 7 期。

谭启平、应建均：《"特别法人"问题追问——以《民法总则（草案）》（三次审议稿）为研究对象》，《社会科学》2017 年第 5 期。

汪习根：《关于股份合作制企业法人的几个问题》，《政治与法律》1997 年第 12 期。

王洪平：《农村集体产权制度改革的物权法底线》，《苏州大学学报》2019 年 1 月。

王克稳：《我国集体土地征收制度的建构》，《法学研究》2016 年第 1 期。

王利明：《民法典编纂中的若干争论问题——对梁慧星教授若干意见的几点回应》，《上海政法学院学报》2020 年第 4 期。

王权典、陈利根：《土地股份合作的法经济学分析与实践规制检讨——以广东南海模式为例》，《农村经济》2013 年第 2 期。

魏秀玲：《我国土地权利法律体系改革的路径思考》，《政法学刊》2019 年第 8 期。

温世扬：《集体经营性建设用地"同等入市"的法制革新》，《中国法学》2015 年第 4 期。

温世扬、吴昊：《集体土地"三权分置"的法律意蕴与制度供给》，《华东政法大学学报》2017 年第 3 期。

吴越、吴义茂：《农地赋权及其土地承包经营权入股范式》，《改革》2011

年第 2 期。

席志国：《民法典编纂中的土地权利体系再构造——三权分置理论的逻辑
　　展开》，《暨南学报（哲学社会科学版）》2019 年第 6 期。

谢怀栻：《论民事权利体系》，《法学研究》第 18 卷第 2 期（总第 1 期）。

许中缘、崔雪炜：《"三权分置"视域下的农村集体经济组织法人》，《当
　　代法学》2018 年第 1 期。

杨贵华：《集体资产改制背景下"村改居"社区股份合作组织研究》，《社
　　会科学》2014 年第 8 期。

张安毅：《我国农村集体经济组织的角色扭曲与社会变革背景下的立法重
　　构》，《理论与改革》2017 年第 5 期。

张红宇、刘玫、王晖：《中国农村土地使用制度变迁》，《农业经济问题》
　　2002 年第 2 期。

赵万一、张长健：《农村集体经济组织法权关系的创新——以社区型股份
　　合作制法人组织的构建为研究对象》，《西南民族大学学报》（人文社会
　　科学版）2012 年第 6 期。

郑风田、赵淑芳：《城市化过程中"农转居"与农村集体资产改制问题研
　　究》，《中州学刊》2005 年第 11 期。

周其仁：《公有制企业的性质》，《经济研究》2000 年第 11 期。

周其仁：《中国农村改革：国家与土地所有权关系的变化——一个经济制
　　度变迁史的回顾》，《中国社会科学季刊》1995 年第 6 期。

周少来：《城乡土地交易的利益分配逻辑》，《中央社会主义学院学报》
　　2018 年第 12 期。

外文文章

Andrew P. Morriss, Homesteading Rock: A Defense of Free Across Under The
　　General Mining Law of 1872, *Environmental Law*, Summer 2004.

Cfr. S. Romano, Sulla nozione di proprietà, in Istituto di diritto agrario interna-
　　zionale e comparato, Milano, 1962, Vol. 11.

Curtis Eaton & Allan Ingelson & Rainer Knopff: Property Rights Regimes TO
　　Optimize Natural Resource Use – Future CBM Development And Sustainabili-
　　ty, *Natural Resources Journal*, Spring 2007.

Cfr. P. Grossi, La proprietà e le proprietà nell' officina dello storico, in
    Quaderni fiorentini, Giuffrè, 1988, p. 411, p. 38 – 39。

Michelle Andrea Wenzel: The Model Surface Use And Mineral Development
    Accomodation Act: Easy Easements For Mining Interests, *American University
    Law Review*, Winter 1993.

Bruce Pardy: The Failed Reform of Ontario's Mining Laws, *Journal of Environ-
    mental Law and Practice*, October 2011.

Richard J. Garcia & Paula K. Manis : "Across The Great Divide": Surface
    Owners V Severed Mineral Owners – What is "Reasonable Use"? *Michigan
    Bar Journal*, February 1999.

Martin Kwaku Ayisi : Ghana's New Mining Law: Enhancing the Security of Min-
    eral Tenure, *Journal of Energy & Natural Resources Law*, February 2009.

Wesleyan Bruce Pardy & Annette Stoehr: The Failed Reform of Ontario's Min-
    ing Laws, *Journal of Environmental Law and Practice*, October 2011.

后　记

本书写作完成之日，已经是 2020 年的初秋，新年后不久就开始的疫情仍不时地侵扰着人们紧绷的神经，提醒自己生命的无常与脆弱。从年初的大雪纷飞到满园的玉兰飘香、流苏盛开，如今已经是沉甸甸的硕果压满枝头。突如其来的疫情使原本喧闹的校园变得异常安静，常常给人与世隔绝的感受。而这样的校园却是思考和写作的绝佳时刻，没有了外界的种种应酬和诱惑，一味地沉浸在自己的思绪中，颇有老僧入定的禅意和几分安贫乐道的自得与欢愉。

近年来，我的主要学术研究的兴趣由师从江平教授时的法人制度理论，逐渐转移到了农业与农村法治发展方向，这是一个远离我国主流法学的研究领域，在大部分的政法类高校民商法学的教师少有人问津三农问题，因而十几年来常有孤寂之感。2015 年，当我知道申请的国家社科基金一般项目"农村集体资产股份化法律问题研究"获得立项的时候，非常惊喜，因为这是对自己坚持三农问题研究的认可和鼓舞，也是对自己人生选择的一种肯定和奖励。

我出生在鲁中山区一个十分偏僻的小山村，这个叫作大槐树的村庄地处泰山和莱芜香山的接壤处，风景如画。每到秋天，满山的柿子树就会把群山染红，无比壮美。然而，这样的美景并未给小孩子的内心带来多少欢乐，长大后很多年里我对老家的印象就是生活的艰辛以及每年冬天来临时的寒冷。每次，回乡看到亲戚们依然贫困的生活，便会庆幸自己成了城里人。到了中学时，我第一次在父亲订阅的《新华文摘》上看到了路遥的作品《人生》，便对高加林这个人物产生了深深的同情，高加林为了改变自己的农民身份不惜抛弃有着金子般心灵的巧珍，最后为自己的选择付出了惨重的代价。后来随着这部小说被拍成电影，人们对高加林这个人物的非议也越来越多，但是我却从来没有觉得这是一个可恨的人物，因为我对农民的生活境遇有着深刻的体会，深知农村有一定知识的青年人不能摆脱农民身份的挣扎与绝望。再到后来，我上了大学，又读到了路遥的巨著《平凡的世界》，又深深地被孙少平、孙少安两位农村有为青年的人生际遇所震撼，从此路遥在我心目中具有了崇高的形象，这种形象一直保持到今天未曾改变，不管今天的文学界对路遥的艺术水平如何评价，但是他作为一位 20 世纪中国农村社会变革时代伟大记录者，将被载入史册。

　　进入新世纪，我国农村社会面貌发生了巨大的变化，尤其是 2005 年 12 月十届全国人大常委会通过决定，废止了《农业税条例》，让 9 亿中国农民彻底告别了缴纳农业税的历史，中国延续了 2600 多年的"皇粮国税"走进了历史博物馆。从这一年开始，我家乡亲友的生活明显地得到了改善，我也为此而欢欣鼓舞。然而，之后的乡村社会发展并没有像期待的那样顺利，城乡差距不仅没有缩小反而进一步扩大，困扰我国经济社会发展最为突出的城乡二元结构仍然非常顽固。这一问题的长期存在，导致我国城乡要素流动不顺畅、公共资源配置不合理等问题，使得城乡之间存在严重的隔膜难以形成统一的市场。党的十九大以来，党中央、国务院提出了乡村振兴和农业农村优先发展的口号，吹响了彻底改革城乡二元体制的号角，对此我感到由衷的高兴。但是，随着研究的不断深入，我越来越感到改革的异常艰巨，城乡土地制度、户籍制度和社会保障制度这三大城乡二元体制的改革，每一项都是硬骨头，都需要各级政府拿出真金白银，向农民放权让利，从而真正使亿万农民共享改革成果。而这样的改革过程由于会极大地触动既有的利益格局而步履艰辛，随时面临夭折的风险。因此，城乡二元体制的破除需要为政者拿出巨大的改革勇气，"一往无前""义无反顾"，攻克制约我国社会发展的这一最顽固的体制障碍，为全体人民的共同富裕奠定优良的制度环境。

　　我愿为这一改革进程的推进和实现贡献自己的绵薄之力。

陈晓军

2020 年 8 月 11 日